科学家精神丛书

科学家精神

SPIRIT OF SCIENTISTS

创新篇

科学家精神丛书编写组 ◎ 编

科学技术文献出版社
SCIENTIFIC AND TECHNICAL DOCUMENTATION PRESS

·北京·

图书在版编目（CIP）数据

科学家精神.创新篇 / 科学家精神丛书编写组编.—北京：科学技术文献出版社，2020.9（2023.5重印）

（科学家精神丛书）

ISBN 978-7-5189-7008-7

Ⅰ.①科… Ⅱ.①科… Ⅲ.①科学家—列传—中国 Ⅳ.① K826.1

中国版本图书馆 CIP 数据核字（2020）第 148680 号

科学家精神·创新篇

策划编辑：丁坤善 李 蕊 责任编辑：赵 斌 责任校对：王瑞瑞 责任出版：张志平

出 版 者	科学技术文献出版社
地　　　址	北京市复兴路15号　邮编　100038
编 务 部	（010）58882938，58882087（传真）
发 行 部	（010）58882868，58882870（传真）
邮 购 部	（010）58882873
官方网址	www.stdp.com.cn
发 行 者	科学技术文献出版社发行　全国各地新华书店经销
印 刷 者	北京时尚印佳彩色印刷有限公司
版　　　次	2020 年 9 月第 1 版　2023 年 5 月第 2 次印刷
开　　　本	710×1000　1/16
字　　　数	223千
印　　　张	18.25
书　　　号	ISBN 978-7-5189-7008-7
定　　　价	86.00元

版权所有　违法必究

购买本社图书，凡字迹不清、缺页、倒页、脱页者，本社发行部负责调换

编审委员会名单

主　任：王志刚
副主任：李　萌
委　员：戴国庆　李桂华　苗　鸿　高　翔
　　　　　戴国强　赵志耘　李　普　许志龙

序 言
PREFACE

我国科学家是充满理想和献身精神、具有优良传统的群体。长期以来，一代又一代科学家怀着深厚的爱国主义情怀，以忠诚和担当、智慧和才能、奉献和牺牲，为祖国和人民作出了彪炳史册的重大贡献，铸就了"两弹一星""载人航天"等光照千秋的精神丰碑，展现了高尚人格风范和优良作风学风。

进入新时代，世界正经历百年未有之大变局，我国正处于实现中华民族伟大复兴的关键时期，以习近平同志为核心的党中央审时度势、高瞻远瞩，提出创新是引领发展的第一动力，把科技创新放在国家发展的核心位置，开启了建设世界科技强国的伟大征程。伟大的事业需要伟大的精神。面对新形势、新挑战，党中央、国务院及时决策部署，中办国办印发《关于进一步弘扬科学家精神加强作风和学风建设的意见》，在继承发扬我国科技界优秀传统和进一步凝练升华宝贵精神基础上，以爱国、创新、求实、奉献、协同、育人为核心，系统概括阐释新时代科学家精神，全面提出加强作风和学风建设的工作部署，对筑牢科技界共同的价值观念和思想基础，激励和引导广大科技工作者接力精神火炬，奋进新的长征具有重要意义。

弘扬科学家精神，要坚持党的领导。要深入学习贯彻习近平新时代中国特色社会主义思想，特别是关于科技创新的重要论述、关于学风建设的重要批示指示，引导广大科技工作者提高政治站位，牢固树立"四个意识"，坚定"四个自信"，做到"两个维护"，把党的领导贯穿到科技工作全过程，确保沿着正确方向砥砺前行。

弘扬科学家精神，要深刻理解和准确把握其内涵实质。新时代科学家精神内涵丰富，汲取了世界科技文明的精髓，吸收了中华优秀传统文化的精华和社会主义核心价值观的要义，把胸怀祖国、服务人民的爱国精神，勇攀高峰、敢为人先的创新精神，追求真理、严谨治学的求实精神，淡泊名利、潜心研究的奉献精神，集智攻关、团结协作的协同精神，甘为人梯、奖掖后学的育人精神融为一体，既传承精神血脉，又蕴涵时代特点，构成了中国科学家独特的精神内核。发之于中，必行于外。科学家精神是我国科学家创新进取的内在动力，优良的科研作风学风是率先垂范的外在表现。要把弘扬科学家精神与作风学风建设有机结合起来，统筹推进。

弘扬科学家精神，要突出价值引领。要大力宣传科学家榜样典范，把握主基调，唱响主旋律，倡导科技报国，倡导严谨求实，倡导潜心钻研，倡导理性质疑，倡导学术民主，发挥示范带动作用，激励和引导广大科研人员争做"重大科研成果的创造者、建设科技强国的奉献者、崇高思想品格的践行者、良好社会风尚的引领者"，引领全社会尊重科学、投身科学，凝聚起建设世界科技强国的强大动力。

弘扬科学家精神，要坚持久久为功。要进一步深化科技体制机制改革，突破不符合科技创新规律和人才成长规律的制度藩篱，正确发挥评价引导作用，为科技工作者潜心科研、拼搏创新提供良好政策保障。要坚守诚信底线，严守科研伦理规范，反对浮夸浮躁、投机取巧和"圈子"文化，营造风清气正的科研环境。要加大科学家精神宣传力度，创新宣传方式，讲好科技工作者科学报国故事，让科学家成为年青一代的偶像，在全社会形成热爱科学、尊崇创新的氛围。

为大力弘扬科学家精神，推动科技界树立优良作风学风，做好《关于进一步弘扬科学家精神加强作风和学风建设的意见》的贯彻落实工作，科技部组织编辑出版了《科学家精神》丛书，从爱国、创新、求实、奉献、协同、育人等方面，讲述新中国成立 70 年来为国家富强、民族振兴、人民幸福作出突出贡献的优秀科学家先进事迹，生动展示他们科学报国、甘于奉献、勇于创新的崇高精神和优良作风学风。希望这套丛书能够帮助广大科技工作者、社会公众、青少年进一步理解新时代科学家精神深刻内涵，激励大家以这些科学家为楷模，为建设世界科技强国、实现中华民族伟大复兴作出更大贡献。

科技部党组书记、部长

2020 年 4 月

前 言
FOREWORD

　　创新是引领发展的第一动力，人才是我国经济社会发展的第一资源。党的十八大以来，以习近平同志为核心的党中央高度重视科技事业，对广大科学家群体寄予深切厚望。2019年6月，中共中央办公厅、国务院办公厅印发《关于进一步弘扬科学家精神加强作风和学风建设的意见》，明确提出"以塑形铸魂科学家精神为抓手，切实加强作风和学风建设，积极营造良好科研生态和舆论氛围"。2020年9月11日，习近平总书记在科学家座谈会上特别强调要大力弘扬科学家精神。

　　为贯彻习近平总书记重要指示精神和党中央国务院决策部署，科技部决定组织编辑出版宣传新时代科学家精神、倡导优良作风学风的《科学家精神》丛书。本丛书结合当前科研作风学风建设实际，面向广大科技工作者、社会公众、青少年等读者对象，在《人民日报》《光明日报》《科技日报》等权威媒体科学家事迹相关宣传报道的基础上，以新中国成立70年来不同时期受到表彰宣传的科学家为主，通过一系列科学家的故事，力求深刻诠释、生动展示科学家精神的实质和内涵，以期在全社会深入弘扬新时代科学家精神，全面加强科研作风和学风建设，助力创新驱动发展战略深入实施，为加快推进世界科技强国建设提供保障。

　　新时代科学家精神是胸怀祖国、服务人民的爱国精神，是勇攀高峰、敢为人先的创新精神，是追求真理、严谨治学的求实精神，是淡泊名利、

科学家精神 创新篇

潜心研究的奉献精神，是集智攻关、团结协作的协同精神，是甘为人梯、奖掖后学的育人精神。这些精神特质，既有在科学技术发展过程中积淀的品格、方法和规训，又强调社会责任、价值观念等伦理维度，是仰望星空对真理的追求和脚踏实地创新探索的统一。

本丛书以此为依据，共分 6 册，分别为爱国篇、创新篇、求实篇、奉献篇、协同篇、育人篇。每一册围绕该册主题，以科学家出生时间为序，精选若干科学家的相应事迹，同时，每篇文章还设有"人物简介"，以便于让读者更好地了解科学家所从事的领域及取得的成就。2020 年 5 月 29 日，丛书第一册《科学家精神·爱国篇》新书发行。

我们在《科学家精神·创新篇》的编写过程中，围绕"大力弘扬勇攀高峰、敢为人先的创新精神"主题，在中国科技史学会、"老科学家学术成长资料采集工程"项目办公室和科学家所在单位、身边工作人员等帮助下，突出强化了科学家事迹专业深度的挖掘，努力增强科学性，记述了 36 位科学家不断进取的生动创新故事。他们面向世界科技前沿、面向经济主战场、面向国家重大需求、面向人民生命健康，不迷信学术权威，不盲从既有学说，创造性思辨、严格求证，有的在全球首次发现新物质，创立新理论，揭示新现象、新规律；有的长期潜心研究，通过新方法解决世界难题；有的根据国家发展需求，奋力拼搏，勇攀世界科技高峰……其中更不乏巾帼不让须眉，在不同历史时期、不同专业领域取得举世瞩目成就的女科学家……本册力图通过科学家们勇立时代潮头、敢为人先的创新事迹，展现我国一代代科学家不畏艰难、敢于创新突破的优秀品质，激励广大科技工作者树立敢于创造的雄心壮志，敢于提出新理论、开辟新领域、探索新路径，在独创独有上下功夫，为攻克事关国家安全、经济发展、生态保护、民生改善的基础前沿难题和关键技术不懈努力。

科技部领导高度重视丛书编辑出版工作，王志刚部长亲自为丛书作序，并和李萌副部长指导确定编写原则和编辑出版方案。科技部科技监督与诚信建设司会同办公厅、中国科学技术信息研究所、科技日报社、科学技术文献出版社等单位具体组织了丛书编辑出版工作，资源配置与管理司给予了大力支持。戴国庆、冯楚建、吕静、陈如标、刘琦岩等同志带领团队研究确定丛书定位、框架提纲、实施进度等整体方案，对丛书内容进行审核把关。赵为、冷文生、王中阳、王小龙等同志做了大量协调工作。科学技术文献出版社胡红亮、丁坤善、李蕊、丁芳宇、郝迎聪、崔静、刘伶、赵斌、张闫、于松竹、刘英等同志组成工作专班，收集筛选大量资料，围绕本册主题遴选具有代表性的科学家事迹，整理改编相关内容，组织专家团队开展了编写工作。部分科学家所在单位对本书编写给予了大力支持。书稿形成后，我们邀请相关领域专家进行了审稿。

因时间紧迫、能力和水平有限，书中错误和不足在所难免，敬请批评指正。

编写组

2020 年 9 月

目 录
CONTENTS

（按科学家出生年月排序）

1	**李四光**	创立地质力学　奠基地学中国学派
10	**汤飞凡**	发现重要病原体　为人类健康作出中国贡献
18	**赵忠尧**	从发现正电子到开拓中国核物理
26	**王应睐**	人工合成生物大分子的引领者
33	**钱学森**	创新精神贯穿一生
44	**何泽慧**	在核物理和粒子物理领域中不懈探索
52	**唐敖庆**	勇攀理论化学高峰
59	**叶笃正**	开拓大气科学新领域
65	**慈云桂**	奋力攀登巨型计算机世界高峰
72	**吴仲华**	我国燃气轮机发展的领路人
79	**吴文俊**	让世界重新认识中国数学
85	**黄　昆**	蜚声国际的固体物理与半导体物理学家
92	**冯　康**	中国现代计算数学的开拓者
99	**张丽珠**	用创新缔造生命
105	**吴孟超**	肝胆医学创始人的创新灵感
114	**闵恩泽**	创新催化技术　开启绿色化学研究
120	**王振义**	开创血液科学新天地
126	**谷超豪**	勇克数学"金三角"难题
133	**叶叔华**	建立国际先进的时间、空间测量系统

141	张存浩	高能化学激光和分子反应动力学的开拓者
148	陈中伟	妙手仁心，谱写断肢再植奇迹
156	马凤山	创建中国大型客机技术体系
163	金怡濂	刷新中国"计算"速度
170	袁隆平	"东方魔稻"创新四部曲
183	屠呦呦	撷本草精华　萃济世青蒿
190	王永志	以创新勇攀航天高峰
199	陈景润	数论世界的执着求索者
206	王泽山	创新领跑火炸药学
212	王　选	当代毕昇的创新与攀登
221	王小谟	做领先世界的中国预警机
228	叶培建	"嫦娥"奔月　走别人没走过的路
236	杨长风	铸造"夜空中最亮的星"
246	苏权科	建一座伶仃洋上的"争气桥"
254	王贻芳	于微粒之间探寻宇宙奥秘
262	薛其坤	探秘量子之境的"极致追求"
270	陈　薇	热爱是创新之源

李四光
创立地质力学
奠基地学中国学派

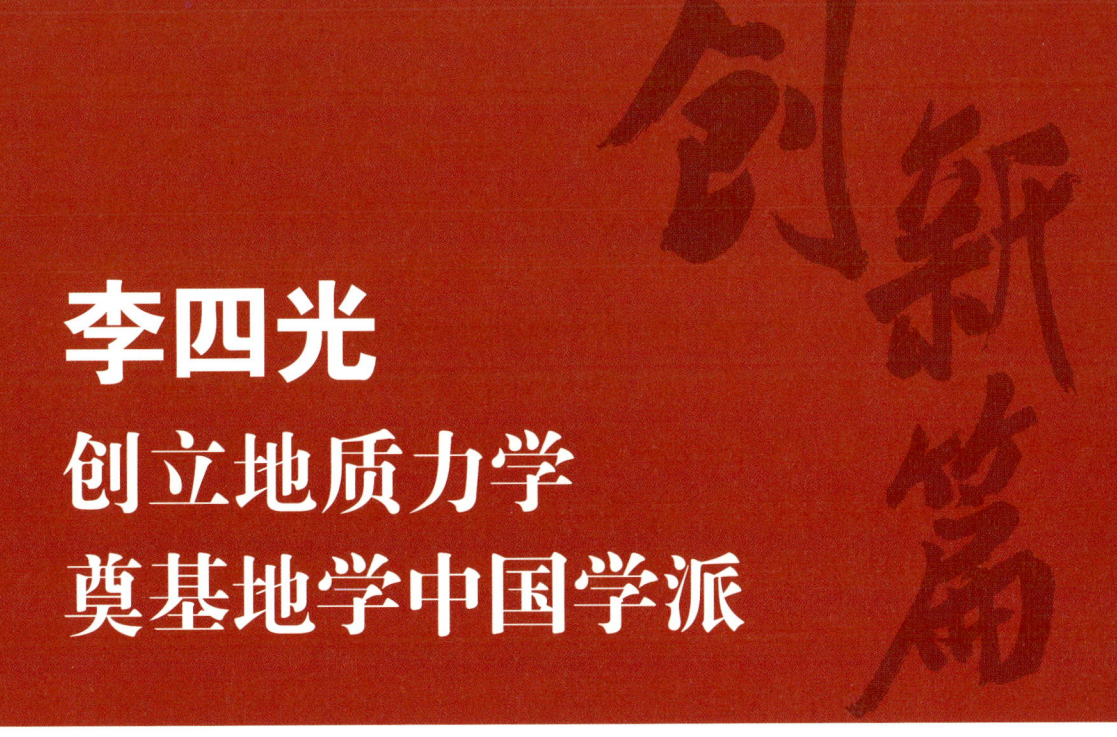

李四光（1889年10月—1971年4月），地质学家、教育家、社会活动家，为地球科学的进步和发展作出了杰出贡献。他创立地质力学理论，撰写《中国地质学》，系统研究微体古生物䗴科化石，发现中国第四纪冰川等诸多重大理论创新和科学发现，都堪称学术经典。入选100位新中国成立以来感动中国人物，入选"庆祝中华人民共和国成立70周年大型成就展"1960—1969年英雄模范人物。

李四光毕生研究地球科学，穷尽一生的时光和心血，努力探求地球的奥秘与真谛，以源于实践、高于实践的科学思维方式，一生坚持科学创新，写下了数百万言的科学著作。李四光的足迹遍及祖国大江南北，对地质学科的各个领域都做了广泛的调查和研究，丰富的实践经验为他的科学研究奠定了坚实的基础。他在所涉猎的地球科学的诸多领域都取得了创造性的成就。

独创地质力学理论

李四光对地球科学的最大贡献莫过于创立地质力学。这是他积几十年研究和实践的经验，辛勤浇灌出来的一株科学之花。在李四光一生的科学生涯中，他花费了最多的时间研究地壳构造和地壳运动问题。他科学地把力学原理运用到地质构造学的研究之中，从而创立了地质力学这门新兴学科。李四光创立地质力学，是中国科学家以创新性的思想登上世界科学论坛，加入探讨重大地质理论问题行列的第一人。

李四光在《天文、地质、古生物》这部著作中指出："1795年，拉普拉斯提出了星云假说。——他根据角动量守恒的原则，认为自转的物体，如若不受外界的牵制，在它收缩的过程中必然绕着它旋转轴的转动越转越快；他根据力学的理论，认为无论是液体还是气体的球形旋转物体，不可能保持它的球形，而会形成一个扁球。这就说明了，地球及其他行星之所以成为扁球状，正是因为它们自转的结果。假如地球的自转速度增加了，它表层的物质都会从两极向赤道方向挪动……"李四光的地质力学理论，就是运用地质学与力学相结合的方法对中国区域构造进行研究的实践与理论成果，这一假说的提出，很可能是受到拉普拉斯星云假说的启发或影响。

1921年，李四光在研究石炭二叠纪地层时，发现这些地层的沉积物存在着明显的南北差异。李四光经过对地球上其他地区海侵海退现象的初步比较，特别是对古生代以后大陆上海水进退规程的初步探索，得出了一种假说：大陆上海水的进退，是具有全球性的，有可能由赤道向两极和由两极向赤道的方向性运动。这可能是由于地球自转速度在漫长的地质时代中反复发生了时快时慢的变化所引起的，因此也必然会在大陆上留下受构造运动影响的痕迹。这就是地质力学的开端。

李四光根据大陆上大规模构造运动的方向，推论了它们起源于地球

李四光　创立地质力学　奠基地学中国学派

自转速度的变化，提出了"大陆车阀"自动控制地球自转速度的作用。他依据地球这个旋转体的力学分析和计算，运用当时掌握的若干地质事实，推论了地壳运动的方向和起源。李四光提出的"大陆车阀"自动控制地球自转速度变化作用的假说，创造性地阐明了地球转速发生时快时慢变化的原因，也是影响地表形象变迁的主因。

李四光认为，只要地球自转速度增加，大洋海水很容易冲向赤道，在低纬度就会产生一个海面上升运动，而在高纬度则会产生一个海面下降运动；当地球转速慢下来，必将出现相反的现象。李四光还由此引申出，海水的进退应该在时代上和造山运动有一定的关系，并且提出了一个规程，即在造山运动发生以前，地球的转速增加，低纬度的海进伴随着高纬度的海退；在造山运动期间或以后，地球的转速减小，高纬度的海进伴随着低纬度的海退。

李四光还自己动手制作了用于模拟地球自转速度变化引起地壳运动的模型装置。1934年12月，李四光应邀到英国去讲学。其间，李四光在威尔士的实验室和伯明翰大学机械系制作了一个铅质空心的球体，用来做地球自转速度变化引起地壳运动的实验。

李四光在《南岭东段地质力学之研究》（1944年）这篇论文里，第一次提出"地质力学"这个名词。1947年1月，由中华书局出版发行的

《地质力学之基础与方法》一书，是李四光第一次总结地质力学这门学科。该书系统地讲述了地质力学的基础与方法，对建立地质力学这门学科具有重要意义。

1962 年年初，李四光完成了重要著作《地质力学概论》。这是他 40 年实践经验的总结，是地质力学方面研究的代表作，也是地质力学研究史上的一个里程碑。

地质力学是李四光创立的有重大科学影响的大地构造理论，是他倾注一生心血的学术结晶，他提出的构造体系新概念，为研究地壳构造和地壳运动开辟了新途径。他运用地质力学理论指导了全国地质普查的战略选区工作，在寻找我国紧缺的石油和重要矿产资源及解决国家重大工程建设选址等方面发挥了极其重要的作用。

开辟石油勘探新思路

李四光对 20 世纪上半叶盛行的"中国贫油"论一直持反对态度。早在 1928 年，他在《燃料的问题》一文中指出："美孚的失败，并不能证明中国没有油田可采。中国西北方出油的希望虽然最大，然而还有许多地方并非没有希望。"1935 年，李四光在英国讲学期间，又暗示在我国东部有可能找到石油。他在《中国地质学》一书中指出："在新华夏地槽的北部和南部，我们有证据表明在白垩纪时发育了一个内陆盆地。如果在华北平原我们钻打得足够深，一定会遇到白垩纪沉积，这是毫无问题的。在这个平原进行勘探，如用地震方法勘探，将可能揭露出有重要经济价值矿床的存在。"

1953 年我国开始了第一个五年计划，大规模的经济建设开始后，就遇到了石油短缺的困难，当时全国所需石油的 80%～90% 依靠进口。

1953 年年底，毛泽东主席邀请李四光到中南海，征询他对中国石油资源的看法。在座的有刘少奇、周恩来和朱德等党和国家领导人。李四光根据数十年来对地质力学的研究，从他所建立的构造体系，特别是新华夏构造体系的观点，分析了我国的地质条件，陈述了他不同意"中国贫油"论，深信在我国辽阔的领域内，天然石油资源的蕴藏量应当是丰富的。

1954年2月，李四光应邀到石油管理总局做了题为《从大地构造看我国石油勘探的远景》的报告。这篇报告打破了石油地质学家们的"常规"概念和既有理论，这一思想以后就成为地质部石油普查的指导思想和工作方向。

根据李四光寻找石油的理论，继发现大庆油田后，我国东部找油取得连续突破，证明了李四光的科学预见，从根本上解决了我国当时石油资源匮乏、严重制约经济建设的"瓶颈"问题，进而建成了最早的一批石油化工基地，使我国摘掉了"贫油"的帽子，展现了我国石油开发的广阔远景，为宏大的国民经济建设提供了能源上的保障。

为"两弹"研制探铀矿

李四光为我国"两弹"的研制作出贡献。铀元素发现于1786年，是制造核武器和建设核工业不可或缺的原料。在我国，较早关注原子能利用问题的是李四光。1920年2月，李四光在巴黎勤工俭学同学会做了题为《现代繁华与炭》的演讲。演讲中，他把"原子裂变"作为天然能源之一提出来，这与英国物理学家卢瑟福1919年开始原子核反应研究，几乎是同时。

李四光早就预见到新中国的国防和经济建设需要铀矿资源。回国时，他克服重重困难从英国带回一部"放射性物质探测仪"，为后来寻找铀矿发挥了重要作用。他根据地质力学理论指出："一是要找富集带，二是要便于开采……在我国主要是在几个东西带上。" 实践证实了李四光的预测，尤其是南岭带的一些铀矿床，以规模大、品位高、易开采著称于全国。他在强调构造规律的研究时提出："关键要把对构造规律的研究与辐射测量结合起来。"遵循李四光的思路，吴磊伯等最早发现了钟山铀矿。

1955年1月，毛泽东主席主持召开中央书记处扩大会议，研究发展原子能事业问题。会议听取了李四光、刘杰、钱三强的汇报，研究了我国发展原子能事业的问题。毛泽东主席首先说："今天，我们这些人当小学生，就原子能有关问题请你们来上课。"然后对着李四光问："中国有没有造原子弹用的铀矿石？"李四光说："有！但是，一般的天然铀矿石，能作为原子弹原料的成分只含千分之几，因此要有丰富的铀矿资源和浓缩铀工厂。"接着，李四光拿出从野外带回来的黑黄色铀矿石标本，边递给毛泽东主席、周恩来总理等领导人传看，边说明铀矿地质与我国的铀矿资源及国内铀矿勘查的情况。

毛泽东主席最后高兴地说，我们国家现在已经知道有铀矿，进一步勘探，一定能找出更多的铀矿来。毛泽东主席还说，现在到时候了，该抓了，我们只要有人，又有资源，什么奇迹都可以创造出来。

1955年1月，普查委员会内设立的地质部第三局专职管理全国铀矿地质工作。随即组建全国专业性铀矿地质队，进行重点地区的铀矿普查，地质部系统的区测队和综合性地质队，也开始进行铀矿的顺便检查工作。

李四光不仅在宏观上领导铀矿地质工作的找矿方向，还对具体工作进行及时指导。在一次听取202队的工作汇报后指出："我对这个地区还是很乐观的。这里，是一个很长的铀矿带，它东西可能断续延长一千多公里。往西经草原到青海，这个东西带是很有远景的。我们在这里的工作就是解剖麻雀，取得经验，这对甘肃、陕西的工作是有指导意义的；反过来，我们也要参考这个带上其他地区的经验。"

1964年10月16日，我国第一颗原子弹爆炸成功。从此，我国核工业进入了一个新的发展时期，铀矿地质工作也获得了进一步的发展。到第二个五年计划末，我国已发现一系列铀矿床，铀产量已能保证我国核工业发展的需要。李四光身为中国原子能委员会副主任，为我国原子弹和氢弹的研制成功作出了突出贡献。

倡导开发地热，预测地震

倡导开发和综合利用地热能源。我国地下热能的开发与利用，是李四光最早提出并组织开展工作的。在他看来，就像人类发现煤炭、石油可作为燃料一样重要，地热是可供人类利用的一种新能源，也是地质工作的一个新领域。

1959年，李四光指导研制了我国第一支热敏电阻温度计和第一台平板式稳态岩石热导仪，开始了地热发电的可行性研究。20世纪60年代初，由李四光指导，在北京房山打出了我国第一口地温观测孔，开展了国内最早的地温测量。

李四光是一位具有远见卓识的科学家，他要求从地球的形变场与地热场的关系入手，探讨地热能源的发生、转移、赋存的规律，找寻地热异常区，在最有利地区进行开发利用。他认为，如果在缺煤缺能的地区，设法开发利用地热资源，可在一定程度上弥补能源的不足。

李四光去世后，人们在他枕头下面的笔记本里发现了一张纸条，内容是："在我们这样一个伟大的社会主义国家里，我们中国人民有志气、有力量，克服一切科学技术上的困难，去打开这个无比庞大的热库，让它们为人民所利用。"

我国是一个多地震的国家，地震现象较为普遍，但过去只有地震记录，从无地震预报。1954年，李四光在《旋转构造》这篇文章里就专门论述了中国西北活动性构造体系与地震带分布的关系,指出绝大部分地震属构造地震,绝大部分地震又都发生在地壳里,因此,认为地震是现代地壳运动的一种表现,是一种地质现象,活动构造体系所属的活动构造带是孕育地震的温床。

李四光认为,地震地质工作的主要任务应该是侦察地震这个地下"敌人"的潜伏场所,并监视它的活动,重要的是要抓住起主导作用的因素,这就是地应力。就是在这种思想的指导下,李四光进行了地震地质开创性的工作。

地震能不能预报?李四光坚信,地震是可以预报的。世界上没有解决的问题,为什么我们就不能解决!周恩来总理在1966年5月28日接见邢台地震科学讨论会代表时的讲话中称赞李四光这种"独排众议"的勇于探索的精神。

1969年7月18日,中央决定成立地震工作领导小组,由李四光担任组长。为了指导全国的地震地质工作,保卫京津地区的安全,他多次跋山涉水,深入房山、延庆、密云、三河等地区,调查地震地质现象,视察地震地质工作。这时李四光虽已八十岁高龄,但他不顾个人安危,把全部心血倾注在社会主义建设和亿万人民生命财产安全上。直到他逝世的前一天,他还恳切地对医生说:"只要再给我半年的时间,地震预报的探索工作,就会看到结果的。"他对攻破"地震预报"这一难关,始终是满怀信心的。

20世纪60年代初,中央提出备战备荒建设大三线,要将重要的军工厂和军事设施放在我国西部山区。然而,西部山区大都处于地震活动构造带上,针对这个难题,李四光提出"安全岛"理论,即在活动构造带里,可以找到相对稳定的地块作为场址。

"安全岛"是李四光于1965年和1967年先后两次在指导地震地质工作时,对在活动构造带中确定和寻找相对安全的地区而提出的通俗直观概念，用它来比拟活动构造带内地壳相对稳定的地区。

  1965年，李四光指导组建了西南地震地质大队，去西南地区进行区域地壳稳定性及工程地质条件考察。

  李四光是新中国地质事业的主要领导者和开拓者，他以博大精深的学识和富于创新的科学精神，勇于在实践中探寻真理，取得了一系列具有重大影响的开拓性研究成果，为发展地球科学和国民经济建设作出了杰出贡献。

（撰稿：李四光纪念馆）

汤飞凡
发现重要病原体
为人类健康作出中国贡献

汤飞凡（1897年7月—1958年9月），医学病毒学家，中国科学院院士。1955年首次分离出沙眼衣原体，是世界上发现重要病原体的第一个中国人。他为中国生物制品事业的发展建立了不可磨灭的功绩，主持组建了中国最早的生物制品质量管理机构——中央生物制品检定所，组织研制开发了中国自己的青霉素药品、狂犬疫苗、白喉疫苗、牛痘疫苗、黄热病疫苗，以及世界上第一支斑疹伤寒疫苗。相关成果入选"庆祝中华人民共和国成立70周年大型成就展"。1981年被国际沙眼防治组织授予金质奖章。

1928年，日本细菌学家野口发表了一篇论文，他声称从北美印第安人中分离出沙眼的致病菌，并称之为"颗粒杆菌"。彼时，沙眼病的病原体到底是什么的问题并未解决，因此，这在学术界引起了相当大的讨论。对此，中国微生物学家汤飞凡表示怀疑：如果沙眼的致病菌是这样

一个生物学性质不明显的细菌，为何多年来无人成功分离，而野口却轻而易举地就用传统办法分离出来了呢？于是他开始重复野口的工作，通过试验证明这样分离出来的杆菌并不能引起任何类似沙眼的病变，野口的结论被推翻了。

正因为这个偶然的开端，汤飞凡产生了强烈的愿望，那就是去揭开沙眼病原体的谜底，解开这个众多微生物学家多年来都无法解决的难题，最终他在1956年取得了享誉世界的成就。

沙眼病原体历时70年的争论

沙眼是一种古老的疾病，它流传广泛，危害也相当大。自微生物学发展以来，沙眼病原体问题一直受到国际众多微生物学家的重视。多年以来，关于沙眼的"细菌病原说"和"病毒病原说"一直都争论不休，包括野口在内的科学家几次宣称沙眼的病原体是一种杆菌，然而在后来都被更多的试验所推翻。20世纪初，伴随着微生物学的发展，"病毒病原说"开始进入科学家的视线。1907年，捷克的普洛瓦采克和哈伯斯忒特将从沙眼患者眼中取得的感染材料接种到狒狒眼中，使它发生了类似沙眼的结膜炎；又从患者和狒狒眼中刮取材料做成涂片，染色后在显微镜下发现了包涵体，首先提出了沙眼由病毒感染的可能性。在以后的50年里，虽然有大量的科学家在试验中提出了这个想法，但"病毒病原说"却因为病毒始终没有分离出来而未能成立。

发现沙眼包涵体

早在20世纪30年代，汤飞凡在研究病毒性状、包涵体本质、沙眼和牛胸膜肺膜炎的过程中，已逐渐形成了一种想法，认为在细菌和病毒之间存在着过渡的微生物。但因为国家卫生建设的需要，他不得不停下这

科学家精神 创新篇

方面的具体试验，而是将研究重心转向其他传染病及药物的研究和生产。

1954年，烈性传染病在我国已被控制，国家防疫的重点转向常见的、多发的传染病。因此，汤飞凡开始将研究方向转向了他已经中断了20年的沙眼疾病的研究工作。那时50%的中国人患有沙眼，边远农村甚至有"十眼九沙"之说。循着之前关于过渡微生物的思路，他带领助手黄元桐、李一飞开始了对沙眼病原的研究，计划包括3个部分：沙眼包涵体研究、猴体感染试验和病毒分离试验。

彼时在有些病毒感染中，如鸡痘、疱疹、传染性疣等，科学家已经分离出叫"原体"的病毒最小单位，并证明了包涵体是病毒在细胞内繁殖而形成的"集落"。可是，沙眼包涵体虽然发现较早，却还没有找到这样的证据。在包涵体的研究中，汤飞凡带领助手每周半日从同仁医院沙眼门诊的典型沙眼患者眼中取下样本并熟练制片和观察，经过一年不厌其烦的辛苦操作，取回了材料201份，在48例中找到包涵体，并在严谨的取材操作和细致的观察中对包涵体有了详细的认识。

根据沙眼的病程发展过程和包涵体的形态演变，汤飞凡对沙眼包涵体的形成和发展做出了系列阐述。他发现沙眼包涵体的形态可以分为4种：第一种是比较大的颗粒散在地分布于细胞质内、两三个成对或成堆的"散在型"；第二种是有堆在细胞核上大小不等颗粒的"帽型"；第三种是有堆在细胞核上比"散在型"小一半还多的颗粒的"桑棋型"，这种形态的颗粒大小相当均匀，有时还可在破裂了的细胞外面找到；第四种是大量颗粒充满细胞质并将细胞核挤到一边的"填塞型"。最后，他自信地写道："我们有理由相信沙眼包涵体即沙眼病毒的集体生活方式，而原体即病毒最小的传染单位。"这些关于包涵体形态演变的动态描述，以及沙眼病原体侵入宿主细胞后发育周期的描述，被后来沙眼衣原体分离成功后用人工感染和动物模型证明是完全正确的。

在研究包涵体的同时，汤飞凡也带领助手开始进行猴子感染试验，以建立动物模型。他将从医院带回的材料经过处理擦进猴子的左眼，并与右眼对照，结果感染率约为38%。猴子的沙眼症状与人类不同，没有瘢痕和血管翳，过去人们甚至怀疑猴子是否真正患上了沙眼。汤飞凡原本相信猴子因为眼球结构与人类不同而不会产生包涵体这一说法，没想到一次偶然的涂片检查却成功证实了新的观点——他们发现一只两个月前接种沙眼病原、一个月前眼结膜出现滤泡的猴子，如今眼涂片中出现了与人类沙眼包涵体极其相似的东西。经过更为严谨的马氏染色法染色后，他们在马氏染色的片子里也找到了包涵体。也就是说，这一发现完全证实了这次猴子人工沙眼感染试验的成功，纠正了过去几十年猴子不产生包涵体这一说法的错误，也为后续的工作打下了基础。

成功分离沙眼病原体

汤飞凡曾在哈佛大学见到秦瑟教授用"寇克斯卵黄囊接种法"成功分离和培养立克次体。沙眼病原体和立克次体有些性质很相近，因此，能在卵黄囊中生长的可能性很大。他认为卵黄囊是储存养料的仓库，不仅营养丰富，而且不会有什么抑制病毒的物质，而尿囊膜是排出和储存代谢废物的污水池，很可能有对病毒不利的物质，所以，接种卵黄囊病毒应当更容易生长增殖，分离的机会也就会更多。因此决定，采用寇克斯卵黄囊接种法用鸡胚分离病毒。考虑种种试验的因素后，他制订了详细的计划，在病理材料上要求要最为可靠、最为典型的沙眼，并且为了防止细菌的生长，还在第一批分离试验中采用了青霉素、链霉素两种抑菌剂。

他设计的第一批分离试验的方法是：用消毒棉棒在沙眼乳头或滤泡表面轻轻摩擦，不使其出血。将沾了沙眼材料的棉棒浸入少量盐水中，然后将棉棒中的液体挤进一只小试管，再向试管里按每0.2毫升标本加青霉素和链霉素各250单位。处理好的标本用针注进6～8日龄鸡胚的卵黄囊中，每只0.2毫升。最后将卵壳上的破孔用石蜡封闭，将鸡胚放入35 ℃的孵箱中，每日检查1次。2日以内死亡的鸡胚是非特异死亡，予以废弃；3日以上死亡的，解剖检查病理变化并寻找病原体或包涵体，同时剖取卵黄膜接种健康鸡胚进行第二次盲目传代；5～9日不死的剖检，无论有无病变都取卵黄膜进行第二次盲目传代。

在严谨的试验设计和细致的操作下，工作开展得十分顺利，他仅在第8次分离试验中就成功分离出了第一株沙眼病原体。一个鸡胚在9天时间里没有发生病变，进行了一次盲目传代，第二代培育7天后未发生病变，又进行了一次盲目传代。终于在第三代鸡胚中发现了病原体，病原体就这样清清楚楚地散在细胞质里，所有人都为之振奋不已。

汤飞凡将这种新分离出来的病原体叫作TE8。T代表沙眼，E代表鸡卵，8代表第8次分离试验。无论是否偶然，分离出TE8都是个巨大的突破。但汤飞凡却并不急于将这个消息公之于众，而是想做更多的试验证明其方法的正确性和可重复性，并且达到科赫法则的要求，即被疑为病原物的生物必须能从受到该种疾病感染的动物体内找到该微生物而健康动物体内不存在，必须能把该生物从病植物体分离出来，并在培养基上养成只有该种生物而无其他生物的纯培养物，后将该纯培养物接种于健康宿主上又能引起与原标本相同的病害，并且必须还能在这个宿主上分离出这种微生物。

在后续工作中，他将 TE8 接种到猴子眼里，猴子患了典型的沙眼并且查出了包涵体，这证明了 TE8 对猴子的致病性，随后还把病原体重新从猴子眼里分离出来。他又采用不同接种途径感染各种试验动物，包括小鼠、家兔、豚鼠、鸡，证明都不致病，排除了 TE8 是其他病原体的可能性。然后，他系统地观察了各种物理、化学因素对沙眼病毒的影响，并测定了其对各种抗生素和磺胺药物的敏感性，发现青霉素、金霉素、土霉素及磺胺有很强的抑制或杀灭沙眼病原体的效果，氯霉素效果不明显，链霉素完全无效。汤飞凡不但找到了治疗沙眼的特效药，还找出了之前病原体分离成功率不高的原因。

1956 年，汤飞凡关于沙眼病原体分离成功的报告首次登上了《微生物学报》，一年多以后，他才在外文版《中华医学杂志》上用英文发表了论文。随后，他又布置了一系列改进后的试验，将病原体分离成功率提高了两倍。

以身试毒，证明沙眼病毒致病性

已经取得了一系列重大成就的汤飞凡并未满足，他还要证明他所提取出的沙眼病原体能够真的在人类的眼睛里产生沙眼。尽管这样的人体试验并未得到卫生部门的同意，他还是毅然地让助手黄元桐将沙眼病原体滴进了自己的左眼。1958 年 1 月，尽管他的左眼产生了红肿的症状，可他知道，人体试验的成功意义非凡。

将病原体种入自己的眼睛并且造成了典型的沙眼，之后，汤飞凡又重新把病原体分离了出来。为了观察完整的病理过程，他忍受了将近 40 天的眼睛肿胀和疼痛才接受治疗，最终证实了分离出的沙眼病原体对人类的致病性，完全而彻底地为半个多世纪以来关于沙眼病原体的争论画上了句号。后来，全世界有关实验室都开始重新研究沙眼的病原菌，英国李斯特研究所的科利尔在证实了汤飞凡的工作后，1958年用汤飞凡的方法在西非冈比亚分离出沙眼病原体。不久，美国、沙特阿拉伯、以色列等国家与地区的医学家也相继分离出沙眼病原体。1970年，国际上将沙眼病原体和其他几种介于细菌与病毒之间的、对抗生素敏感的微生物命名为"衣原体"。汤飞凡则是国际上发现"衣原体"的第一人，也是世界上发现重要病原体的第一个中国人。汤飞凡的这一成就大大促进了沙眼的预防与治疗，为人类的健康作出了重大贡献。

防疫战士　功在千秋

汤飞凡不仅有卓越的学识，更有打破成规的信念，大胆猜想、细心求证，在已有的基础上采用创新的方法，并在严谨的试验设计中进行反复的论证，这才有了沙眼衣原体的发现与证明，有了沙眼衣原体的成功分离。不仅如此，汤飞凡还对中国的预防医学和生物制品事业发展有着不可磨灭的重要功绩。抗日战争期间，他在昆明重建了"中央防疫处"，不仅推动了中国青霉素的量产，还让中国有了自己的狂犬疫苗、白喉疫苗、牛痘疫苗、黄热病疫苗，以及世界上第一支斑疹伤寒疫苗等，为解放区生产了大量的血清和疫苗；他带领新中国第一支防疫队伍，在1949年的一场凶猛的鼠疫中冒着感染风险，迅速研制出一批高质量的鼠疫灭活疫菌；后又转向小儿疾病预防领域，指导分离出麻疹病毒和脊髓灰质炎病毒，为中国疾病预防事业做出了大量的工作。英国著名科学史权威李约瑟爵士盛赞汤飞凡是"中国优秀的科学公仆、预防医学顽强的战士"。是的，他是新中国防疫路上第一代勇敢的战士，也是世界微生物学、病毒学史上当之无愧的英雄。他的一生是光辉的，他所散发出来的科学创新精神、为科学自我献身的精神及一丝不苟的科学作风,历史不会忘记,祖国不会忘记,每一个受益于中国预防医学的中国人都不会忘记。

(撰稿:蒲雅杰)

参考文献

[1] 刘隽湘. 医学科学家汤飞凡 [M]. 北京:人民卫生出版社,1999.

赵忠尧
从发现正电子到开拓中国核物理

赵忠尧（1902年6月—1998年5月），核物理学家，中国科学院院士。中国核物理研究和加速器建造事业的开拓者。主要从事实验核物理研究，特别是硬γ射线与物质相互作用等方面的研究，主持建成中国第一、第二台质子静电加速器，开创我国原子核科学事业，为原子弹、氢弹研制提供了基础支撑。他首次发现了正电子湮灭现象，为正电子的发现作出了开创性贡献。

20世纪20年代，世界物理学的目光都聚焦于微观粒子。几个世纪以来很成功地描述了宏观物理世界的牛顿经典力学不再适用，量子力学的种种新理论层出不穷，对宇宙射线的研究也在不断深入。世界物理学正处于一个充满迷惑与机遇、突破与创新的黄金时代。赵忠尧的核物理生涯也由此开始。赵忠尧于1927年从清华大学自费赴美深造，考入美国加州理工学院研究生部攻读博士学位，师从1923年诺贝尔奖获得者密里根（Robert

Andrews Millikan）教授。

夜以继日，发现反常吸收现象

在粒子物理学的发展进程中，人们一开始只知晓质子、中子、电子和光子的存在，对于原子的结构不是很清楚，物理学家们猜想，质子和电子可能结合形成各种原子核，同时释放出 γ 射线。学界普遍认为，γ 射线通过物质时的吸收是由电子的康普顿（Compton）散射引起的，所以就需要测量硬 γ 射线的吸收系数。当时，克莱因（O. Klein）和仁科芳雄（Y. Nishina）已经从理论上推导出 γ 射线的康普顿散射公式，为了验证这一公式的正确性，密里根教授便给赵忠尧布置了一篇题为《硬 γ 射线在物质中的吸收系数》的博士学位论文。但可能谁都没有想到，正是这个契机把赵忠尧推到了一个物理学伟大发现的大门前。

接受这一课题后，赵忠尧迅速投入研究。他采用 γ 射线 ThC（即钍 208，一种释放能量为 2.65 MeV 的硬 γ 射线）对不同物质进行照射，以测量它们的吸收系数。其实，自 20 世纪初以来，就已经有很多著名学者做过相关实验，但是

他们都没有获得较大的发现。赵忠尧敏锐地意识到"他们使用的射线束太过发散，且验电器放置离吸收体太近，这样测得的吸收系数值偏低"。针对这些问题，赵忠尧创新地改进了实验措施：第一，利用一束狭窄且平行的 γ 射线束进行实验；第二，改进测量手段，用静电计进行测量；第三，对探测数据进行最终校正。

但在实验刚开始就遇到了一个问题——实验所用的静电计在接通电源后，其指针始终无法达到一个稳定点。细心的赵忠尧意识到指针的不稳可能是因为导电不良，便想到在焊接处滴一些导电的黑墨水，由此解决了这一问题，实验得以顺利进行。这个实验需要极大的耐心，赵忠尧每隔 30 分钟便要记录一次实验数据，因此，他在做实验时不得不定下闹钟，根本不能好好休息。

夜以继日的实验终于有了结果。在测量这种硬 γ 射线通过数种物质中的吸收系数后，赵忠尧发现，射线在通过轻元素时吸收的情况确实与克莱因－仁科公式相符。然而，通过重元素时却出现了异常：其实际吸收量大于公式给出的计算量！实验使用的铅元素，其吸收系数约达 40%，这说明，存在着一种不符合理论的"反常吸收"。

为了确保实验结果的准确性，赵忠尧又反复多次地检验，事实证明，赵忠尧的结果是正确的。赵忠尧于 1929 年将其整理成文交给密里根教授，最终发表在 1930 年 5 月的美国杂志《国家科学院院刊》上。

与此同时，英国塔兰特（Tarrant）、德国迈特纳（Meitner）两个实验组也在进行同样的测量。三组实验同时发现了这一反常吸收现象。但是，赵忠尧的实验结果是最好的：吸收系数随原子序数的变化呈平滑状态。塔兰特的结果是不规则地上下跳动，迈特纳的结果出现了一个较大的跳跃阶段。

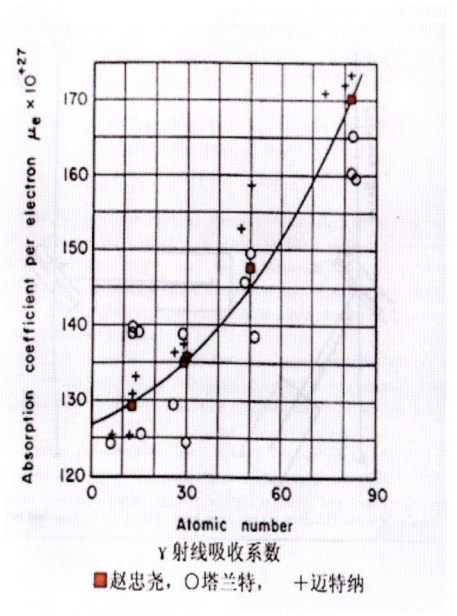

图 1 赵忠尧实验与塔兰特、迈特纳实验对比

此时对于赵忠尧来说,这一研究课题的成果已经足以让他获得博士学位了。但是面对这个实验测量值与理论计算值不相符合的吸收结果,赵忠尧并没有停下探索的脚步,反而激发了他继续研究的兴趣,他想弄清楚为何会出现此项实验结果,并进一步研究 γ 射线与物质相互作用的机制。

提出"光电吸收式核激发后的再发射"假说

新科学理论的构造需要新现象的支撑,新现象的发现需要创造性的思维方法。赵忠尧打算重新设计一个实验,来观测硬 γ 射线通过重元素时的散射现象。在这个新的实验过程中,赵忠尧发现了以前从未出现过的"特殊辐射"现象。

赵忠尧此次实验的放射源不变,仍是以 ThC γ 射线作为入射束,选用轻、重元素的代表铝(Al)和铅(Pb)作为散射体,放在距离源 50 cm

的地方进行探测。但是赵忠尧创新地用高压电离室代替静电计作为探测器，从而获得对 γ 射线更高的探测效率和能量分辨率。这一巧妙的实验构思使得他最终从大量的康普顿散射的本底中发现了另一种 γ 射线，这类辐射比较薄弱，很难与康普顿散射分清。但是赵忠尧意识到，康普顿散射的方向是朝前的，他决定沿着朝后方向测量，便获得了此种特殊辐射的相关信息。赵忠尧测出了这种特殊辐射的强度大致是各向同性的，并且每个光子的能量与一个电子质量的相当能量很接近，约为 0.5 MeV。他把这一结果写在论文《硬 γ 射线的散射》中，发表在 1930 年 10 月的美国《物理评论》上。

对于科学研究来说，得出结果只是第一步，最重要的是要探究其成因。赵忠尧在文章中分析了造成这种现象的原因，他排除了包括康普顿效应、光电效应在内的各种核外成因假说，而是倾向于核内成因假说，他在论文中写道："以反常散射的强度在不同方向上的分布都一样这一点考虑，来源于再发射的可能性更大"，提出"光电吸收式核激发后的再发射"假说。这一判断无疑是开创性的，只是由于历史因素的限制，赵忠尧没能够继续研究，但是他的工作创造了一个很好的开端，对后世的研究有十分重大的影响。

其实是正电子！

当时没有人能够对反常吸收和特殊辐射现象做出足够完善的解释，但这往往也意味着这些从未出现过的现象中蕴含着一个全新的"科学世界"。终于在 1932 年，赵忠尧的同学安德逊（Carl David Anderson）因受到他工作的启发，在宇宙线的云雾室照片中探测到正电子的轨迹，人们才认识到：反常吸收是由于部分硬 γ 射线经过原子核附近时转化为正负电子对；而特殊辐射则是一对正负电子湮灭并转化为一对光子的湮灭辐射。安德逊也因发现正电子而获得诺贝尔物理学奖，赵忠尧却因为种种原因与诺贝尔奖失之交臂，这不得不说是一大遗憾。

正电子的发现第一次证明了反粒子的存在，显示了物质的一种基本对称性。人们不禁思考是否一切粒子都存在其反粒子，这种观念的产生是变革性的。人们由此进入了一个新的粒子世界并开始探寻其他粒子的反粒子。反粒子构成反原子，反原子形成反物质。一个物质粒子和其对应的反物质粒子碰撞将发生爆炸并产生巨大的能量。这些成果为以后研制正负电子对撞机提供了坚实的理论基础。因此，我们必须认识到赵忠尧的工作在粒子领域的绝对领先性与开创性，正是由于他史无前例的发现为后面的研究工作形成了一个良好的开端，赵忠尧其实是真正意义上第一个发现正电子、反物质的人。

潜心开拓中国核物理

20 世纪 30—40 年代，世界科学最火热、成就最大的便是核物理领域，如查德威克（James Chadwick）发现中子，海森伯（W. Heisenberg）发表假说原子核由质子和中子组成，约里奥·居里夫妇（F. & I. Joliot Curie）用 α 粒子轰击原子核发现人工放射性，费米（Enrico Fermi）用中子轰击原子核发现 60 多种新的人工放射性核素。之后，费米又意识到只要在裂变时放出足够数量的中子，用中子引起下一个裂变，便可形成"链式反应"，释放核能。以此为理论基础制造的原子弹的威力，更是开启了国际的核物理热。在此背景下，赵忠尧意识到中国也必须要进入这一国际行列，研究自己的核物理，而只有通过创新才能更快地实现这一目标。

进行核物理实验最重要、最基本的装置便是粒子加速器。因此，建造一台属于中国自己的加速器便是赵忠尧的梦想。此时在美国的赵忠尧邀请同在美国游学的电机工程师毕德显，一起完成了加速器的机械设计和高电压产生方面的设计，并亲自画了所有的机械图纸。

1951年赵忠尧回国后便率领年轻的研究人员着手研究静电加速器，他用自己掌握的各种核心知识主持装配了我国第一台能量为700 keV的质子静电加速器（V1）。在这一过程中，加速器的离子源遇到了抽真空速率不稳定的问题。当时因对油扩散泵的性能掌握得不够，且供电电压也不稳定，220 V的交流电压有时是偏低的状态，这就导致了真空也是一会儿高一会儿低。一开始并没有找到原因，后来才发现是电压不够稳定造成的。之后就改用手调变压器供电，如果电压低于220 V，就手动调到220 V，这样就解决了这个问题。

正是有了建造第一台粒子加速器的技术经验，赵忠尧又带领其科研人员着手制造第二台2.5 MeV的高气压型质子静电加速器（V2）。其中的加速管、高压电极、高真空等核心技术都要自力更生。例如，缺少制造焊接加速器真空系统的焊料，他们只能自己制造焊料，甚至还要去天桥旧货市场寻找材料。值得注意的是，在建造V2加速器期间，还发现了一个 ^{24}Mg 的新能级。在做激发曲线时，使用质子打靶来改变能量，从而改变产生的粒子数目，到某一个能级产生共振。原本的设想是在质子能量为1416 keV的附近［测量了 $^{23}Na(p,a)$ 反应的 $α_0$ 激发曲线上］只有一个共振态。但是实验发现在1410.4 keV处有另一个共振态。这个能级主要是通过放出 α 粒子而衰变到 ^{20}Na 的基态。这一发现中最关键的是选用的钠靶不能太厚，否则就无法出现共振峰，而当时的国外物理界因使用厚钠靶并没有发现这一现象。

V1、V2的成功建造，为我国加速器的研制迈出了重要的第一步，中国的"两弹一星"事业也正是由此拉开了帷幕，中国开始稳步迈入核物理研究领域。

除了主持加速器的研制外，赵忠尧还主持建立了我国第一个核物理实验室，后又担任中国科学技术大学近代物理系首任主任。同时，他也为北京正负电子对撞机的建造起了重要的促进作用。在数十载的科研与教学生涯中，赵忠尧不仅做出了重要的科学发现，还为中国培养了一大批优秀的科研人才，他们后来成为中国核物理、粒子物理的骨干，如"两弹一星"元勋王淦昌、赵九章、彭桓武、钱三强、朱光亚、邓稼先等都曾受教于他。可以这么说，赵忠尧不仅是中国加速器物理学的鼻祖，更是中国核物理研究领域的开拓者。

　　正负电子湮灭现象的发现，以及正电子的产生与发现都是物理学发展史上的里程碑，赵忠尧凭借其创新的实验思路在其中留下了深深的足迹和烙印。再到回国后，赵忠尧致力于开拓中国核物理研究领域，把基础物理理论应用到实践中，这些创新研究和杰出工作成果的取得，源自他对科学的热爱和执着的追求，更源自他对实验过程的不断创新与精益求精。赵忠尧正是用这种淡泊名利、执着于科学、追求创新的科研精神开启了中国核物理和高能物理研究的大门。

　　（改编自《核物理先驱：赵忠尧传》，万斌，浙江人民出版社，2007年；《正负电子对的产生和湮没的早期实验》，董光璧，原载于《中国科技史料》，1982年3月；《质子静电加速器》，叶铭汉，孙良方，原载于《物理学报》，1963年1月；《核物理学家赵忠尧杰出的人生》，郑志鹏，原载于中国科学院高能物理研究所官网，2018年5月28日。由刘诗琪整理）

王应睐
人工合成生物大分子的引领者

王应睐（1907年11月—2001年5月），生物化学家，中国科学院院士。毕生从事生物化学研究，领导了人工合成结晶牛胰岛素和人工合成酵母丙氨酸转移核糖核酸工作，创立了琥珀酸脱氢酶提纯方法，使我国人工合成大分子的水平始终处于世界领先地位。1978年获全国科学大会重大科技成果奖，两次获国家自然科学奖一等奖。

在1958年7月的上海市科学技术展览会上，有这样一幅宣传画：上面画着一个装着水的烧杯，里面有一些活蹦乱跳的小娃娃，仿佛一不留神他们就会跳出来……这就是合成一个蛋白质的宣传画。而真正从合成一个蛋白质的设想这一笔落下，到人工成功合成牛胰岛素这一笔收尾却历时6年之久。在生物检测时，注射了人工合成胰岛素的小白鼠跳起来，标志着中国的生化事业取得了跨越式的发展，达到了前所未有的高度，而这背后的功臣王应睐，值得每一个中国人记住。

王应睐　人工合成生物大分子的引领者

超前设想，合成一个蛋白质

1958年，在中国科学院生物化学研究所的会议室里，一个由王应睐、曹天钦、邹承鲁、沈昭文、钮经义、王德宝、周光宇、张友端、徐京华9人参加的高研组讨论会上，大家争先恐后地提出了一个又一个课题，突然不知道谁喊出了这么一句话"合成一个蛋白质"，周围一下子安静了下来。"合成一个蛋白质"这个目标确实够宏大，换言之，这个目标确实够胆大。如果能够完成这个伟大的设想，让人工合成有生物活性的蛋白质在中国诞生，那将是何等的成就啊！在周恩来总理的直接关怀下，合成一个蛋白质就不再是一个会议上不经意间的科学畅想了，它很快就被列入全国1959年科研计划草案。1959年6月，这项工作获得了1960年重大科学技术项目计划，代号为"601"，意思为1960年的第一项重点研究项目，意味着我们国家正式开始了人工合成牛胰岛素的科学研究。

1960年距离新中国成立才过去11个年头，为什么把人工合成牛胰岛素作为1960年的头等大事来办呢？从目前我们探索到的地球上的生命体来看，这些生命都是由蛋白质作为基础成分来组成的，所以只要有蛋白质的地方，就可能会有生命。因此，人工合成一个蛋白质，它代表着人类可以人工制造生命，这就是"601"项目如此重要的原因之一。另外一个重要原因是由当时的国际趋势所致。1953年，美国科学家维格纳奥德已经合成了世界上首例生物活性的多肽催产素，为人们提供了一套可行的多肽合成方法。更重要的是，1955年，英国科学家桑格完成了世界上第一种蛋白质牛胰岛素的一级结构鉴定，也就是说，人们已经知道牛胰岛素的氨基酸排列顺序，那么从理论上来说，"合成一个蛋白质"便不再是一句空话。从此，人工合成牛胰岛素成了生化界的热点之一。

当时，国外的学者对人工合成胰岛素的成功概率持有不同看法，但大多数学者经过多次试验都以失败告终。1955年，英国《自然》杂志也曾预言,"合成胰岛素将是遥远的事情"。可见,胰岛素的合成确非易事,即使当时技术领先的西方发达国家,也无法保证成功实现。中国基础设施薄弱、经验不足,合成胰岛素更如天上之月,遥不可及。王应睐还是毅然决然带领团队赤手空拳起家,因陋就简,秉持不怕苦不怕累的精神,踏上了漫漫征程。在中国科学院上海生化所建立之初,王应睐就先后争取到了邹承鲁、曹天钦、张友端、王德宝、钮经义、沈昭文及周光宇等一大批生化领域的专家,他们在酶、蛋白质、核酸、代谢等领域取得了大量的研究成果。就这样,上海生化所的研究体系初步建立,为人工合成牛胰岛素提供了重要条件。

开创先河,首次人工合成结晶牛胰岛素

我们都知道蛋白质的组成成分是氨基酸,那么,我们要想去完成人工合成牛胰岛素这个课题,就需要有源源不断保持供应量的氨基酸来进行实验。当时的氨基酸可是比黄金还贵的东西,而实验需要的氨基酸不仅是几毫升的问题。如果连氨基酸的供应都解决不了,那合成胰岛素简直是天方夜谭。在王应睐的组织协调下,上海生化所组建了东风生化试剂厂生产试剂、药物、培养基和分离分析材料。这不仅解决了氨基酸的供应问题,还为实验研究提供了经费支持。实验材料的问题解决了,可通往成功的道路绝不是坦途,一个又一个的难题接踵而至。胰岛素由 51 个氨基酸构成,这些氨基酸按一定序列排列成 A、B 两条链,A 链有 21 个氨基酸,B 链有 30 个氨基酸,两条链之间通过两个二硫键相连,A 链本身也有一个二硫键的内部连接,这就是胰岛素的一级结构。人工合成牛胰岛素,理论上如果可以拆开胰岛素的二硫键,并把它们按原样重新合起来,那就代表我们用人工合成的 A 链及人工合成的 B 链也能合起来,成为人工合成胰岛素。在这个过程中,二硫键的拆合是最大难点,这也是王应睐最重视的

王应睐　人工合成生物大分子的引领者

工作，拆合二硫键的方式直接决定了合成胰岛素的方案。由于研究人员之前并未进行过胰岛素的相关研究，在这方面也是在不断探索着前进，一连好几个月过去了，拆合工作都丝毫没有进展，研究小组心中的焦灼感不断上升……

1958年夏天，王应睐带领拆合小组的成员一起去北京大学进行专题讲座，通过他们对合成蛋白质工作的介绍，校方表示很感兴趣，希望能够从自身优势出发，在适当的时候进行合作。其实在这之前，王应睐就曾两次致信北大，报告上海生化所有关胰岛素的研究进展，同时提出了希望达成双方合作研究的意向。不得不说，王应睐的远见卓识及精心组织把人工合成胰岛素的工作向前推进了一大步。当时，北大在有机合成方面已经有了突出成果，已经研制成功了30余种光谱纯化剂及纯金属中的杂质分析和快速测试等多种成果。同时，北大方面负责人回信给王应睐道：关于蛋白质和核酸的分子结构、生物学动能、代谢及合成的研究，北大方面已将其列入1959年的重点研究项目。有了合作之后，不同的思想、学科交叉在一起，就会碰撞出新的火花。通过不断地交流、实验，天然胰岛素的拆合小组终于找到了拆开胰岛素的3对二硫键的方法，就是把天然胰岛素和亚硫酸钠及四硫酸钠共同保温，这样就可以拆开胰岛素了，而且拆分得非常完美。

拆开了还能再合上吗？对于这个问题，天然胰岛素的拆合小组心里也没有底。在过去的大约30年中，维格纳奥德等人多次进行过重新组合实验，每次得到的胰岛素基本上都丧失了生物活性。于是，当时的胰岛素研究学者普遍认为，一旦胰岛素的二硫键被拆开，就失去了生物活性。王应睐不断地鼓励拆合小组继续进行实验，不断尝试。终于，当时初出校门的杜雨苍在经历无数次失败之后，得到了具有0.7%～1%生物活性的接合产物。这个结果很快就报告到王应睐这里，他很谨慎，不断地问这个结果是不是最好的，有没有问题，稳定性大不大，存在不存在偶然性？他还叮嘱杜雨苍要在现有的基础上多加验证，进一步巩固实验结果。果然功夫不负有心人，拆合小组继续摸索，克服了许多技术障碍，终于把天然胰岛素拆开再重合的活力稳定地恢复到原活力的5%～10%。历时两年，研究团队终于在国际上首次解决了天然胰岛素A、B链拆合问题，为合成胰岛素确定了合成路线。在此基础上，研究小组先后研制成两个半合成结晶牛胰岛素（即天然A与合成B，以及天然B与合成A），最后实现了人工全合成牛胰岛素的完美结晶。

在人工合成胰岛素的研究方案中，所有路线的决定都不是一个人，也不是一个地区做出的，而是统一由协作组做出的，王应睐作为协作组的组长，在合作的过程中不断纠正错误的研究方向，带领合作单位共同攻关。他仿佛一位运筹帷幄的将军在前线指挥战斗，带领大家打赢了"合成一个蛋白质"的攻坚战！

再登高峰，首次人工合成转移核糖核酸

合成胰岛素的工作结束后，王应睐又满怀激情地投入到下一个项目中。核酸是生命的奥秘所在，生命体遗传信息的储存、复制和表达都由核酸控制。在人工合成蛋白质成功之后，各研究单位又把目光投向了核酸，

王应睐　人工合成生物大分子的引领者

人工合成酵母丙氨酸转移核糖核酸成了接下来的主要研究目标。当时国外在核糖核酸的合成方面已经处于领先水平，但也仅仅能够化学合成几个具有特定顺序的核苷酸，这距离人工合成酵母丙氨酸转移核糖核酸还很远，更何况是在技术、实验条件都落后的中国。怎么办呢？对具有特定排列顺序的生物大分子来说，片段连接合成是首选路线，科学工作者吸取了人工合成胰岛素过程中的经验，并经过反复探索和无数次实验建立了合成路线——半分子合成方案。首先将天然酵母丙氨酸转移核糖核酸酶解，并分离纯化得到了 3' 半分子和 5' 半分子，然后连接成整分子。为了合成两个半分子，需要合成 6 个大片段寡核苷酸。

1977 年，为了协调各参加单位的工作并加强领导，中国科学院成立人工合成酵母丙氨酸转移核糖核酸协作组，王应睐任组长，担当起领导人工合成酵母丙氨酸转移核糖核酸的重任。在他的组织下，1978 年又成立了 3 个会战组——合成会战组、总装会战组和测活会战组，发挥优势、集中力量解决关键性问题。在此后 3 年多的时间里，分别合成了 6 个大片段寡核苷酸，进而连接成两个半分子和整分子——酵母丙氨酸转移核糖核酸。在之后的工作中，王应睐秉持一贯严谨的科学态度，坚持化学合成与酶促合成相结合的方针，对每步合成的产物进行全面的科学鉴定。最终，历时 13 年，前后动员了 10 余个单位约 200 位科技工作者参与的"大工程"完成了！

王应睐带领中国科学家不断创新，在人工合成生物大分子领域取得辉煌成就，引领中国的生物化学走向世界。他的心很"大"，装着研究所，装着全国的生化学科，他的心又很"纯粹"，心无旁骛，潜心一志，为中国的科技不断创新突破贡献力量。

（撰稿：鲁雪）

参考文献

[1] 熊卫民,王克迪.合成一个蛋白质:结晶牛胰岛素的人工全合成[M].济南:山东教育出版社,2005.

[2] 卜叶,黄辛.王应睐:酿得百花终成蜜[N].中国科学报,2019-12-20(4).

[3] 祁国荣.中国科学家首次合成一个完整的核酸分子——酵母丙氨酸转移核糖核酸的人工全合成[J].中国科学,2010(1):11-13.

钱学森
创新精神贯穿一生

钱学森（1911年12月—2009年10月），空气动力学、火箭专家，系统科学家，中国科学院院士，中国工程院院士。在应用力学、喷气推进、工程控制论、物理力学等技术科学及系统科学，以及中国"两弹一星"研制等大规模科研系统工程等领域取得许多创新成就，晚年提出开放的复杂巨系统理论，致力于构建体现中国科技自信的现代科学技术体系。1989年6月获得"小罗克韦尔奖章"和"世界级科技与工程名人"称号，1991年获得"国家杰出贡献科学家"荣誉称号，1999年荣获"两弹一星"功勋奖章。入选100位新中国成立以来感动中国人物，入选"庆祝中华人民共和国成立70周年大型成就展"1970—1979年英雄模范人物。

科学家精神 创新篇
SPIRIT OF SCIENTISTS

为反法西斯战争胜利勇攀科技高峰

1935—1955 年，钱学森在美国学习和工作 20 年，他的科技创新实践主要集中在自然科学领域的技术科学层次。这是他一生科技创新实践的第一阶段。

在这一时期，"科学和工程进一步走向紧密结合，形成了技术科学这样一个介于基础科学和工程技术中间层次的学科。以空气动力学和工程控制论等技术科学为指导的航空工业和火箭技术是决定第二次世界大战胜利进程的最前沿科学技术"。钱学森师从国际应用力学领域权威冯·卡门，始终如一地以推动航空和航天新技术的发展为目标，在空气动力学、薄壳稳定性、火箭技术和工程控制论等方面取得了世界级的原创成果，对提升航空技术水平及航空兵的战斗力，为世界正义力量最终赢得反法西斯战争胜利发挥了独特的作用。

留美期间，钱学森在空气动力学研究方面成果迭出，影响最大的是"卡门－钱学森公式"。第二次世界大战爆发前，航空界已开始由低速飞行

向高速飞行发展，制空权的重要性日益凸显，对飞机的速度提出了越来越高的要求。当飞行速度接近音速的时候，空气的可压缩性开始产生作用，致使飞行阻力急剧增加，机翼抖振，甚至会使飞机突然丧失升力而急速下坠，这就是著名的"声障"。如何改进飞机机身和机翼的外形以消除空气的压缩效应对高速飞行的制约，成为航空学界亟待解决的难题之一。正在攻读博士学位的钱学森在冯·卡门的指导下，经过艰苦细致的研究，于1939年提出亚音速气流中空气的压缩性对翼型压强分布的修正公式，即著名的"卡门-钱学森公式"：

$$\frac{dv_1}{v_1} = (1-Ma^2)^{1/2}\frac{dv}{v}, \quad C_p = \frac{2(1+\sqrt{1-Ma_\infty^2})C_p'}{2\sqrt{1-Ma_p^2}+(C_p'-2)Ma_\infty^2+2}。$$

用这个公式可以计算出当飞行速度接近每秒340米的声速时，空气的压缩性对机翼和机身的升力影响有多大，同时还可估算出该翼型的临界马赫数。该公式发表以后，立即受到国际航空界，特别是空气动力学研究人员和飞机设计师的青睐。在现代计算手段——电子计算机出现以前，它一直是飞机设计师们公认的最好用、最准确的计算公式。"独到的见解和原创性的贡献使钱学森在28岁时就成了世界知名的空气动力学家，现代世界科技史册也因此留下了为数不多的中国人的名字"。

勇担中国导弹航天技术领导重任，开创系统工程理论

从1955年回国到1982年退出一线领导岗位，这17年钱学森的科技创新实践主要集中在"两弹一星"大规模科研系统工程上，属于系统科学领域的工程技术层次。这是他一生科技创新实践的第二阶段。

外国人能搞的，难道中国人就不能搞？

钱学森是中国系统科学的奠基人，在世界科学舞台上开创了独具特色的中国系统学派，系统工程与总体设计部思想是钱学森毕生的追求。1954年，钱学森的《工程控制论》一书英文版在美国问世，被公认为奠基性的权威著作，确立了钱学森在工程控制论这一学科的地位，书中特别提出了"用不太可靠的元件可以组成可靠系统的理论"，这是钱学森敢于向党和国家建议优先发展导弹航天技术的信心所在。钱学森回国后在哈军工调研时，陈赓问钱学森："我们能不能搞导弹？"钱学森刚从美国受尽屈辱地回来，正憋着一肚子气呢，他很干脆地回答说："中国人怎么不行啊？外国人能搞的，难道中国人就不能搞？难道中国人比他们矮一截？"陈赓听了以后非常高兴："好极了，就要你这句话！"20世纪50年代，钱学森高瞻远瞩，主持起草《建立我国航空工业的意见书》，制定《我国地地导弹发展途径的意见》，提出我国卫星发展的"三步曲"，对党和国家领导人决策创建中国航天事业起到了决定性的推动作用。

钱学森作为中国科技界的领军人物，在"两弹一星"工程上对中华民族做出的历史功绩彪炳史册。邓小平同志曾说："如果60年代以来中国没有原子弹、氢弹，没有发射卫星，就不能叫有重要影响的大国，就没有这样的国际地位……大家要记住那个年代，钱学森、李四光、钱三强那一些老科学家，在那么困难的条件下，把'两弹一星'和好多高科技搞起来。""两弹一星"的研制成功是新中国由弱变强的标志，是新中国成立后最振奋人心、最为世界瞩目的事业。但钱学森本人却把自己的贡献看得很淡。钱学森多次表明："称我为'导弹之父'是不科学的。因为导弹卫星工作是'大科学'，是千百人大力协同才搞得出来的，只算科技负责人就有几百，哪有什么'之父'？我做的只不过是党所领导的、有千万科技工作者参加的伟大科研系统工程中的一粒小芝麻,真算不上什么。一切成就归于党,归于集体!"

成功了,功劳是大家的;失败了,我来担责

以导弹、卫星等航天科技为代表的大规模科学技术工程,既有科学层次上的理论问题要研究,又有技术层次上的高新技术要开发,同时还要把这些理论和技术应用到工程实践中,生产出产品来。如何把成千上万人组织起来,以较少的投入,在较短时间内研制出高质量、高可靠性的型号产品,这不仅需要科学和技术上的创新,还需要一套科学的组织管理方法和超凡的领导艺术。钱学森曾说,中国"两弹一星"工程成功实践的最重要一条经验,就是把党的民主集中制原则和解放战争时期大规模兵团作战的成功经验运用到大规模科研系统工程的组织管理工作中。

钱学森手下最重要的4位副手是任新民、屠守锷、黄纬禄、梁守槃。每到周日下午,钱学森都把"四大金刚"请到家里,讨论布置下周的工作。钱学森总是让4位副手先发言,自己最后总结。钱学森说,如果大家达成一致的意见,就由4位副手下去分别组织落实。没达成一致的,如果时间允许,那大家回去继续研究,下周接着讨论;如果必须马上办,那就由他根据大家的意见拍板决策。钱学森说:"最重要的就是一条,我决策的由我负责。成功了,功劳是大家的;失败了,我来担责。"科学上的民主集中是我们国家大规模科研系统工程取得成功的一条重要经验。

钱学森在开创我国航天事业的同时,也开创了一套既有普遍科学意义,又有中国特色的系统工程管理方法与技术。在研制体制上是规划、研究、设计、实验、试制和生产一体化;在组织管理上是总体设计部和两条指挥线的系统工程管理方法。实践已经证明了这套组织管理方法的科学性和有效性。从今天来看,就是在当时条件下,把科学技术创新、组织管理创新和体制机制创新有机结合起来,实现了综合集成创新,从而走出了一条发展我国航天事业自主创新和协同创新的道路。如果说钱学森第一阶段的科技创新是在自然科学领域的技术科学层次，第二阶段大规模科研系统工程的组织管理实践已经使钱学森的科技创新范围远远超出第一阶段的自然科学领域，理论上的代表作是1978年与许国志、王寿云联名发表在《文汇报》上的《组织管理的技术——系统工程》。航天系统工程的成功实践，不仅开创了大规模科学技术工程实践的系统工程管理范例，而且也为钱学森后来创立开放的复杂巨系统理论和现代科学技术体系提供了雄厚坚实的实践基础。

创立开放的复杂巨系统理论

从1982年退出一线领导岗位到2009年离开我们，这28年钱学森的科技创新实践主要集中在创立开放的复杂巨系统理论，提出了从定性到定量的综合集成方法论，推动建立体现中国智慧、中国科技自信的现代科学技术体系。这是他一生科技创新实践的第三阶段。

提出开放的复杂巨系统理论和综合集成方法论

退出一线领导岗位以后，钱学森将全部精力投入到他最喜欢也最擅长的科技创新工作中去，研究对象转向更为复杂的生命系统、社会系统，以至客观世界整体。钱学森本人是集东西方文明精华得智慧的大成者。在美国学习工作20年，使他深悉开创了人类历史上第一次文艺复兴和工业革命的资本主义文明，特别是现代科学技术的优势，这是我们仍然要继续努力学习和追赶的。但是，今天人类社会面临的一系列复杂问题，从生命起源、意识本质、大物质构造到生态环保、可持续发展，都不是以还原论为基础的西方科学技术所能完全解决的。西方科学界认为"21世纪是复杂性问题的世纪"，现代科学技术亟须科学范式和方法论层次的突破。钱学森在前两个阶段科技创新的基础上，依据系统学原理，将这种单纯用还原论方法无法解决的问题定义为开放的复杂巨系统问题，并创立了开放的复杂巨系统理论，代表作是1991年与戴汝为、于景元联名发表在《自然》杂志上的《一个科学新领域——开放的复杂巨系统及其方法论》。

自幼受中华传统文化熏陶，回国后又在党的领导下创立了举世瞩目的"两弹一星"事业，使钱学森清楚中华文明的整体论思维可以弥补还原论的不足。在对社会系统、人体系统和地理系统3个开放的复杂巨系统研究实践的基础上，钱学森和他的合作者提炼出了把还原论和整体论辩证统一起来的系统论，即从定性到定量的综合集成方法，这是科学范式和方法论层次的原始创新，是目前解决开放的复杂巨系统问题唯一可行的方法论。综合集成方法是一套实践系统，其实践对象是复杂巨系统，实践方法是从定性到定量的综合集成方法，实践主体是总体设计部。综合集成方法的理论基础是思维科学，方法基础是系统科学与数学科学，技术基础是以计算机为主的现代信息技术和网络技术，哲学基础是辩证唯物主义的实践论和认识论。综合集成方法的实质是把专家体系、知识体系及机器体系有机结合起来，构成一个高度智能化的人—机结合与融合体系，是人—机结合的信息处理系统，也是人—机结合的知识创新系统，还是人—机结合的智慧集成系统。

建立体现中国智慧、中国科技自信的现代科学技术体系

钱学森是坚定的马克思主义者，他坚信辩证唯物主义的基本原理：客观世界是普遍联系的，因而认识客观世界和改造客观世界的各项科学技术也是普遍联系的，是一个完整的体系。正如德国著名物理学家普朗克所言："科学是内在的整体，它被分解为单独的整体不是取决于事物的本身，而是取决于人类认识能力的局限性。实际上存在着从物理到化学，通过生物学和人类学到社会学的连续的链条，这是任何一处都不能被打断的链条。"

科学家精神 创新篇

在 1991 年 10 月 16 日国务院、中央军委授予"国家杰出贡献科学家"荣誉称号和一级英模奖章后的答谢词中,钱学森袒露了自己余生的心愿:"我有个打算,我的打算就是:我认为今天科学技术不仅仅是自然科学工程技术,而是人认识客观世界、改造客观世界整个的知识体系,而这个体系的最高概括是马克思主义哲学。我们完全可以建立起一个科学体系,并且运用这个科学体系去解决我们中国社会主义建设中的问题。"

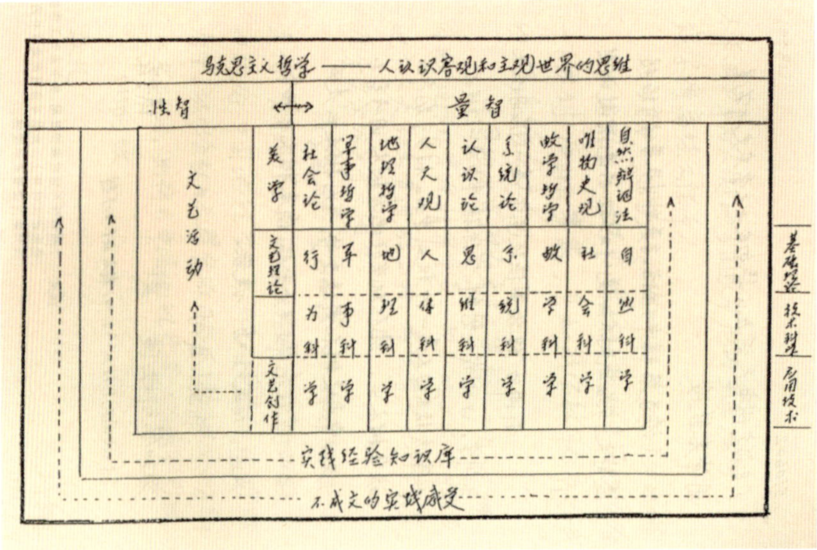

图 1　钱学森 1994 年手绘的现代科学技术体系架构图,1996 年又增加了建筑科学

钱学森从马克思主义哲学的高度对认识"客观世界的普遍联系性"作出了开创性贡献,他以开放的复杂巨系统理论和从定性到定量的综合集成方法论为指导,提出了体现中国智慧、中国科技自信的现代科学技术体系。这是一个不断发展的开放系统,马克思主义哲学居于顶端,既对科学技术起指导作用,又要随着科学技术的发展而不断发展。这个体系在横向上包括从各自不同角度研究整个客观世界的 11 个科学部门,纵向上打通了每个科学部门从实践经验(钱学森称之为"前科学")到工

程技术、技术科学、基础科学、哲学桥梁，直至马克思主义哲学的通道。钱学森说自己"真正做到触类旁通是在懂得了现代科学技术体系以后""我用了70年的学习才悟到以上道理，太长了。能不能用不到20年就学到？可以的。用人—机结合，用信息技术，用信息网络"。

人类社会系统是个开放的复杂巨系统，在历史长河中遵循客观规律滚滚向前，也受到科学、技术、战争、病菌等各种大事件的触发。互联网、大数据、云计算、区块链、物联网、人工智能等新技术的出现，总体国家安全观、国家治理体系、人类命运共同体、"一带一路"、"新基建"等的提出；特别是新型冠状病毒肺炎疫情的暴发是对国家制度和治理体系的一次"大考"。以新型冠状病毒肺炎疫情为触发点，面向新时代、针对新问题，我们需要从系统的观点和革命的精神来阐述钱学森思想对当代的现实意义。

集大成得智慧。钱学森曾说："社会主义中国要把全世界全人类的智慧和精华统统综合集成起来。今天我们干的这个事情，是关系到中国的命运，不但是中国的命运，而且是世界人类发展的大事情。我们将开创一次新的文艺复兴，如果说第一次文艺复兴创建了资本主义文明，这次新的文艺复兴将创建社会主义文明。同时，我国五千年辉煌的文学艺术传统也将结合最新科技成果，发扬光大！"

创新思维＝时代之问 × 大成智慧 × 坚定信仰

钱学森用自己一生的创新实践回答了自己提出的"钱学森之问"

"为什么我们的学校总是培养不出杰出人才？"——这是著名的"钱学森之问"，这也是创新之问！钱学森提出了此"世纪之问"，又用自己一生的创新实践回答了"钱学森之问"。清华大学经管学院院长钱颖一面对"钱学森之问"提出"创造力 = 知识 × 心智模式"的观点。结合钱学森一生的创新实践和创新成就，我们勾勒出钱学森创新公式：创新思维 = 时代之问 × 大成智慧 × 坚定信仰。

钱学森的创新解决的是"时代之问"。创新离不开好奇心和想象力，爱因斯坦说："我没有特殊的天赋，我只是极度的好奇。"钱学森的好奇心总是直面时代的问题，问题是时代的声音，他总是紧跟时代的步伐，解决现实的"大问题"。"卡门－钱学森公式"解决高速空气动力学问题；系统工程解决组织管理的技术问题；总体设计部直面当时"干部不懂技术、科研人员不懂管理、大家焦头烂额"的大规模科学技术组织管理的体制问题；从定性到定量的综合集成方法解决研究开放的复杂巨系统方法论问题；现代科学技术体系解决人类知识集大成得智慧的框架问题，为人类的第二次文艺复兴储备知识基础。

钱学森的创新使用的是"大成智慧"。创新离不开知识，爱因斯坦说："大学教育的价值不在于记住很多事实，而是训练大脑会思考。"钱学森用系统科学思想对人类的知识进行宏观研究，提出了关于现代科学技术的体系框架。钱学森在各领域都有独到见解的创新都得益于打破框架，融会贯通，娴熟使用此框架，现代科学技术体系已经"活"了，真正成为"大成智慧"，创新就有了源源不断的智慧泉水。

钱学森的创新依赖的是"坚定信仰"。创新离不开价值取向，爱因斯坦说："在科学的殿堂里有各式各样的人，他们探索科学的动机各不相同。有的是为了智力上的快感，有的是为了纯粹功利的目的，他们对建设科学殿堂有过很大的甚至是主要的贡献。但是科学殿堂的根基是靠另一种人而存在的。他们总想以最适当的方式来画出一幅简化的和易领悟的世界图像，他们每天的努力并非来自深思熟虑的意向或计划，而是直接来自激情。"钱学森是内在价值的驱动者，没有马克思主义的坚定信仰，没有一切为了祖国强大的坚定信念，创新便没有立足之本，在创新的路途中就会被各种"新想法、新概念、新方法、新途径"所迷惑，走向科学的虚无主义。钱学森高度重视哲学的意义："一个科学家，他首先必须有一个科学的人生观、宇宙观，必须掌握一个研究科学的科学方法！这样，他才能在任何时候都不致迷失道路；这样，他在科学研究上的一切辛勤劳动，才不会白费，才能真正对人类、对自己的祖国作出有益的贡献。"

钱学森的一生是科学的一生、奉献的一生、光辉的一生，也是创新的一生。在人生的最后阶段，他向党和国家提出的最后一个建议是"大学一定要培养拔尖创新人才"。钱学森经常讲："科学是不完善的。如果科学真正是完善的，那就没有科学研究可做了……科学在于创新，在老圈子里兜是没有出路的。""如果不创新，我们将成为无能之辈！"

创新精神贯穿于钱学森的一生。

（撰稿：李明　贺兴华　汪涛　姚轶崭）

（致谢：本文第一部分参考引用了上海交通大学史贵全老师《人民科学家对人类正义事业的贡献——钱学森在二战时期的科学成就》一文，上海交通大学姜玉平老师为本文第一部分提供了素材。）

参考文献

[1] 宋健. 钱学森科学贡献暨学术思想研讨会论文集 [M]. 北京：中国科学技术出版社，2001.

[2] 石磊，王春河. 大科学家钱学森的小故事 [M]. 北京：北京少年儿童出版社，2015.

[3] 涂元季. 人民科学家钱学森 [M]. 上海：上海交通大学出版社，2002.

[4] 李明. 钱学森的科学道德境界 [J]. 国防科技，2017（6）：7-13.

[5] 郑哲敏. 钱学森手稿 [M]. 太原：山西教育出版社，2000.

[6] 钱颖一. 三答"钱学森之问" [N]. 文摘报，2018-10-02（06）.

何泽慧
在核物理和粒子物理领域中不懈探索

何泽慧（1914年3月—2011年6月），物理学家，中国科学院院士。首先发现并研究了正负电子几乎全部交换能量的弹性碰撞现象，首先发现并研究了铀核的三分裂和四分裂现象。自力更生研制成功原子核乳胶探测器等多种核探测器和核电子仪器，领导建立了中国科学院原子能研究所的中子物理实验室，指导测定与裂变反应有关的基础核数据，为我国原子弹、氢弹技术突破提供了重要支撑。领导建立高山宇宙线观察站，在高能天体物理等多领域研究方面作出了重要贡献。1956年获得中国科学院奖（自然科学部分），即首次国家自然科学奖三等奖。

从清华物理系高材女生，到中国科学院高能物理所副所长，生长在江南的何泽慧凭借着不同于常人的耐心和不服输的闯劲，在核物理领域参与做出了多项新发现。她善于结合实际、勇于创新，她毕生的工作为我国核物理研究打下了坚实基础。

首次观测正负电子弹性碰撞现象

19世纪末到20世纪中叶,是核物理研究在世界范围内如火如荼开展的黄金时期。1897年,汤姆逊(Joseph John Thomson)发现了电子;1911年,卢瑟福(Ernest Rutherford)发现了原子核;1932年,查德威克(James Chadwick)发现了中子……探索原子核的大戏一幕幕上演,年轻的何泽慧也在这场戏里初露头角。

第二次世界大战的爆发使得刚获得柏林工业大学工程博士学位的何泽慧不得已滞留德国。1943年,她前往海德堡威廉皇家医学研究院物理研究所,在博特教授(Walther Wilhelm Georg Bothe)的指导下从事原子核物理的实验研究。

早在1928年,狄拉克(Paul Adrien Maurice Dirac)就预言了正电子的存在。我国物理学家赵忠尧在研究中发现硬γ射线在通过重元素时反常吸收并伴随特殊辐射现象。1932年,安德逊(Carl David Anderson,1905—1991年)由此更进一步,宣布在磁云室中发现了正电子运动轨迹。正电子发现之初,人们的注意力大多集中在正负电子的湮没上。印度物理学家巴巴(Homi Jehangir Bhabha)在1935年曾对正负电子的散射现象做出过理论计算,1945年博特也提出过相关理论,而这一现象在实验上还是个未知数。

何泽慧果断从实验上开展正负电子的碰撞研究。她与博特的同事梅尔-莱布尼兹(Heinz Maier-Leibnitz)一起建造了一个磁云室,利用人工放射性同位素衰变释放正电子。1945年年初的一天,敏锐细心的何泽慧从她在磁云室中拍摄的上千张照片里发现了异常:^{52}Mn发射的正电子进入磁云室后呈一种近似S形状的奇特径迹。经过研究分析,何泽慧弄清楚了这是入射电子与磁云室气体分子中的一个电子弹性碰撞后改变径迹,是电子获得大量能量后沿另一方向旋转所产生的径迹。

在总长度为 240 米的 2774 个能量在 25 ~ 800 keV 的正电子中，何泽慧观察到 178 次弹性碰撞。这不仅和巴巴及博特的理论计算数据基本吻合；在将近 3000 次电子轨迹中，她还观察到 3 个正电子轨迹还在飞行中就与电子湮没了，这一现象是第一次在磁云室中被观察到。这一实验值也与贝特（Hans Bethe）根据狄拉克理论计算的结果相吻合。

何泽慧的这一发现由钱三强在 1945 年 9 月布列斯托尔举行的国际宇宙线会议上代为宣读，并被英国《自然》期刊称为"科学珍闻"（scientific curiosity）。她所观察到的正负电子交换了大量能量的散射现象，在世界范围内是第一次。

发现重原子核的三分裂和四分裂

1946 年春天，何泽慧来到巴黎，和钱三强结为夫妻。二人共同在约里奥 – 居里夫妇领导的法兰西学院原子核化学实验室和居里实验室开展核物理研究。他们两人一起在剑桥大学参加了 1946 年英国皇家学会纪念牛顿诞辰 300 周年及国际基本粒子与低温会议。

会议上，剑桥大学卡文迪许实验室的格林（Leslie Leonard Green）和利夫希（Derek L. Livesey）使用核乳胶研究重原子核裂变的报告引起了钱三强的注意。在他们展示的许多照片中，偶尔出现呈三叉形状的径迹，只是被认为是 α 粒子而一带而过。钱三强敏锐地察觉到是否存在重原子核三分裂的可能。

早在 1939 年，钱三强就对核裂变有所研究。1945 年，他曾前往英国跟随布列斯托尔大学的鲍威尔（Cecil Frank Powell）学习原子核乳胶探测技术。和磁云室一样，核乳胶是一种粒子探测器。鲍威尔改进的特制乳胶比一般的照相乳胶层厚、密度大，单位体积的溴化银重量增加了 8 倍，而颗粒直径仅是一般照相乳胶的 1/10，且分布均匀。钱三强很快学会了这种核乳胶的使用技术。

回到巴黎，钱三强就与何泽慧，还有两名博士生［沙士戴勒（R. Chastel）和微聂隆（L. Vigneron）］一起开始了对重原子核三分裂和四分裂现象的研究。他们先将核乳胶片置于硝酸铀酰［（UO$_2$）（NO$_3$）$_2$·6H$_2$O］溶液中浸泡几分钟，使铀得以载入原子核乳胶中。乳胶片晾干后放到回旋加速器上用快中子或热中子照射，积累了一定数量的裂变径迹后，进行显影

定影，再用显微镜观察。然而，鲍威尔的乳胶片灵敏度很高，不仅明胶中的氢氮元素在快中子和热中子照射下产生众多反冲质子和质子径迹。而且，天然放射的α粒子经铀盐溶液浸泡后，也形成了许多径迹。为了减少这些径迹对核裂变径迹的干扰，他们冥思苦想，终于摸索到了对乳胶进行一定程度的减敏处理办法。

连续几个星期，他们一天到晚都在做实验，一天要观察分析几百张相片。而核乳胶里的径迹一般只有1微米粗、20微米长，要观测的径迹分布在40微米厚的乳胶层中，他们使用实验室最好的高倍显微镜，一遍遍地操作显微镜，对乳胶片的每一个深度、每一个视野进行仔仔细细的扫描、逐一观察。长时间操作观察显微镜不仅乏味而且辛苦，但他们坚持了下来。

在他们观察到的大量裂变径迹里，有一些三叉形状的裂变径迹。通过对三叉径迹夹角的测量演算，他们证明了三叉形状的径迹就是重原子核

的三分裂，其概率约是二分裂的百分之一。1946年12月9日，他们在法国科学院周刊上公布了重原子核三分裂的研究结果。

1946年11月12日的晚上，何泽慧还在实验室工作。她在显微镜下发现，一张早前的底片里居然有一个点发出了两长两短4条径迹，这4条径迹几乎处于同一平面上。经过和钱三强长时间的讨论研究，他们确定，这是一份铀的核四分裂径迹，而原子核四分裂的概率小于二分裂的千分之一。

1946年约里奥在法国科学院会议上报告了《铀的四分裂的实验证据》，并以何泽慧作为第一作者发表。

原子核的多分裂在国际科学界引起了较大的反响，但是重原子核三分裂直到20世纪60年代后期才被物理学界接受，而多分裂直到20世纪70年代才被证实。

从零开始制备原子核乳胶

1948年，何泽慧、钱三强返回祖国。为了开展原子能基础研究，何泽慧带领着一群年轻人开始研制原子核乳胶。当时，只有英国和苏联掌握了制造核乳胶的技术。即使是核乳胶应用方法的创始人鲍威尔，也是与专业的照相乳胶厂伊尔福（Ilford）公司合作，研制出适合物理实验使用的C-2型乳胶。而当时的中国根本没有照相制片工业基础；国内的核事业还处于起步阶段，连一件像样的设备也没有，全靠研究人员自己制作。何泽慧只能自己动手，而她学习的专业和制造核乳胶相去甚远，在简陋贫乏的条件下，从零开始制备核乳胶对何泽慧来说，是一次巨大的挑战和创新。

制造核乳胶，前前后后一共8道工序：乳化、成熟、冷凝水洗、后成熟、涂片、干燥、检验，最后是包装，何泽慧及她直接带领的由陆祖荫、杨光中、王树芬等组成的实验小组每一道工序都亲力亲为。后来，陆祖荫改进了设备，制备乳胶只需一个人操作了，何泽慧得以从繁杂的制作过程中解脱出来。但还有很多亟待解决的技术难题，如"颗粒大小和均匀问题""雾点问题""颗粒聚结问题""潜影衰退问题""增感问题""真空脱裂问题""储存问题"。

何泽慧将这些问题一一列出，逐个击破。在3年的时间里，他们做了420次试验，终于研制成功对质子、α粒子和核裂片都灵敏的核-2和核-3乳胶，以及探测慢中子用的核-2载硼、核-2载锂乳胶。他们研制的核乳胶颗粒均匀、本底雾少，性能品质与伊尔福C-2型乳胶相当。何泽慧与陆祖荫等由此获得了1956年国家自然科学奖三等奖。

何泽慧小组并不满足于此。伊尔福C-2型乳胶的性能远远不够记录电子的运动轨迹。何泽慧敏锐地指出："X光底片实质上是电子光敏，有些文章说明X光胶片用的是金增感，我们可以借鉴试试。"承担提高电子灵敏度重任的孙汉城和刘惠长阅读了大量外文文献，尝试各种不同配方的试验，终于在1957年研制出接近伊尔福C-5型乳胶的核乳胶。当时，英国伊尔福和苏联都是采用氨法，卤化银的颗粒较大，而我国自主研制的用中性乳胶制的电子灵敏乳胶颗粒较小。在1960年莫斯科的国际核乳胶会议上，刘惠长、陆祖荫、王树芬用俄文做了3篇报告，得到了国际上的好评。

向新领域探索的步伐不停歇！

1956年9月，中国科学院近代物理研究所（后为原子能研究所）中子物理研究室（二室）成立，钱三强兼任室主任，何泽慧任副主任，他们在相当长的时期里全面负责及领导中子物理研究室的工作，为开拓我国中子物理与裂变物理实验领域并配合核武器研制作出了重要贡献。做中子物理实验比带电粒子核反应难得多。其一是中子源比带电粒子源弱，难以获得；其二是中子探测比带电粒子探测难得多，只能间接探测，而且中子穿透力强，屏蔽防护难。在那个连屏蔽用的含硼石蜡块都自己做的年代，建立一个完整的中子物理实验室，太不容易了。

越不容易的事，越能激起何泽慧的挑战心。1956—1964 年，何泽慧一直领导着国内中子物理的研究工作。何泽慧不仅能把工作做好，还擅长及时抓住新的研究方向。在她的带领下，一个比较完整的中子物理实验基础打好了，配合我国核武器研制工作，测定了与裂变反应有关的重核中子截面、裂变中子能谱及裂变中子平均数等大量基础核数据，完成快中子临界装置的理论计算、临界安全计算等课题，研制成功原子弹点火中子源，为原子弹、氢弹技术突破提供了重要支撑。

1973 年，中国科学院高能物理研究所成立后，何泽慧担任副所长。她关注发展新的科学生长点，领导开展交叉学科研究，推动了我国宇宙线超高能物理及高能天体物理研究的起步和发展。在她的倡导与扶持下，高能物理研究所原宇宙线研究室通过国内、国际合作，在西藏甘巴拉山建成了世界上海拔最高（5500 米）的高山乳胶室；从无到有、从小到大地发展了高空科学气球，并相应地发展了空间硬 X 射线探测技术及其他配套技术。高空气球工程项目在 1979 年正式启动，在发展过程中何泽慧多次亲自参与野外的气球实验和科学观测工作，高空气球的发展过程中遇到了许多困难，何泽慧总是鼓励大家继续努力。

2001 年，清华大学成立跨学科跨系的天体物理中心，在成立大会上何泽慧发表了讲话。80 岁高龄的何泽慧还亲自就高能所粒子天体物理中心关于硬 X 射线调制望远镜卫星的立项工作给中国科学院和国家领导写信，推动了该工作的批准立项。为了纪念何泽慧对我国空间高能天文发展的贡献，我国首颗 X 射线天文卫星被命名为"慧眼"。

科学的意义在于创新。在科学研究中，研究者可以尽情释放自己的想象和创意，并在实验中去找到它、证明它。在何泽慧身上，我们感受到了科学创新带来的美妙。她的科学精神，将永存在每一个人心中。

（撰稿：吴紫露）

参考文献

[1] 孙汉城，刘晓，钱思进. 何泽慧传 [M]. 太原：山西教育出版社，2015.

[2] 刘晓. 卷舒开合任天真：何泽慧传 [M]. 北京：中国科学技术出版社，2013.

[3] 孙自法. 中国著名物理学家何泽慧院士逝世 [EB/OL]. （2011-06-20）[2020-09-24].http://www.chinanews.com/gn/2011/06-20/3124180.shtml.

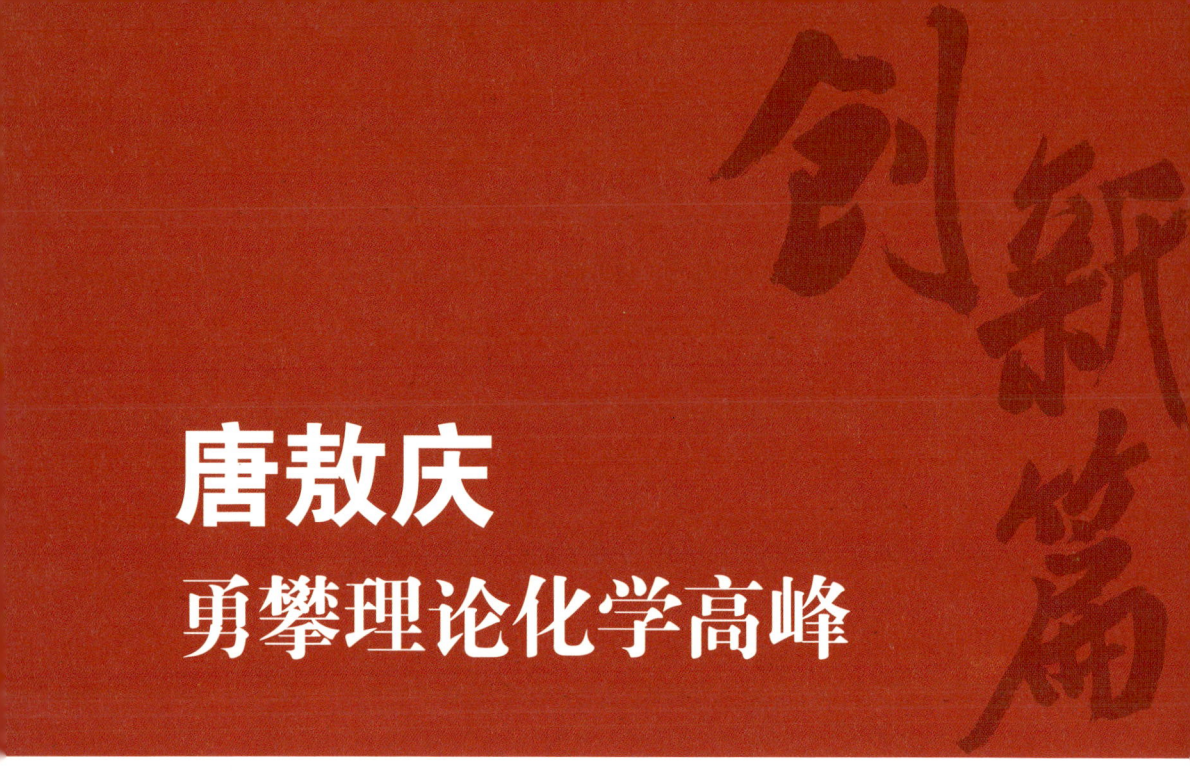

唐敖庆
勇攀理论化学高峰

> 唐敖庆（1915年11月—2008年7月），理论化学家，中国科学院院士，中国现代理论化学的开拓者与奠基人。长期从事理论化学研究。在分子内旋转、配位场理论、分子轨道图形理论、高分子化学反应统计理论、原子簇的结构—化学键和结构规则等方面取得重要创新成就。先后5次获得国家自然科学奖。

从分子内旋转与化学键理论到配位场理论，从分子轨道图形理论到高分子凝胶溶胶分配理论……唐敖庆用不断创新的科研精神在国内开辟了一个个崭新的理论化学研究领域。他在不断攀登理论化学这座险峰的同时，培养大批理论化学专精人才，让中国的理论化学领域从一片空白走向世界前沿。

理论化学是运用纯理论计算而非实验方法来研究化学反应本质问题的学科。研究理论化学需要坚实的理论基础、渊博的数学和物理学知识，更需要不断创新的思维方式，而唐敖庆完全具备这些条件。从20世纪50年代归国开始，至20世纪末，唐敖庆就一直在理论化学领域不断创新、不断探索。

量子化学是理论化学最重要的组成部分，是应用量子力学的基本原理和方法研究化学问题的一门基础科学。研究内容包括稳定和不稳定分子的结构、性能及其结构与性能之间的关系；分子与分子之间的相互作用；分子与分子之间的相互碰撞和相互反应等问题。唐敖庆对理论化学的创新研究就是从量子化学入手的。

创建分子内旋转势能函数

量子化学中的分子内旋转问题一直是学界关注的焦点，由于分子内相互作用的影响，内旋转其实是受阻的。受阻内旋转的概念于1891年被提出，但直到20世纪30年代才开展较为广泛的研究。

唐敖庆在早期的化学实验中发现，单键连接的分子在旋转中会存在某种障碍。他在阅读文献的过程中也发现，早在1948年，皮泽（K. S. Pitzer）等人发表了乙烷分子C—C单键阻碍内旋转的势经验公式函数。然而这一公式只能解释某些比较简单的分子内旋转问题。对于这样一个有缺陷的重大理论成果，唐敖庆下定决心去研究它。

我们知道，理论化学与实验化学不同，它更加艰深而抽象、枯燥而乏味。理论化学需要大量的计算，在那个没有计算机的时代，这些工作只能靠大脑、笔和纸来进行。一串串的数字、公式、模型在唐敖庆的脑海里、笔尖下不断地被创造、被重构、被改进，最终被完善。

唐敖庆开始重新推导这一公式，发现这个式子对于旋转轴一端具有3个相同键的分子是适用的，但不适用于连接具有3个不同键的分子。而由于当时人们对电子云的情况还不甚了解，计算电荷间作用的方法也只能是传统的将积分内函数作级数展开。唐敖庆在最开始也是按照这一方法计算了一些化学键的八级矩，进而得到阻碍势垒。

但是，这样的处理并没有达到唐敖庆的预期。他深刻地意识到，要想得出普适的公式，便不能停留在旧方法上，必须从方法上进行创新。唐敖庆创造性地从考虑分子化学键的相互作用入手，这一研究思路是前人从未想到的，他为研究分子内旋转势能函数打开了一扇新的窗户。

他将分子分为三大类型：第一类是旋转轴一端是相同原子，另一端是不同原子；第二类是C—C键的每端连接两个相同键；第三类是分子含有两个非对称性碳原子。分别计算出它们的平均势垒，得到的公式计算结果与光谱、热容、比热等多种实验结果比较，从而证明这些公式的正确性。然后逐一讨论不同类型的势能函数，进而得出一个统一的计算分子内旋转势能函数的新公式。

唐敖庆得出的这一新公式不仅能严格得到之前的皮泽公式，还能处理历史上遗留的旋转轴一端具有不同键分子的情况，并揭示其内旋转函数间的联系。

分子内旋转势能函数是一个很基础的量子化学研究，但也是一个很有实际应用价值的研究。它直接影响着分子的许多物理、化学性质，在高分子链构象理论的研究中尤为重要。对分子内旋转认识的每一个进步，都将促进复杂分子构象理论的研究及对分子动态空间结构的了解，有利于新材料的开发，诸如功能高分子、生物高分子的研究工作。而当时唐敖庆所取得的成果无疑为人类合成新材料迈上了一个新台阶。同时，这一理论成果在当时的国际上也引起了重大反响，被民主德国引入了数据库，也被国内外的教科书和学术著作广为引用。

潜心于高分子化学研究

20世纪50年代中期，新中国的建设急需解决高分子材料的合成与改进问题。这看似属于应用化学领域，但归根结底仍需要理论的指导。唐敖庆便放弃了一直以来主攻并取得一定成果的量子化学领域，转而投身于高分子领域。这样一个跨领域研究方向的转变，不仅需要唐敖庆极大的科研勇气，更需要他进行不断的科研创新。

在20世纪30年代，高分子的名称刚进入人们的视线时，库恩（W. Kuhn）就用统计方法研究了高分子的无规裂解问题，并得到了裂解产物的"最可几分布"。1936年，P. J. Flory采用统计方法对简单缩聚反应产物进行研究，得到了与库恩相同的结果。后来詹姆斯（H. M. James）、古斯（E. Guth）、沃尔（F. T. Wall）等人相继采用无规行走统计模型研究了橡胶的弹性理论，使得高分子理论得到了发展。但是这些研究仅限于少数体系，对一般的高分子仍缺乏系统性研究。

高分子合成包括加聚、缩聚、共聚、交联和裂解等几个主要的反应类型，其中的每一步反应都有大量的研究可做，而唐敖庆也在每一步的反应中进行着创新研究。

唐敖庆先进行加聚反应的研究，包括引发、增长、终止3个基本过程。这些过程不仅涉及统计理论的运用，更需要研究它的反应机制和分子量分布函数的关系。这个过程是非常复杂的，当时国际上普遍认为，不可能有统一处理的办法。但是唐敖庆说:"搞科研就是攻难点,突破了就可以开拓一大片,我们都要努力创新、努力探索。"他带领团队人员"以图代算",建立加聚反应的图形分析理论,用图解法而非计算法来得到分布函数,从而建立起一个数学模型。这样做的好处是可以用4个参数来表征分子量分布函数,建立起4个相应的动力学方程来求解。同时,反过来也是适用的,用分布函数来推断反应机制及合成条件。

接下来,唐敖庆便着手处理缩聚反应。在缩聚反应中存在一个很重要的问题:当反应达到某一特定的阶段时,体系的黏度会骤然增大,然后产生不溶、不熔的凝胶。凝胶的产生会使得高分子废品大量增加,从而造成物质资源的浪费。那么如何在理论上预测凝胶出现的临界条件,便是生产中一项很重要的课题。

关于高分子凝胶化理论,最早是由Flory提出的,他把凝胶高聚物看作无穷大分子,将它分成许多环,若后一环与前一环的比值等于1,这就是凝胶化产生的条件。但是这种方法的手续非常烦琐,需要个别问题个别处理,很难得到一般表达式。后来,Stockmayer从另一个角度入手,把凝胶化现象看成气体液化现象,运用热力学中处理非理想气体的统计方法推导凝胶化条件。不过这一方法的运算极为复杂,难以推广。鉴于此,唐敖庆没有遵循以往的这些处理方法,他创造性地从分子量的分布函数出发,用数学上求偏微商的方法推导出重均分子量的基本公式。到这里,唐敖庆提出了一个非常重要的凝胶化条件的原则:重均分子量趋于无穷大。据此便可得到一个更为简便、推导过程更为严密的凝胶化理论。唐敖庆又用这一理论得出包括多元酸与多元醇(A_a与B_b)、多元胺酸与多元醇(A_aB_b与C_c)等的凝胶化条件。这一原则开创了当时理论化学界计算凝胶条件的新局面。

但是唐敖庆并没有停止创新的脚步,他意识到从分子量的分布函数出发固然简化了前人的计算,逻辑上也较为严密。但是若我们不知道分子量的分布函数又该如何呢？这在当时也是一个很现实的问题，唐敖庆日思夜想，将理论公式不停地计算、创新、推翻、计算……循环往复。终于，不断积累的知识化成了灵感的火花，唐敖庆想到可以依据重均分子量趋于无穷大的凝胶化原则，从几率方向出发推导凝胶化条件。这种几率方法使得我们不必知道分子量的分布函数就可以推导出凝胶化条件。这种方法不仅简化了计算，它的应用范围也更加广泛。

既然凝胶化理论已经建立起来了，唐敖庆便着手处理与之相关的交联高分子的凝胶、溶胶分配理论。由于塑料类高聚物是线型结构，交联完成后会转化为网型，由可溶变为不溶、不熔。那么自然会产生一个疑问，不溶的凝胶量与交联度的定量关系该如何进行表征？英国学者Charlesby创造出一个理论公式，首先假定交联度很小，其后再导出凝胶量公式。可是，如果交联度不是很小时又该如何呢？针对这一问题，唐敖庆用直接求和法和纯概率法两种完全不同的方法都得出了严格的溶胶、凝胶分配公式。为了确保公式的正确性，唐敖庆还分析了中外数以千计的实验数据，在此基础上建立了相关的物理模型。公式、数据、模型三者互相证明，这样的一个"三角关系"更加能够保证每一个理论的正确性。不得不说，唐敖庆这种科学思维的创造性、独特性、新颖性也是古今中外科学家少有的。

唐敖庆关于凝胶化理论和交联高分子的凝胶溶胶分配理论所取得的成果在当时的理论化学界是绝无仅有的。但科研创新没有止步！到了20世纪80年代，他又将研究范围从凝胶点以前扩展到整个过程，形成高分子的固化理论。如此人们就可以通过计算凝胶化的临界条件从而避免高分子废品的产生，这让当时的中国可以依据理论指导进行物质生产，也让整个人类在高分子材料合成领域又前进了一大步。

对于创新来说，方法就是新的世界，重要的不是知识，而是思路。正是因为始终保持思路的创新，唐敖庆在配位场理论方法研究、分子轨道图形研究等多个理论化学领域也取得了丰硕的成果。唐敖庆的学术生涯跨越 20 世纪物质科学的重大突破时期，在量子化学、物理化学、高分子物理化学等诸多理论化学研究领域取得骄人的成绩。他潜心研读数理，注重利用新方法去解决问题。所有的这些不仅需要超常的智慧、广阔的学术视野，更需要不断创新的精神。可以这么说，唐敖庆正是凭着勇于创新、追求创新、善于创新的科研态度才能不停地自我突破，在理论化学领域频出硕果，攀登世界理论化学的高峰，也使中国的理论化学"从无到有，从有到优"。

（改编自《高山仰止——唐敖庆和他的弟子们》，林梦海等，厦门大学出版社，2015 年；《纪念唐敖庆》，理论化学计算国家重点实验室、吉林大学理论化学研究所等，吉林大学出版社，2009 年；《交联高分子的溶胶凝胶分配问题》，唐敖庆、江元生，原载于《高分子通讯》，1964 年 1 月。由刘诗琪整理）

叶笃正
开拓大气科学新领域

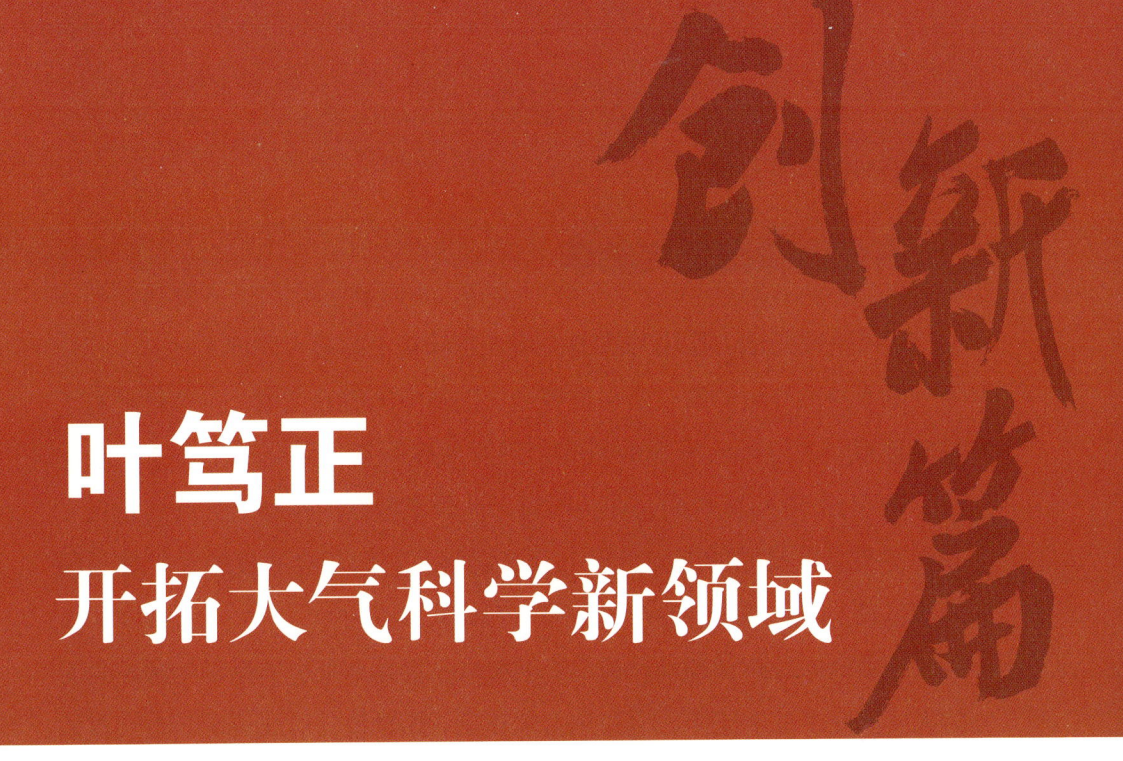

叶笃正（1916年2月—2013年10月），气象学家，中国科学院院士，在大气Rossby波能量频散、大气环流动力学、东亚大气环流的季节突变、大气阻塞高压动力学、大气中的地转适应过程、青藏高原气象学及全球变化等多个领域，取得了许多创新性成果和开创性研究。2006年获国家最高科学技术奖。

"今天白天多云转晴，北转南风2～3级，最高气温13℃，最小相对湿度30%。"

大家耳熟能详的天气预报，每天都会准时播出，我国的气象部门于1969年正式发布数值天气预报。过去，人们只能抬头看天辨阴晴，数值天气预报结束了"天有不测风云"的时代。这份预报看似简短，背后却凝聚着无数气象科学家的心血，其中一位便是叶笃正。叶笃正是我国现代气象事业的开拓者之一，为我国气象事业贡献了多方面的创新成果。

开创青藏高原气象学

青藏高原的动力作用和热力作用,是叶笃正的最大发现之一。

地形是大气运动的重要强迫源之一,新中国成立之前,虽然已经有了关于地形对大气环流影响的研究,但青藏高原气象研究几乎还是一片空白。20世纪50年代初期,在两次科考队收集数据的基础上,叶笃正首先发现围绕青藏高原的南支急流、北支急流及它们汇合而成的北半球最强大的急流,严重地影响着东亚的天气和气候。

青藏高原是热源还是冷源,多年来也一直是个重要的科学问题。当时的大气研究多基于流体力学和热力学理论、用数值计算或传统转盘实验的方法进行理论模拟实验。叶笃正认为,物理实验方法具有独特的优越性,可以改变控制参数,进行多次重复实验,而且描述大气和流体运动的数学方程具有相似性,因此必须重视物理模拟实验。他首先提出要建造大气环流模拟实验室,将流体力学实验的方法引入大气环流的动力学研究。此外,他推翻传统转盘模拟实验中以圆柱表示地形影响的简单设定,创新性地在转盘中设置了一个长轴为7厘米、短轴为4.8厘米、高度为3厘米的椭圆体,更加准确地模拟实际大气中青藏高原的情况,该转盘装置及其相关研究至今仍然是大气科学重要的研究手段之一。

通过引入物理实验方法,叶笃正模拟了青藏高原对于大气环流的影响,并再现了大气中的许多现象。过去,人们研究青藏高原对大气环流的影响,始终只把它当作一个动力学因素,只考虑它的隆起对大气环流的影响。叶笃正开创性地提出青藏高原在夏季是一个热源,在冬季其西南角有一部分是热源,其余地区可能是冷源,并且其影响范围几乎波及半个地球。通过冷源和热源学说的建立及对高原动力等问题的探索,叶笃正最终开创了青藏高原气象学这一新的研究领域。

正是由于他创造性的研究工作,国际上才开始接受大地形热力作用的概念，为青藏高原气象学的建立奠定了科学基础。1991 年《美国气象学会通报》在介绍叶笃正的成就时说道："他是世界上第一个确认青藏高原的热力效应并且用数学方法加以表述的，而在此之前人们主要是把青藏高原作为动力机械强迫来对待。" 2003 年的《世界气象组织通报》进一步指出："叶笃正是提出世界上最大的高原夏季是热源，冬季是冷源的第一人。"叶笃正所编著的《青藏高原气象学》一书系统总结了青藏高原气象学研究，是国际公认的权威著作，被国际气象界广泛引用。青藏高原气象学的开创，为中国的天气预报和气象预报奠定了基础。

原创理论终结"天有不测风云"

20 世纪 50 年代，大气环流问题是气象学领域中的一个紧要问题，对提高天气预报的准确性有着重要作用。为了做好国家建设急需的天气预报工作，叶笃正从观测事实和理论分析出发，系统地开展了对东亚大气环流演变的研究，探究我国所处的东亚地区大气环流状况及其形成的原因。在作为气象组主任的叶笃正的带领下，当时科研能力很强的顾震潮、陶诗言和杨鉴初，齐心合作、成果颇丰。

1958 年，叶笃正与同事撰写了《大气环流的若干基本问题》一书。书中指出，大气环流是一个内在的整体，所有基本要素都是相互作用、相互影响的，在形成这个整体的过程中，除了像太阳辐射和地球旋转这些外部因子外，大尺度扰动在其中扮演了重要角色。该书被公认为现代长波理论发展以来对大气环流现象和理论做系统总结的首部概览性著作。

叶笃正发现东亚的大气环流在 6 月初以突变方式从冬季环流型转换成夏季环流型，并且这种行星尺度环流的突变将导致东亚夏季季风的暴发，从而创建了东亚大气环流理论。1959 年，"东亚大气环流的研究"课题的相关英文论文在国际著名气象学杂志 Tellus 上发表，受到国际大气

科学家精神 创新篇 SPIRIT OF SCIENTISTS

科学界的重视，比其他国家的科学家早20多年提出了东亚大气环流季节转换的突变性。他对东亚大气环流做出的系统和开创性研究，极大地提高了我国气象学在国际学术界的地位。

叶笃正还发现阻塞形势的建立和崩溃常伴随着大范围环流形势的强烈转变，它的长期维持则带来大范围气候反常现象，从而证明了阻塞高压在持续异常天气预报中的重要性，并且提出了北半球冬季西风带阻塞形势演变的机制和预报这些演变过程的关键指标。他是最早注意到阻塞高压与东亚天气的关系，并对阻塞高压形成做出满意解释的第一位气象学家，而国外在15年后的1976年才注意到阻塞高压与北美异常天气的联系，阻塞形势才成为国际上一个重要的研究方向。这个研究不仅大大提高了我国冬季寒潮暴发的预报准确率，而且为研究冬季西风带大气环流演变提供了理论基础。他们的成果《北半球冬季阻塞形势的研究》，迄今仍广泛应用于中国天气预报的实践中。

正是凭着这些原创的科学成果，叶笃正和他的同事们结束了中国千百年来"天有不测风云"的时代。过去，人们只能抬头看天辨阴晴，依据"天上鲤鱼斑，明日晒谷不用翻""久晴大雾必阴，久阴大雾必晴"这样的歇后语预测天气，但往往"天有不测风云"，天气变化不能及时预测。

在叶笃正的带领下，我国的数值天气预报工作开始起步和快速发展，他的大气长波能量频散理论、东亚大气环流和季节突变理论、大气运动的适应尺度理论，使数值天气预报如虎添翼，逐步发展成为如今短期（1～2日）天气预报的主要手段、中期（3～10日）天气预报的重要依据和长期（月和季）天气预报的重要方法。

思者常新的前瞻战略思维

叶笃正视野开阔，善于联系与思考，纵横于多个学科领域，总是站在国际大气科学和地学发展的前沿，不断提出创新思想，寻找新的研究领域。

叶笃正是最早提出全球变化研究的主要科学家之一。1984年，在第一次全球变化大会上，他第一次指出10～100年应当是全球变化研究集中关注的时间尺度，讨论了气候变化和全球变化的联系和区别，引领了当代地球科学研究的潮流。

进入耄耋之年的叶笃正也丝毫没有停止思考和研究。为了应对全球变暖、土地退化等全球变化的负面影响，为了实现可持续发展这一战略目标，叶笃正于2003年首次提出了"有序人类活动"和"有序适应"的概念，并阐述了其科学概念及其研究的理论框架。他提出，合理安排和组织人类活动，能够使得自然环境在长时间、大范围内不发生明显变化，甚至持续好转，同时又能满足当时社会经济发展对自然资源和环境的需求。叶笃正关心人类的生存环境，强调地球环境变化中人与自然的关系，他把全球变化与可持续发展联系起来，开创性地带领中国学者开展了有序人类活动的观测科学试验，推动发展"人类—环境系统模式"并指导开展模拟研究。

对于"有序人类活动"的研究方法，叶笃正自主提出了三个研究方法。首先是将社会科学和自然科学相结合；其次是建立人类活动—生存环境模式系统；最后是建立示范区，进行长期的监测研究。同时，应用卫星遥感监测结果进行数学模拟研究,并应用观测资料监测模式结果的可靠性作为改进模式的依据之一。

"有序"概念为可持续发展指出了一条明确的道路,引起众多科学家的共鸣。对此,有科学家表示,叶笃正的观点是具有潜在科学生命力的,人类应该如何从宏观尺度上布局生产活动和城市化等,这是具有生命力的陆—气相互作用研究。"人类—环境系统模式"目前尚未建立起来,相信随着科学研究的发展,将会如叶笃正预期的那样,诞生出"气候环境变化控制论"的新学科分支。

正所谓"恒者行远,思者常新,博观约取,厚积薄发",正是由于叶笃正具有超前于时代的问题意识,对科学前沿问题具有极高的敏感度,有打破常规的治学精神,还有深厚的学识素养,他敢于质疑权威论断,能够打破思想上的局限,冲破传统的桎梏、屡有创新,在很多方面都做出了开拓性的工作。他在青藏高原气象学、大气长波能量频散理论、东亚大气环流和季节突变理论、全球变化科学新领域等方面都贡献了一系列科学思想和创新见解。学术界对叶笃正的评价是,他使中国的气象研究变成了一个系统工程。

(摘编自《叶笃正传》,王舒,江苏人民出版社,2009年;《领袖科学家:王大珩、叶笃正、刘东生》,吴彤,中国科学技术出版社,2012年;《叶笃正的科学贡献及研究方法》,黄刚、戴新刚、董丹宏等,科学出版社,2015年。由赵敬茹整理)

慈云桂
奋力攀登巨型计算机世界高峰

慈云桂（1917年4月—1990年7月），计算机专家，中国科学院院士。长期致力于计算机研究和教学工作，主持研制了我国第一台亿次巨型计算机系统。在中国计算机从电子管、晶体管、集成电路到大规模集成电路的研制开发历程中，作出了重要贡献，他所创立、发展起来的"银河"计算机研究群体，相继研制出"银河""天河"系列高性能计算机，多次荣登全球超级计算机500强排行榜榜首。获中央军委授予的特等国防科技成果奖，荣立集体一等功，被中央军委授予"科技攻关先锋"荣誉称号。

慈云桂教授是我国计算机专业方向的引领者，是我国巨型计算机领域的奠基人，是"银河"事业的缔造者，是中国巨型计算机事业的开拓者。自1957年起，慈云桂开始从事计算机研究，带领团队创立了我国第一个计算机系，成功研制出我国第一台专用数字计算机、第一台晶体管通用数字计算机和第一台亿次巨型计算机"银河-I",使我国跻身于世界上少数几个国家才有资格参加的巨型计算机"国际俱乐部",为开拓和发展我国计算机教育与科研事业作出了杰出贡献,使中国计算机事业进入一个新的发展阶段。

初露锋芒,我国第一台电子管专用计算机问世

新中国成立之初,我国海军根据国家"积极防御"军事战略方针,制定了重点发展"空、潜、快"的建设方针,其中的"快"主要是指鱼雷快艇。当时海军装备的鱼雷快艇是从苏联进口的,其主要攻击武器是鱼雷,依靠一个机械式三角杆用肉眼瞄准目标。这种传统的瞄准方法,在航速极快、颠簸剧烈的鱼雷快艇上很难实施。敌军多次利用我国海军这一软肋在我国海域肆意航行,鱼雷快艇指挥仪技术成为影响我国海防安全的关键因素。

慈云桂了解这一情况后被强烈震撼了,心里很不是滋味,反复琢磨怎样才能改变这种落后状况。当攻克这一技术的任务落在哈尔滨军事工程学院海军系身上时,作为海军系副主任的慈云桂主动请缨,带领9人小组接过了代号为"901"的鱼雷快艇指挥仪研制任务,实质上这就是我国第一台军用数字计算机。这样的计算机图纸,世界上任何国家都绝不会送给我们,这也注定了它是我国第一台自行设计和制造的专用数字计算机,也注定了其研制过程的艰辛。

40岁刚出头的慈云桂带领9人研制小组,拉开了研制中国第一代电子管专用计算机的序幕。9人小组的平均年龄只有25岁,而且当时设备简陋,器材奇缺。苏联专家听说这群毛头小伙子要在这样的环境中搞军用计算机,耸肩摇头不以为然,劝说他们不要想得太简单。苏联专家的话不无道理,研制小组中除了慈云桂和柳克俊,其他人员都是从各个单

慈云桂　奋力攀登巨型计算机世界高峰

位抽调来的，所学专业不一，计算机知识基本一片空白，甚至连计算机都没有见过。军用计算机对运算速度、存储容量、可靠性、安全性、保密性、抗毁性、实时性、功耗、体积等若干方面提出了更高要求。对于这个年轻的科研小组来说，研制计算机确实就像攀登一座险峻的山峰、开辟一片未知的荒原一样。而这个小组，无疑成为中国计算机事业的第一批拓荒者，在中国历史上留下了他们的名字，他们是：慈云桂、柳克俊、胡守仁、陈福接、耿惠民、张玛娅、卢经友、李宗阳、盛建国、俞咸宜。

　　面对内外的质疑声音，研制小组的同志一笑置之，废寝忘食地开展"电路会战"，仪器设备不够就从全院调拨，人力资源不足就从全军选调，凭着对祖国的一片赤子之心和对计算机事业的无限热爱，大家边讨论、边研究、边实验，取消节假日昼夜加班，吃住都在实验室，半个月足不出户成为家常便饭。"银河"的前辈硬是凭着一本十几页的资料，铺开一张白纸，绘制出了中国电子计算机的蓝图。经过近百次的试验和修改，1958年9月，一台代号为"901"的我国第一台电子管专用计算机诞生了。时任哈尔滨军事工程学院院长的陈赓大将立即决定，在哈军工创建我国计算机专业。第二年，该机作为向国庆十周年敬献的礼物在北京展出，周恩来总理和朱德、陈毅元帅走近计算机看了又看，摸了又摸。周恩来总理赞扬慈云桂这些年轻人："干得很有成绩嘛，要继续努力。"辞行时他还握着慈云桂的手说:"要发展我们自己的计算机!我们起步晚,但也要赶超。"总理的嘱托成了慈云桂一生拼搏的动力。从此,慈云桂的名字与我国计算机教育与科研事业的发展紧紧连在了一起。

奋发图强,我国最早的晶体管通用计算机诞生

1961 年,慈云桂在奉命出国考察时发现,国外正在进行计算机换代。回国后,慈云桂向领导汇报的第一件事就是:用晶体管取代电子管,立即进行计算机换代。他的想法得到了领导的热情支持,聂荣臻元帅指示:尽快用国产晶体管研制出通用计算机。然而,他的这一决定却让人们普遍感到震惊。有人甚至断言:5 年之内用国产晶体管做不出通用计算机。

面对压力,慈云桂和他的年轻助手们毫不气馁。路是人蹚出来的,科学的生命在于创新,要赶超就得敢于碰硬,关键是要克服国产元器件的抗干扰问题。他把攻关的重担交给了一批大学刚毕业的热血青年,经过几百个日日夜夜的奋战和反复试验,他们终于发明了一种抗干扰能力很强的推拉触发器。这一发明,轰动了我国当时的计算机界。紧接着,慈云桂带领大家制定了一整套晶体管测试方法和标准。在生产中,他们坚持严肃、严密、严格的"三严"作风,从元器件、插件、部件到整机,层层把关。到 1964 年年末,一台用国产半导体元器件研制的晶体管通用计算机 441B/I 型机诞生了。1965 年,在国家正式验收中,它连续 268 小时正常运转,没有出现任何故障。这在当时的国际计算机中也是少见的。

艰苦奋斗,200 万次集成电路大型计算机研制成功

1965 年,441B/I 型机鉴定会刚刚结束,慈云桂就提出研制中国的集

成电路计算机。这使得他周围的人连连感叹："实在跟不上慈教授的步伐。"原来，1964年4月，美国宣布已研制成世界上最早的集成电路通用计算机 IBM 360，世界计算机开始进入第三代。

不久，慈云桂受"文化大革命"的冲击，无法正常开展工作。1969年11月，国家亟须研制一台大型计算机。慈云桂在上级指名下由专案组"护送"到北京参加方案讨论会。会上争论激烈，中心问题是上不上集成电路，搞不搞每秒100万次。面对计算机发展的历史机遇，慈云桂不顾专案组事先给他设置的"只准听，不准表态"的紧箍咒，即席详尽地陈述了精心策划的国产化、集成电路化、百万次级、双机系统的计算机方案。他旁征博引并以翔实论据，对新设计蓝图的先进性与可行性做了分析，折服了与会同行，并得到上级批准。他也因此领受了研制百万次集成电路计算机的艰巨任务。

艰苦的研制工作开始了。为摆脱干扰，大家躲到上海郊区的一个小镇上，很快就搞出了总体方案。1970年秋，学校主体南迁长沙，计算机系在市郊的一座农校里开始了又一次攻关。在慈云桂的带领下，全体研制人员团结一心，克服重重困难，苦战3年完成了逻辑设计、工程设计和模型试验。接着，他又带领大家开赴北京生产厂。40多人工作和睡觉都挤在一间木板棚里，夏热如蒸笼，冬寒似冰窖，前后达4年之久。1977年夏，一台百万次集成电路计算机151-3呱呱落地；次年10月，200万次集成电路大型通用计算机系统151-4通过国家验收。1980年，151百万次集成电路计算机装载于"远望"号测量船上，南征太平洋，为完成我国首次洲际导弹飞行测量任务立下汗马功劳。

勇攀高峰，第一台"银河"亿次计算机通过国家鉴定

1975年和1977年，慈云桂两次率领科研人员走遍大江南北，进行高

性能计算机调研活动。气象部门急需巨型计算机做中长期天气预报，航空航天部门急需巨型计算机以减少昂贵的风洞试验经费，石油勘探部门急需巨型计算机进行三维地震数据处理等。有一个部门租用了国外一台中型计算机，却要由外方控制使用，算什么题目都要交给人家，中国人不得进入主控室。在新中国的大地上怎能出现不许中国人进入的地方！慈云桂和他的助手们听着、思考着，心潮澎湃，激愤难平！强烈的民族自尊心进一步激发了慈云桂研制我国巨型计算机的决心。1978 年 3 月，科学的春天来临了。由邓小平同志亲自决断，将研制亿次计算机的任务正式交给国防科技大学的前身长沙工学院计算机研究所，慈云桂担任技术总指挥和总设计师，并立下豪迈军令状："每秒亿次，一次不少；五年时间，一天不拖；研制经费，一分不超。"

从百万次到一亿次是一个巨大的飞跃。慈云桂在总体方案论证会上当众发出誓言："我刚好 60 岁，就是豁出这条老命，也要把我国的巨型机搞出来！"自此，他带领科研人员日夜兼程，成立了 10 多个攻关小组，从元器件的选取、体系结构的确立、部件的设计、工艺的实施，到软件的研制，都经过充分的科学论证与反复试验，做出了一系列符合中国国情的技术决策，攻克了 100 多个技术难关。

要高水平必须有高起点。为采用最新研究成果，慈云桂决定，抛弃辛苦好几个月才完成的总体方案，重新设计更先进的方案，实现了巨型计算机机型的跨越发展。

要攀登高峰必须勇于创新。在慈云桂的带领下，创造性地提出了双向量阵列的全流水线化体系结构、素数模主存储器结构和选用 MOS 器件方案，并首次在国内采用软件工程方法，研制了符合软件规范的近 200 万行大型程序。为确保机器质量，慈云桂带领研制人员发扬"三严"作风，层层把关。全机底板 2.5 万条绕接线，12 万个绕接点；全机 800 多块多层印刷板，每块平均 5000 个金属化孔；全机 600 多块插件板，每块 3000 多个焊点；创造了 200 多万个焊点无一虚焊的奇迹。

1983 年 11 月，由张爱萍将军命名的"银河"亿次计算机系统顺利通过国家鉴定，无故障时间长达 441 小时，远超过了鉴定大纲要求，达到国际先进水平。经过 5 年奋战，1983 年，"银河-Ⅰ"亿次巨型计算机研制成功，我国继美、日之后，成为世界上第 3 个掌握巨型计算机研制技术的国家。时任中央军委主席邓小平签发嘉奖令，为国防科技大学电子计算机系兼研究所记集体一等功。这标志着我国计算机技术发展到一个新阶段。

1992 年 11 月，慈云桂教授生前极为关心的"银河-Ⅱ"10 亿次通用并行巨型计算机问世。1997 年 6 月，"银河-Ⅲ"百亿次并行巨型计算机研制成功，标志着我国超高性能计算机技术又取得新的突破。2009 年，"天河一号"研制成功。2010 年，"天河一号"加强型首次登上世界超算之巅，打破了美、日对这一桂冠的长期垄断。2013 年，"天河二号"研制成功并连续夺得 6 次世界第一。

重温中国计算机事业发展的历史画卷，人们会发现，从电子管计算机、晶体管计算机，到集成电路的巨型计算机，慈云桂教授始终活跃在我国计算机科学与技术阵地的最前沿。如今，我国的大型计算机事业正站在以慈云桂教授为代表的前辈们奠定的坚实基础上，向着更为宏伟的目标不断挺进！

（撰稿：国防科技大学计算机学院）

吴仲华
我国燃气轮机发展的领路人

吴仲华（1917年7月—1992年9月），工程热物理学家，中国科学院院士。专注于燃气轮机研究发展，创立叶轮机械三元流动理论，即"吴氏通用理论"，创立工程热物理学科，创立国内首个燃气轮机专业，提出总能系统理论，尤其是"温度对口、梯级利用"的原理对国家能源战略的研究与规划发挥了重要作用。1956年获国家自然科学奖二等奖。

在创立叶轮机械三元流动理论时，吴仲华摒弃了当时普遍沿用的飞机独立叶片模型，并凭借丰富的想象力，将逻辑缜密的工程热物理学知识同严格的数学方法巧妙结合起来，使工程科学之美在科研过程中体现得淋漓尽致。在建设祖国的道路上，吴仲华从来没有停下过探索与创新的脚步。在他的理论与思想的指导下，一代又一代性能先进的航空发动机和燃气轮机应运而生，同时也对航空业的发展产生了深远影响。

舍旧创新，做叶轮机械先锋

第二次世界大战后，世界范围内经济开始崛起，航空业逐渐兴起，各个国家都开始意识到航空业的发展对本国综合实力提升的重要性，航空业的需求与日俱增，改善和提高发动机的性能逐渐成为发展航空业首要解决的问题。虽然各国纷纷投入重金、聘请专业人士积极展开此项技术的研究与突破，但是都没有取得实质性的进展。就在各研究所、实验室都一筹莫展时，谁也不曾想到，一位来自东方的中国人以其独特的分析视角改变了此种困境，这个人就是后来我国著名的工程热物理学家、中国科学院院士——吴仲华先生。

为了能够改善和提高航空发动机的性能，当时摆在吴仲华面前的首要任务便是航空发动机的内部核心零件研究，即叶轮机械内部流动研究。在这之前，国际上对于航空发动机核心部件的内部流动研究，如风扇、压气机、涡轮等，始终采用的是飞机机翼的独立叶片模型，但该算法并未考虑叶片之间的相互作用，只能粗略计算叶片进出口参数变化，拥有多个叶片的叶轮机械便不适用此种方法。所以，想要改善和提高航空发动机的性能，就要对复杂的叶轮机械方程组构建新的模型，考虑叶片间的相互作用，舍弃原有的独立叶片模型，以此获得相应的方程和求解算法，这是吴仲华在叶轮机械研究中勇敢迈出的创新第一步，也直接从根本上影响了随后几十年航空发动机和叶轮机械的发展路径。

由于新的叶轮机械流动方程组求解难度很大，未知量较多，无法根据有限的已知量利用解析求解法进行推算，接下来应该怎么办呢？吴仲华放弃了被业内推崇的解析求解方法，而是选择使用将数值直接带入计算过程中的数值求解方法进行求解，并利用计算机来完成该计算过程。考虑到多个非定常因素的影响，就算利用计算机，数值求解的实现过程也存在一定困难。在能够保持一定求解精度的前提下，充分理解叶轮机械流动特点并构建简化的模型，成为摆在吴仲华面前又一亟须解决的问题。为此，他选择兼顾流动的三维性和黏性、假设定常流动来简化模型，并进一步把复杂的三维流场简化为无数条流线和对应流面，即把三维方程转化为二维方程来实现有效降维，极大简化原有的复杂求解过程。该思路推陈出新，打破了原有特定的求解思路。最终的简化方程使得整个求解过程可以运用当时的计算机能力来实现，叶轮机械三维流动理论也于1952年被正式提出。

出于对航空发动机性能发展的考虑，吴仲华在1963年提出了基于任意非正交曲线坐标非正交速度分量的叶轮机械热力学方程，有效解决了因叶片日渐复杂而阻碍性能提高的问题；1965年，他提出了更符合实际情况的黏性气体叶轮机械三元流动方程。至此，叶轮机械三元流动理论已经相对完善和成熟，运用范围更广，适用性更强，在使用过程中能够避免因叶轮机械内部差异化而不适用的情况。

吴仲华在创建叶轮机械三元流动理论的过程中，勇于创新，巧妙地把物理学知识同数学方法完美地结合，逐渐改善和提高了叶轮机械在使用过程中的性能。该理论的出现，成功促使了一代又一代性能先进的航空发动机和燃气轮机的产生，对于航空业的发展产生了深远影响。时至今日，叶轮机械三元流动理论仍被广泛应用于各国航空发动机行业。

执着探索，推动我国燃气轮机事业的发展

基于叶轮机械三元流动理论和我国能源事业发展的基础，吴仲华也格外重视燃气轮机的应用和发展。对燃气轮机的重视，不单是因为他创建的叶轮机械理论是燃气轮机应用和发展的基础，更是因为燃气轮机能够在国防发展和能源战略中发挥不可替代的作用。吴仲华创立叶轮机械理论的初衷就是希望能够为国家多作贡献，他认为燃气轮机是国家科技

吴仲华　我国燃气轮机发展的领路人

水平的综合体现，同国家的社会与经济发展密切相关，更是实现强国强军的核心技术。

我国燃气轮机事业的发展最早应源于吴仲华所创办的燃气轮机专业。冲破重重阻挠、毅然回国的吴仲华，考虑到当时中国的综合国力，认为现阶段发展我国的航空业尤为重要。因此，吴仲华于1956年在清华大学成立国内首个燃气轮机专业。实践证明，吴仲华当初成立该专业的选择是正确的，其教研室为国家输送了一批又一批燃气轮机的专业技术人员，奠定了我国燃气轮机专业发展的基础，为我国燃气轮机事业作出了巨大贡献。

随着燃气轮机等热机的发展与相关研究的深入，20世纪60年代初，吴仲华提出创立工程热物理学科的倡议，并得到广泛赞同。在他的推动下，中国科学院于1980年成立工程热物理研究所（前身为1956年清华大学与中国科学院合办的动力研究室），研究方向定为以航空、舰艇和工业用燃气轮机的热物理基本研究为主。他领导的研究所培养出大批一流的科研人才，形成了国际一流科研团队，成为国内外高知名度的研究单位。

1978年，吴仲华还创建了中国工程热物理学会，任首任理事长。在他和前辈们的领导下，学会发展迅速、越办越好，业已成为国际知名学术组织。1980年，吴仲华创办了《工程热物理学报》（任首任主编），成为公认的动力工程和工程热物理学科权威期刊。

吴仲华为了我国燃气轮

机事业能够顺利发展，始终默默地坚持在科研一线，领导并参与了多个航空发动机科研项目。1963 年，为了全面开展"歼八"发动机的改型研究，他领导并联合多个航空部门研究室和有关研究所进行该项目的研究。为了能够更好地达到设计要求和使用效果，他到一线航空发动机研究所了解情况，并实地指导航空发动机研究所的具体设计方案和试验试制，此外，他还把自己基于叶轮机械三元流动理论所编制的计算机程序无偿捐献给基层工作人员，以便研究所可以更好地培养人才。1982 年，他领导舰用斯贝燃气轮机的改型，并顺利完成"切顶"和"切顶加零级"的改型研制；1985 年，他提出 13 000 马力斯贝航空发动机改型的研究，并在试验中达到设计要求，并因此获得了中国科学院科学技术进步奖一等奖，更是专家们所公认的斯贝发动机舰用的又一突破性技术。经他指导，随后又设计出了性能稳定的 15 000 马力舰用燃气轮机，并且试验性能结果大大超出预期。

如果说创立叶轮机械三元流动理论是吴仲华的初心，那么发展祖国的燃气轮机事业便是他的一生所向。这位祖国燃气轮机发展的领路人在用他的毕生所学向科研致敬，他在航空、能源、燃气轮机领域的创新成就亦是工程热物理学界一束永不消逝的星光。

高瞻远瞩，开创能源发展新篇章

随着改革开放的到来，我国各地都在如火如荼地搞经济建设和发展。那时的人们还不足以认识到能源规划对于一个国家发展的重要性，能源在使用过程中所产生的问题也还没有如今天这般彻底地显现。吴仲华倾注了大量精力，认真研读了国内外文献，并与同事多次展开激烈讨论，结合我国实际的发展现状，在进行了谨慎细致的思考和分析后，基于总能思想提出了我国的能源使用规划，并于 1980 年在中央举办的科学技

吴仲华　我国燃气轮机发展的领路人

术讲座中做了汇报。他认为，能源的使用首先要根据能源的不同类型、自身特点进行合理的分配，做到因地制宜、发挥所长；其次应将煤炭资源提升到战略使用地位，兴建水电站、核电站，着重发展新能源。此外，能源的使用与发展同环境密切相关，极易造成环境的污染和破坏，应重视环境保护。

为发展联合循环、水电并供等总能系统，1982年，吴仲华倡导在总能系统中融入燃气轮机的使用，从此发展燃气轮机上升到系统使用地位。吴仲华带领团队利用现有条件和斯贝航空发动机技术，进行国内首台燃气联合循环发电装置的研发与试制。在吴仲华和科研组同志10多年的努力攻关下，项目取得了很多突破性的阶段成果，包括能够航机陆用的地面燃气发生器、联合循环供电系统等。

基于总能系统，吴仲华还希望可以研制出联合循环的洁煤燃煤技术，为我国能源的节能使用作出技术贡献。1990年，他到世界各国进行洁煤技术调研，回国后与助手进行该技术的深入研究，到能源部介绍国内外该技术的进展及我国的具体可行方案，并向国家提交了尽快建造燃煤发电厂的可行性报告。

吴仲华以其独特的科学视角，结合我国实际的发展现状，在一系列细致的调研基础上，基于"温度对口、梯级利用"的总能思想提出了我国能源使用与发展的战略构思，开创我国能源发展生产与科研相结合的新局面。其对我国能源技术和社会经济进步的发展影响之深、之远，直至今天，在我国的一些能源规划和技术发展领域中，仍可以看见吴仲华那些前沿学术思想的影子。

（撰稿：李红阳）

参考文献

[1] 林汝谋. 为祖国燃气轮机事业鞠躬尽瘁的科学宗师：纪念吴仲华先生诞辰100周年[J]. 燃气轮机技术，2017，30（3）：1-7.

[2] 徐建中. 吴仲华先生与叶轮机械三元流动理论[J]. 推进技术，2017，38（10）：2161-2163.

[3] 徐建中. 试论工程科学之美：从吴仲华先生创立的叶轮机械三维流动理论谈起[J]. 科学与社会，2012，2（1）：33-40.

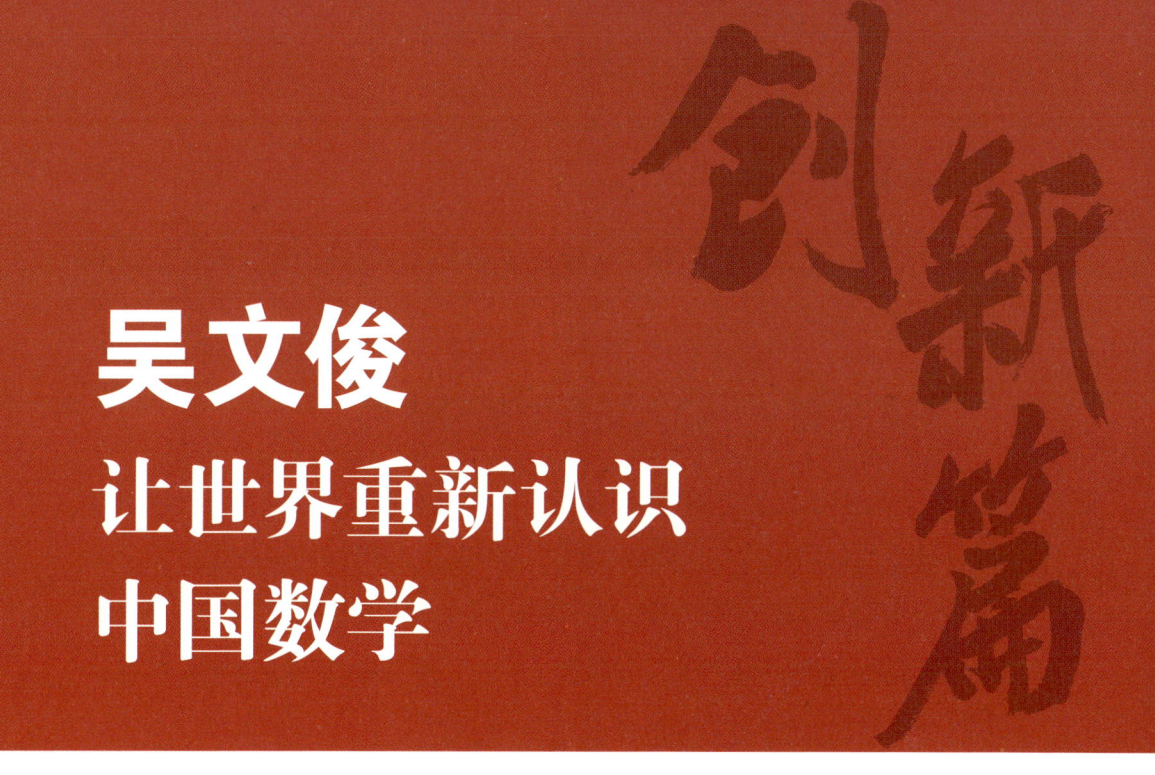

吴文俊
让世界重新认识中国数学

吴文俊（1919年5月—2017年5月），数学家，中国科学院院士。长期从事数学前沿研究，在拓扑学的示性类、示嵌类的研究方面取得一系列重要成果，被国际数学界称为"吴公式""吴示性类""吴示嵌类"，为拓扑学研究做了奠基性工作。开创了崭新的数学机械化领域，引起数学研究方式的变革，创立的"吴方法"具有广泛重要的应用价值。曾获首届国家最高科学技术奖、第一届国家自然科学奖一等奖、第三世界科学院数学奖、邵逸夫科学奖等奖项。

1975年，吴文俊以笔名顾今用在《数学学报》上发表了《中国古代数学对世界文化的伟大贡献》，论文指出：近代数学发展到今天，主要是靠中国式数学，而非希腊式数学。这个观点一提出，激发了数学界对中国传统数学历史和创新发展的关注和讨论。

吴文俊一生都专注于数学前沿研究，不断挑战数学未知领域，突破创新，从拓扑学到数学机械化，从纯数学研究到数学的应用，树立了自主创新、古为今用的典范。

开拓创新——初入拓扑学前沿研究

拓扑学是现代数学的主要领域之一，是从几何学与集合论里发展出来的，研究几何图形或空间在连续改变形状后，还能保持一些性质不变的学科。拓扑学考虑物体间的位置关系，而不考虑它们的形状和大小。带吴文俊进入拓扑学领域的人是他的恩师——擅长微分几何学的世界著名数学家陈省身。

陈省身作为吴文俊数学研究领域的启蒙恩师，高瞻远瞩，站在数学研究的最前沿。20 世纪 30 年代，拓扑学在国际上正处于发展时期，而在国内数学界几乎无人问津。吴文俊却在大学求学阶段便已涉足这一高深领域，这为他后续深入开展数学研究奠定了基础。1946 年 5 月，陈省身从美国归国，负责在上海岳阳路筹建数学研究所。吴文俊把自己在点集拓扑方面写的一篇文章请陈省身指点。陈省身给他的评语是："方向不对头。"这句简单却直击要害的评语，对吴文俊日后的学术研究影响深远。"师傅领进门，修行靠个人。"他遵从陈省身的建议，重新寻找研究方向和思路，开始研究惠特尼的乘积公式。他在一年多时间里，便攻克了这一难题，给出了惠特尼公式的简洁证明。陈省身肯定了这一结果，并推荐将这一重要研究结果发表到美国的《数学年刊》上。这一年的经历，为吴文俊研究代数拓扑学做了积累。

1947 年夏天，吴文俊接到了做中法交换生的消息。吴文俊在导师埃瑞斯曼博士的指导下，针对纤维空间问题、拓扑示性类问题进行研究。其中，示性类描述的是流形与纤维丛的基本不变量。在示性类研究的起步阶段，吴文俊与另一位数学家托姆进行研究合作，为了解释示性类拓扑不变性这一问题，他们从证明STWH和开拓新方法两个方面展开研究。吴文俊几经思考，引入新的示性类V，将其定义为$VX=Sqx$，这可以用公式$W=SqV$表示，这个公式后来被称为"吴公式"。这一研究过程的思想，实际上是将代数思想融入拓扑学研究中，即从可以计算、可以量化的角度解释公式，逐渐将示性类概念从繁化简、从难变易，开创了拓扑学通向实践应用的道路。吴文俊和托姆合作的研究成果形成了系统的理论，在拓扑学领域引起了强烈反响。

通过示性类证明了4K维球无近复结构，一些数学家把这称为"拓扑地震"。这项研究成果瞬时赢来数学界更大的关注度，震动了世界各国拓扑学者。当然，对于这一全新的研究结果，也传来不同的声音，有赞扬的，也有质疑的。其中，亨利·嘉当肯定了这一结果，"吴文俊给出的计算公式简直像变戏法，像魔术一样。"也有质疑的，尤其是引起了拓扑学界大师霍普夫的质疑。霍普夫不仅向吴文俊的导师埃瑞斯曼"兴师问罪"，还带了助手来到斯特拉斯堡大学，就坐在校园的石桌旁与吴文俊当面讨论起来。经过吴文俊一番有理有据的细致说明后，霍普夫最后完全被说服，还主动邀请吴文俊访问苏黎世理工大学，深入开展交流合作。

吴文俊坚持探索拓扑学领域的新理论及其更广泛的应用。回国后，他在前期理论基础和部分研究结果的基础上，进一步思考了复杂几何体在欧氏空间的实践问题，认为拓扑不变量问题是嵌入理论的核心。因此，他在对拓扑不变量的丰富和发展过程中，提出了"吴示嵌类"，发展了统一的嵌入理论。吴文俊针对拓扑学示嵌性实践应用问题，突破传统平面判定准则，结合代数计算的方法，提出线性图平面嵌入的判定准则，这一准则的发展对解决电路布线问题起到了一定的指导作用。

古为今用——创立数学机械化理论

吴文俊一直认为，数学作为基础研究，也不能仅停留在理论探索上，依靠发表论文研究基本理论，理论探索的目的是满足实践需求，以高效、方便、简易的方法解决实践问题。

吴文俊喜欢不断挑战自我，通过不断了解客观世界来探索新领域。通过对比中西方数学，发现西方公理化数学致力于探索数学定理问题，而我国古代数学不太重视数学原理，也没有考虑如何证明推导定理过程，研究重心则主要是如何运用数学，如何运用数学解释实际生活中的问题。在这样的研究脉络和思想下，吴文俊认为不能完全依靠西方数学研究思路指导我国数学发展，于是其另辟蹊径，结合我国数学发展历史和思想，立足于数学服务实践的思想，开始探索数学求解方程的研究。

中国古代数学的许多结果不是用定理的形式来表示，而是用算术，算术的"术"相当于现在意义中的算法，而算法是所谓计算机科学的灵魂。在无线电厂的劳动时期，他第一次了解到计算机，并亲身体验到了计算机的巨大能力。吴文俊认为，我国传统数学的机械化思想与现代计算机科学是相融相通的，在充分认识和肯定计算机强大能力的基础上，应该更大范围地将计算机在数学研究中的作用发挥出来，使数学家的聪明才智最大化。然而，20世纪70年代，计算机体积还比较庞大，主要在国防领域等专业部门使用。因此，在当时想要依靠计算速度快、存储容量大、高性能的计算机进行数学研究仍然有很大的困难。在强烈探索未知的驱动下，吴文俊依靠自身丰富的数学理论功底，决定仿照计算机的工作原理，进行一步步手算。于是，从那时起，年近花甲的吴文俊便一头扎进了计算机房，从最基础的算法语言开始，学习算法编程，不分昼夜地忘我工作，经常早上不到 8 点就早早等候在机房门口，甚至有时为了等待一个结果，24 小时连轴转。在很长一段时间里，他的上机时间都是数学所最长的。

计算机的发展为吴文俊的数学机械化研究提供了契机，为科学计算领域提供了技术支撑。吴文俊在计算机不断更新升级的语言环境下，刻苦学习编程语言。他从最基础的 BASIC 语言学起，经过了一系列自学和实验过程后，编写了近 5000 行定理证明程序。但是，随着计算机语言发展速度的不断加快，BASIC 语言很快就被淘汰了，于是他又开始重新学习新的语言——ALGOL 语言，然而，ALGOL 语言又被弃用，编好的程序又一次没有了任何价值。即便如此，吴文俊也从来没有想过要放弃，他一直在与计算机更新升级的速度进行"赛跑"，只能投入更多时间和精力，提高学习效率，加快几何定理的证明速度，终于功夫不负有心人，吴文俊在遵循中国传统数学中几何代数化思想的基础上，成功实现了几何定理机器证明。

在前期数学机器证明成功的基础上，吴文俊一直坚持发展数学机械化方法的实践应用，并不断探索将其延伸到更大范围的新的应用领域。20 世纪 80 年代以后，吴文俊又把数学机器证明发展到有系统的、范围较广的实践应用中去，不再仅仅局限于数学，而是逐渐应用到许多不同的领域，包括若干高科技领域，可以用于解决曲面拼接、机器人机构位置分析、智能计算机辅助设计、信息传输中的图像压缩等问题。

数学机械化方法的广泛应用，启发了学者们进行更加高效的创造性数学思考和研究。在今天，计算机拥有越来越完备和强大的功能，这必然激发数学机械化的应用价值，拓展数学机械化潜在发展空间。数学基础研究过程中的逻辑推理、公式推导、方程求解、定理证明等问题都可以依靠计算机来进行。此外，数学机械化还引起了世界上诸多相关研究学者和企业家的广泛关注。世界上许多大学和研究机构陆续举办"吴方法"的研讨班，欧美各发达国家的科学基金会和大企业也都积极支持开展"吴方法"的研究。

吴文俊在数学研究领域有着高瞻远瞩的视野和全球化观念，他勇于站在全球数学交流和发展前沿之巅，从数学基础研究到数学交流传播的发展过程，为更多学者提供了研究环境和资金保障。吴文俊将所获奖金的一部分作为"数学与天文丝路基金"的启动经费，来资助青年数学研究者，研究古代中国与亚洲各国的数学和天文学的交流状况，以此鼓励更多学者不断探索古代东西方数学发展历史，激励他们从传统中汲取数学发展思想，从历史中激发研究灵感，以把握未来数学发展的新方向和新问题。在中国实施"一带一路"倡议，并深化与周边各国基础研究交流合作的今天，这项多年前的安排越来越显现出它的前瞻性。

（撰稿：李晗）

参考文献

[1] 李文林. 古为今用的典范：吴文俊教授的中国数学史研究 [J]. 北京教育学院学报，2001，15（2）：1–5.

[2] 高小山，石赫. 卓越的贡献　高度的评价：吴文俊及其科学成就 [J]. 中国科学院院刊，2001（1）：64–66.

[3] 刘文博. 数学大家：吴文俊 [J]. 现代班组，2017（12）：52–53.

[4] 张维. 不断创新的著名数学家：吴文俊 [J]. 自然杂志，2007（4）：184，244–248.

[5] 黄祖宾，吴文俊. 走近吴文俊院士：科学史家访谈录之四 [J]. 广西民族学院学报（自然科学版），2004（4）：2–5.

黄　昆
蜚声国际的固体物理与半导体物理学家

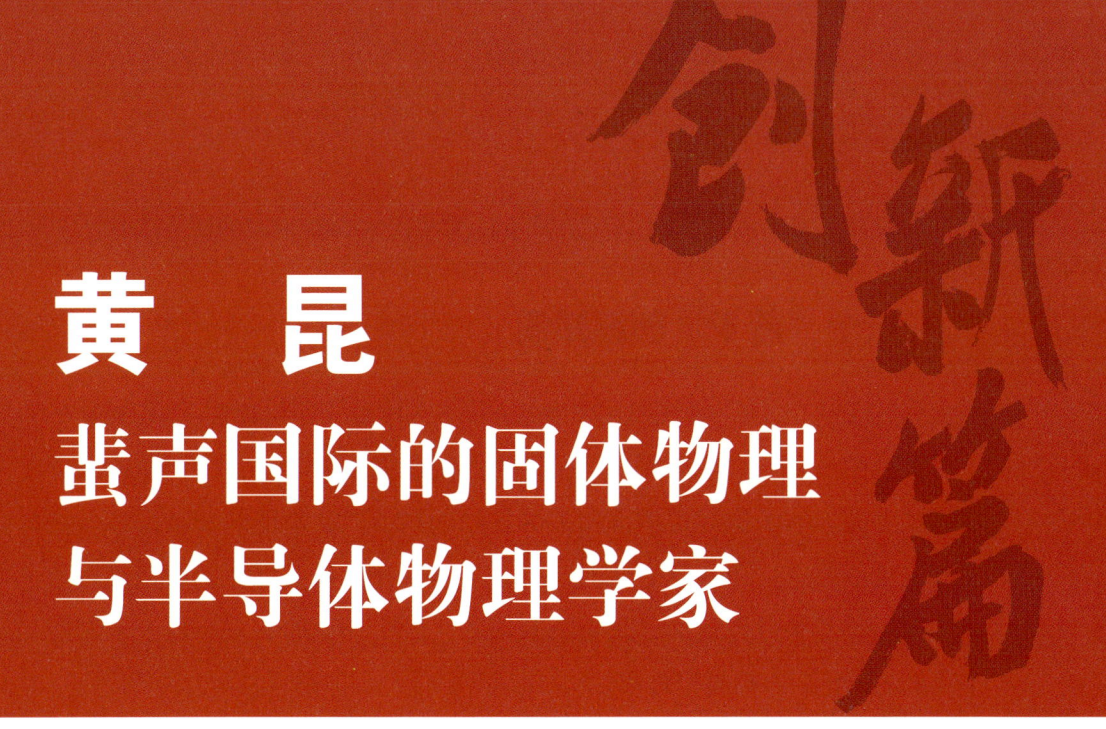

> 黄昆（1919年9月—2005年7月），物理学家，中国科学院院士。中国固体物理学和半导体物理学的奠基人之一，主要从事固体物理理论、半导体物理学等方面的研究，在多声子跃迁理论、X光漫射理论、晶格振动长波唯象方程、半导体超晶格光学声子模型等方面做出了开拓性研究。曾获得何梁何利科学技术成就奖、陈嘉庚物理学奖。2002年获国家最高科学技术奖。

50年来，黄昆为我国固体物理和半导体科学研究、人才培养作出了开拓性的贡献。他提出了晶体中多声子跃迁的量子理论、以他名字命名的"黄方程"等一系列理论，在国际物理学界享有盛誉。他与波恩合作的《晶格动力学理论》是该学科领域的权威著作。他对高等学校中普通物理、固体物理和半导体的教学做出了创新性工作。在担任中国科学院半导体研究所所长时，他与年轻的同事合作，在多声子跃迁理论和量子阱超晶格理论方面取得了新的成就，开创并发展了我国在这一崭新领域的研究工作。

三个"善于"创造知识

黄昆的"较真"在圈内比较出名，很多人坦言"有点怕他"，但杨振宁对黄昆的认真一直印象深刻。黄昆到西南联大任助教时，结识了杨振宁和张守廉。为了搞清楚物理相关的各种问题，喜欢争辩的黄昆经常与他们争论不休。"有一次，熄灯上床后，辩论仍然没有停止。我们最后都从床上爬起来点亮蜡烛，翻着海森伯的《量子理论的物理原理》来调解我们的辩论。"杨振宁曾回忆。

科学上的"较真"换个角度说，其实就是严谨，是对真理的追求。黄昆总是反复推敲问题的每一个环节，他虽然不赞成用烦琐的数学方法来研究物理问题，但在需要数学推导和计算时，又十分仔细，反复多遍。夏建白是中国科学院半导体研究所研究员，虽然和黄昆亦师亦友数十年，但谈起这位老师，至今仍然有些发怵："说实话我还是有点怕他，一般人往往追求数量，频繁出成果，而他要求我们少而精，做出高水平、高质量的工作。"黄昆让人"害怕"，都是因为他对自己、对他人要求比较严格。

黄昆认为："对于创造知识，就是要在科研工作中有所作为，真正做出点有价值的研究成果。为此，要做到三个'善于'，即要善于发现和提出问题，尤其是要提出在科学上有意义的问题；要善于提出模型或方法去解决问题，因为只提出问题而不去解决问题，所提问题就失去实际意义；还要善于做出最重要、最有意义的结论。"正是这三个"善于"，使黄昆先生在科学研究中勇于创新，在固体物理和半导体研究中不断突破。

探索固体物理学的奥秘

1945年，黄昆留学英国布里斯托尔大学，师从诺贝尔奖获得者莫特

黄　昆　蜚声国际的固体物理与半导体物理学家

教授，攻读固体物理学博士学位，这使得他在固体物理学发展初期就进入了前沿领域，确立了研究方向，也为后来的学术研究奠定了理论基础。黄昆很快融入莫特团队，学习莫特的科学研究方法与思想。他曾说："莫特的研究风格对我产生了很大的影响，使我进一步认识到，从对科学的追求到真正进入科研领域，是通过对一个又一个具体的科学问题的解决逐步发展的。其好处是，科研工作需要你集中全部精力来解决你所面临的问题。"黄昆之后的重大科学贡献都实践了莫特的研究风格。

当时固体物理作为一门学科刚刚形成，年仅26岁的黄昆全身心投入这个领域，很快他便在这个领域崭露头角。

20世纪40年代，他提出的固体中杂质缺陷导致X光散射的理论，20年后为外国学者证实并得到应用，被称为"黄散射"。当时，人们关心且困惑的一个重要课题是：晶体普遍存在缺陷，它们对X光散射会产生什么影响呢？黄昆在英国的第一篇论文《稀固溶体的X光漫散射》解答了这个问题。预言溶入原子和母体原子大小的差异会引起晶格畸变，从而像热振动那样影响X光衍射谱。历经多年后，黄昆的预言得到证实，并将其命名为"黄散射"。之后，"黄散射"成为一种能直接研究晶体中微观缺陷的强有力手段。

1950年，黄昆与助手里斯（中文名为李爱扶，后来成为黄昆的妻子）合作发表了《F中心的光吸收与无辐射跃迁理论》，同时建立了光跃迁过程中的多声子理论与无辐射跃迁过程中的多声子理论。国际物理学界公认这项工作对于多声子跃迁领域的开创作用，称为"黄—里斯理论"，这个理论是固体杂质缺陷上的束缚电子跃迁理论的奠基石。

"黄散射""黄—里斯理论"并未使黄昆放慢科学探索的脚步。在利物浦大学工作时，他对光学振动的微观模拟产生了兴趣，摒弃当时人们所用的复杂微观方法，创新性地提出了一组简单的唯象方程来描述极性晶体中光学位移、宏观电场与电极化三者的关系。这组方程已被固体物理学者广泛采用,称为"黄方程"。在此基础上,黄昆提出了晶体中的电磁波与晶格振动的格波会互相耦合,形成声子极化激元。1963年被美国首先在半导体磷化镓的拉曼散射实验中所证实,现在极化激元已经成为研究固体光学性质中的一种基本运动形式。"而立之年,已取得卓越贡献",黄昆在国际物理学界声名鹊起。

正因为3年内取得的一系列成绩,初步奠定了他在物理学界的地位。此时,黄昆引起了爱丁堡大学一位物理学大师的注意。马克斯·玻恩,这位诺贝尔物理学奖获得者邀请黄昆到爱丁堡大学做交流学者,并把30年前完成的一本书稿——《晶格动力学》交给了黄昆,他希望这位年轻人能结合当时物理学的最新成果,重新再写一次这本书。

当时黄昆希望能够写1～3章,他希望能够用一个清楚的物理图像,

让刚入门的人能够较容易地了解晶格物理力学里面的基本物理问题。这与马克斯·玻恩的意见不太一致。但黄昆历时4年,不仅以严谨的论述和清晰的物理图像对固体物理学的基本领域进行了系统总结,而且做了一系列创造性的工作,发展和完善了这个领域。马克斯·玻恩在给爱因斯坦的信中写道:"书稿内容已完全超越了我的理论。我能懂得年轻的黄昆以我们二人名义所写的

东西，就很高兴了。"该书三版后，牛津大学出版社特地在书的封底写了一段评价："玻恩和黄昆关于晶格动力学的主要著作已出版 30 年了。当年，该书代表了该主题的最终总结；现在，在许多方面，该书仍是该主题的最终总结。" 几十年来，该书成了晶格振动及其相关效应理论的经典之作，被誉为这一领域的"圣经"，是许多科学家案头的必备参考书。

"我喜欢与众不同，不喜欢随大流。如果跟着大家做，就没有什么意思。"谈起创新，黄昆这样评说自己。刚上中学时，在伯父的要求下，黄昆除作业外还要去做数学书上所有题目，"不仅使我数学很熟练，也产生了很大的兴趣。"忙于自己做题的黄昆很少去看书上的例题。"这一偶然情况有着深远影响，使我没有训练出'照猫画虎'的习惯。"

开创科研的第二个春天

1977 年，黄昆从教学重返科研，开启新的科学征途。邓小平同志亲自点名黄昆先生担任半导体研究所所长，全面负责科研工作，被国外同行称作"灰烬中重新起飞的凤凰"。研究中断 30 年，重返科技战线后，黄昆坚持要在一线当"小兵"。但是，这 30 年国外科技发展日新月异，世界科学技术的格局发生了重大变化，以大规模集成电路技术和电子计算机技术为核心的信息科学技术革命正大规模地快速展开。他拿定主意，坚持自己动手做起来。

科学的发展，必须伴随着新的应用与发展。他认为"半导体之所以能够成为当代如此重要的技术，正是由于早在几十年前，国际上一些有远见卓识的企业家、科学家重视开展深入的物理研究的直接结果"。为此，他精心规划，在半导体研究所重组了专门从事半导体物理研究的物理研究室，推动了研究所开展半导体超晶格和微结构物理研究，制造出一批国家急需的、国际禁运的核心元器件。20 世纪 80 年代初，他提出建立半导体超晶格国家重点实验室，亲自开展量子阱和超晶格的电子能谱和晶格振动的研究，与半导体研究所一批年轻同事做出了有学科系统性的高水平成果。在他的主持下，半导体研究所的半导体超晶格研究在世界上占据了一席之地，其中拉曼光谱学的研究水平进入世界先进行列，低维结构方面的研究工作处在世界最前沿。

黄昆再次潜心于半导体科学研究，他准确地看到：半导体超晶格作为半导体物理、材料、器件三者的结合点，业已成为整个半导体学科最活跃的前沿。他与朱邦芬研究员合作提出超晶格光学声子模式的理论，提出的计算超晶格光学声子模式的模型及类体模的解析表达式，被国际上称为"黄—朱模型"，解决了20多年来科学界在超晶格领域存在的疑难问题。

"黄—朱模型"与拉曼散射实验工作的理论解释紧密相关，研究过程中黄昆发现这种工作是非常迷惑的，为此他和朱邦芬又一起发展了超晶格光学声子拉曼散射的细致微观理论。该模型不仅正确地解释了选择定则问题，还揭示了界面模的物理本质，被人们广泛承认为超晶格光学声子模式的最正确的理论，也为低维体系的拉曼散射理论打下了基础。

不唯书、不唯上、只唯实的黄昆，留给世界固体物理学领域一座座永远的丰碑。国际同行称黄昆研究的领域是"近代中国科学家为之作出巨大贡献的少数几个学科领域之一"。

黄昆的理论非常高深，行外的大多数人很难弄懂，其实黄昆的伟大不在于有多少人能读懂他的理论，也不在于有多少人了解和认识黄昆本人，他的魅力，在于他是一位具有社会责任感的科学家，在于他不断突破、勇攀高峰的创新精神。

（撰稿：刘元元）

参考文献

[1] 汪志荣，丁兆君. 黄昆先生的科学贡献及其开创的学术传统[J]. 科技导报，2019，37（17）：43-49.

[2] 厚宇德，马青青. 黄昆的创新思想与科学贡献[J]. 大学物理，2017，36（11）：45-49.

[3] 朱邦芬. 黄昆先生之风：纪念中国半导体物理及固体物理奠基人黄昆先生[J]. 物理，2019，48（8）：488-495.

[4] 张树霖. 黄昆：国际声子物理学奠基人[J]. 科学，2000，52（3）：40-43.

[5] 余玮. 黄昆：一生倾情物理学[N]. 北京青年报，2005-07-01.

[6] 央视国际. 追忆黄昆[EB/OL].（2009-07-30）[2020-07-28]. http://www.cas.cn/ky/kjjl/gjzgkxjsj/2001n/hk/mtbd/200907/t20090730_2286346.shtml.

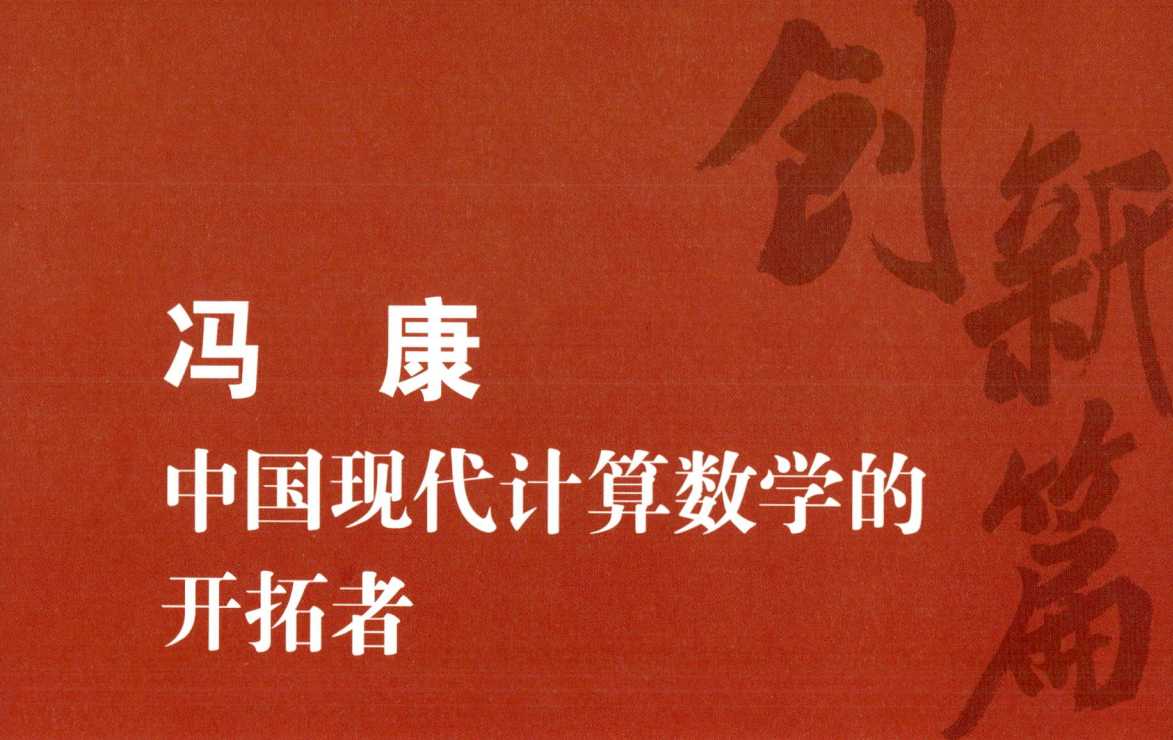

冯 康
中国现代计算数学的开拓者

冯康（1920年9月—1993年8月），数学家，中国科学院院士。中国现代计算数学和科学工程计算学科的领路人和开拓者。长期致力于拓扑群、广义函数理论、应用数学、计算数学等方面的研究，独立于西方创造了求解偏微分方程的有限元法。在以哈密顿方程和波动方程为主的动态问题研究中创造了"哈密顿系统的辛几何算法"，开辟了辛几何和辛格式研究新领域。1982年获国家自然科学奖二等奖，1990年获中国科学院自然科学奖一等奖，1997年获国家自然科学奖一等奖。

在数学界有这样一块沉默而闪光的基石，他是我国核武器事业发展的幕后英雄，也是破解我国首座百万千瓦级水电站水库大坝应力分析计算难题的关键人物。他独立于西方创立了有限元法，是自然边界归化理论和辛几何算法的创始人。菲尔兹奖得主、中国科学院外籍院士丘成桐教授曾赞誉冯康在有限元计算方面的工作是中国近代数学能够超越西方或与之并驾齐驱的 3 个主要原因之一。他撒播了中国现代计算数学和科学工程计算学科的火种，他为中国乃至世界数学史上留下了灿然一笔，他的光芒也将持续引领着无数的科学计算工作者。

独立于西方创立有限元法

冯康早年毕业于中央大学物理系，20 世纪 50 年代初曾到苏联研修，1953 年回国后在中国科学院数学研究所从事基础数学研究，发表了诸多关于拓扑群和广义函数论方面的优秀论文。20 世纪 50 年代，伴随着计算机的逐步发展，中国于 1956 年制定了《1956—1967 年科学技术发展远景规划》，规划中将计算机列为重点项目之一，随后中国科学院计算技术研究所成立。冯康最初在中国科学院数学研究所参与相关研究工作，鉴于他在基础数学方面有很高的造诣，同时精通经典物理学，通晓工程技术，因此次年冯康遵照华罗庚先生的建议，毅然受命调到中国科学院计算技术研究所三室负责计算数学与科学工程计算的研究工作。凭借着杰出的学术水平和严谨钻研的精神，冯康很快就成为研究所的核心成员，在冯康的指导下，中国科学院计算技术研究所三室帮助国防、国民经济各部门完成了大量的实际计算任务，为国家的经济发展作出了突出贡献。其中冯康的一项历史性贡献就是独立于西方创立了有限元方法，并先于西方建立了其严密的理论基础，这是中国近代数学赶超西方国家的一项重要标志。

1958 年，中国首座百万千瓦级水电站——刘家峡水电站开工，正是这项国家攻关任务为有限元法的创立提供了土壤。水电站开工以后并不是一帆风顺，这项重大的工程项目曾因为一些技术难题陷入停工局面。1963 年的春天，刘家峡大坝设计组副组长朱昭钧工程师风尘仆仆地来到中国科学院计算技术研究所，向研究人员阐述了关于刘家峡大坝现阶段的问题，

科学家精神 创新篇

希望他们能够帮助远在甘肃的刘家峡大坝顺利开工。冯康和三室其他研究人员耐心听取介绍后，了解到主要是大坝的应力计算这一部分难以解决。当时研究人员进行水坝应力分析借助的是十三点差分格式的应力函数计算程序，由于在该程序中全部采用的是正方形网格，而实际上水坝的边界是不可能与网格线重合的，因此计算结果并不理想。同时，由于刘家峡水电站是当时首座大型水电站，因此以往的水电站建设经验难以运用到此处。

面对这样一个具体的实际问题，三室的研究人员采用了诸多计算方法，进展却一度缓慢。按常规方法处理数学物理问题离散计算方法分为4步：第一明确物理机制；第二写出数学表述；第三采用离散模型；第四设计算法。然而，冯康以敏锐的眼光意识到传统的方法难以处理几何与材料的复杂性，因此，他考虑是否可以越出常规，从物理上的守恒定律或变分原理出发，直接和恰当的离散模型结合起来。他同时结合电子计算机的特点，通过把变分原理与剖分逼近有机结合，把传统上对立而各具优点的差分法与能量法辩证统一，于1964年独立于西方创立了一套现代化和系统化的求解微分方程的近似方法，即有限元方法，形成了标准的算法形态，编制了通用的计算程序。冯康提出的用变分原理进行差分计算的思想为解决刘家峡水坝的应力分析问题提供了决定性的启示和指导。在冯康的筹划部署下，三室的研究人员利用积分守恒格式计算出一组水坝的新结果。经过研究人员耐心细致的应力校核后，结果显示不仅边界节点附近的应力达到了基本平衡的效果，同时在坝体内部任意局部区域上的应力同样达到了平衡！这一结果得到了刘家峡水坝工程设计组的满意答复，水坝建设才得以继续进行。1964年的劳动节，在冯康的指挥下，经过废寝忘食的攻关，刘家峡水坝计算的系统应用研究——"有限元"第一交响曲"实践"大获成功。次年，冯康撰写的论文《基于变分原理的差分格式》在《应用数学与计算数学》上发表，这篇论文的问世是我国学者独立于西方创始有限元方法的标志。冯康在极其广泛的条件下证明了方法的收敛性和稳定性，提供了误差估计，先于西方建立了有限元方法严格的数学理论基础，为其实际应用提供了可靠的理论保证。

有限元方法的创立使得人们从一个全新的角度看待和分析微分方程的数值解法和理论，不仅在中国乃至世界数学发展史上留下重要一笔，而且极有力地促进了数学、工程科学、力学和计算机科学之间的交流渗透。如今国内外诸多学者对于冯康所创立的有限元方法给予了极高的赞誉和充分的肯定。

开拓边界归化理论新流派

冯康并没有沉醉于有限元法的大获成功，而是不断从实际出发拓展新的研究领域。他注意到实际的计算问题中往往涉及的是无界区域计算，有限元法在解决此类问题时会遇到根本性质的阻碍。同时，有限元法应用的显著成效使得冯康意识到合理地选取变分的数学型式是至关重要的。因此，冯康深刻地了解到要想揭开无界区域计算的这一块面纱，就必须开发出全新的和更合适的数学型式并发展与此对应的数值计算方法。在20世纪70年代后期至80年代初期，他逐渐探索边界归化和边界元方法这一先进领域。

边界元法的胚芽早在 19 世纪时已经萌发,当时部分学者探讨了关于微分方程边值问题做边界归化的可能性,但限于当时的技术条件,直到 20 世纪 60 年代才开始应用于数值计算中。冯康密切注视着这一前沿领域。当时国际上边界元法理论有直接法和间接法两大流派,但他并没有跟随国外步伐,而是根据微分方程边值问题的物理本质和数学特性,指出唯有通过正则边界归化,才能保持能量不变,从而保持问题的本质不变。因此,冯康提出了正则边界归化的思想,开创了国际上边界元研究的新流派,后来他又将其改为现在人们所熟知的自然边界归化。基于这一思想,他和他的学生余德浩系统地发展了自然边界元方法。这一方法不仅具备所有边界元方法共有的将问题降维处理的优点,同时还能保持原边值问题的许多基本性质,能与经典有限元自然而直接地耦合,特别适用于处理无界区域问题。

这些创造性的工作开辟了边界元研究的新领域,引起了各国同行的热烈讨论和密切关注,并已激发了学者们的后续研究。这一方法能够灵活适应于大型复杂问题,是当前与并行计算相关而兴起的区域分解算法的先驱工作。

突破哈密顿体系的辛几何算法

冯康的创新成就得益于他总是从工程实际和物理原理出发,不断瞄准国家需求,站在学科前沿提出有广泛物理、工程背景的新课题,创建有坚实的数学理论基础的新方法。哈密顿系统的辛几何算法就是源于冯康在实践中注意到系统动力学问题的计算。冯康注意到当代科学计算的主要课题是数值求解各种数学物理方程。在数理方程的谱系中,列于首位的是经典的力学方程。这类方程有 3 种等价的数学形式体系,即牛顿、拉格朗日及哈密顿体系。冯康查阅浩繁的文献后发现几乎所有介绍微分方程数值求解的计算方法都是基于牛顿体系或拉格朗日体系，然而还未有人去触碰哈密顿体系计算方法这颗星星。冯康又萌生了一个想法：为何不基于哈密顿体系发展新的研究算法呢？毕竟哈密顿体系一直是物理学理论研究的出发点，它的应用涉及物理、力学和工程的众多领域。随后，冯康在钻研大量中外资料后更加肯定哈密顿体系是解决动态问题最合适的力学体系。从此他开始研究针对哈密顿体系的计算方法，借助于深厚的基础数学研究学术能力和敏锐的直觉，冯康找到了哈密顿系统数值方法的切入点——辛几何算法。1983 年国外才出现了第一篇对特定哈密顿方程构造差分格式的论文，冯康则于 1984 年在国际微分几何与微分方程北京讨论会上做了题为《差分格式与辛几何》的大会报告，哈密顿体系的辛几何算法首次被正式宣告于世界。冯康所创建的辛几何算法不仅能够克服传统算法造成人为耗散性等歪曲体系特征的缺陷，而且在守恒性、对称性和空间结构方面更进一步，提升了稳定性与长期跟踪能力。基于随后严谨深入的理论和大量的实验数据，证明辛几何算法确实为解决牛顿运动方程提供了正确思路，解决了长期困扰科学家的动力学长期预测计算问题。辛几何算法的出现翻开了科学和工程领域计算的新篇章，如果没有它，高能加速器设计、石油和天然气勘探、分子动力学模拟、数值天气预报等领域都将滞后于现在的发展步伐。

冯康和他的研究团队不断发展这一充满活力的前沿研究领域，在 10 年间提出和完善了基于辛几何的哈密顿算法，进一步将其总结归纳为系统的理论框架；提出了产生任意阶精度辛差分格式的构造性方法；提出了保持动力系统结构的算法，包括保哈密顿体系结构的辛几何算法、切触系统的切触算法、量子系统的酉算法，实现了动力系统算法的几何化等。冯康为国家和社会交付了一张张创新的答卷。

冯康所做出的开创性工作拨开了中国现代计算数学的迷雾，用自己的一生为中国数学史增添了光辉。他还曾首先倡导在我国开展广义函数理论、组合弹性结构计算、孤立子等非线性问题计算的研究，以及数理方程反演问题的数值方法及其在地质地震勘探中的应用研究。冯康曾用无数个日日夜夜灌溉的科学计算事业的嫩芽正日渐蓬勃生长，他坚持从实践出发的思想和努力钻研的精神仍旧是一代代科学计算工作者的指路星光，激励着他们积极投身于科学计算事业。

（撰稿：王思惟）

参考文献

[1] 余德浩. 冯康院士与科学计算 [J]. 数学通报，2005（9）：6-9.

[2] 余德浩. 冯康院士与科学计算（续）[J]. 数学通报，2005（10）：4-7.

[3] 宁肯. 中关村笔记 [M]. 北京：北京十月文艺出版社，2017：1-22.

[4] 冯瑞. 冯康的科学生涯：我的回忆 [N]. 科学时报，1999-08-12（2）.

张丽珠
用创新缔造生命

张丽珠（1921年1月—2016年9月），医学家，北京大学第三医院的建院元老、妇产科创始人，中国大陆首例试管婴儿缔造者。多年来致力于我国妇产医学的研究和临床工作，并不遗余力地培养人才和进行学科建设，为新中国妇产科学发展做出了重要贡献，培育了中国大陆首例试管婴儿，在医界同行和广大患者当中享有崇高的威望和声誉，被誉为"神州试管婴儿之母"。

1988年3月10日8时56分，北医三院妇产科产房内传出一声新生婴儿啼哭，这个新生婴儿正是中国大陆自主培育并成功诞下的首例试管婴儿。手术室内，一位医者微笑着抱起了新生儿，她就是我国著名医学家张丽珠。

立足国内条件，因地制宜自主研究

在多年的妇产科临床生涯中，张丽珠看到了不孕妇女的身心痛苦和社会压力。1978 年世界首例试管婴儿在英国诞生后，她以医学大家的敏锐与胆识，于 1984 年根据一盘英文磁带录音进行整理、综合，有远见地提出在中国进行体外受精、胚胎移植的研究工作。

这在当时的中国大陆，不仅是一项前所未有的全新课题，同时也是一项备受非议的话题。那时，计划生育已被定为基本国策并写进《宪法》，提倡少生，张丽珠的研究甚至被认为是与计划生育政策对着干，外界对此有期待，也有批评。

面对外界的质疑，在没有科研经费、缺少仪器设备和研究资料的情况下，张丽珠带着妇产科的同事和研究生们，白手起家，在一间不足 10 平方米的小屋里，开始自主研究试管婴儿技术。

试管婴儿技术即体外受精—胚胎移植技术（IVF-ET）。一般而言，主要经过以下 5 个步骤：刺激排卵、取卵、体外受精、胚胎培养、胚胎移植。

孕育生命，是一件复杂而神奇的事，5 个步骤看似简单，但实际操作起来却困难重重。第一个难关就是取卵。也有外国专家来中国推广，但在北京、广州等地进行的数十例手术无一成功，其主要原因之一就是找不到卵子。

经过不断的探讨和对失败病例的反复研究，张丽珠抓住了国内与国外不孕患者的重要不同之处，解开了这个令外国专家困惑不已的谜团。西方人不孕不育多是由于年龄较大导致生理条件不利于怀孕；但国内很多不孕不育患者都是年轻人，可能因得过结核或其他病症而导致输卵管堵塞，因此先解决病症，才能使用试管婴儿技术。

当时，国外大都采用腹腔镜取卵方法。然而，用腹腔镜对输卵管结核患者取卵时,结核产生的粘连会挡住卵巢,无法通过腹腔镜看到卵子。经过一番探讨,张丽珠根据国内患者的体质特征和多年的临床经验,放弃洋技术,采用土办法:开腹取卵。她采用边治疗边取卵的策略,打开腹腔治疗盆腔疾病的同时,用手尝试摸到卵巢再找卵泡,找准后用取卵针将卵泡液取出。在如此艰苦的条件下,凭借着不断的摸索和创新改进,张丽珠最终成功取出了卵子,解决了取卵难题。

经过不懈努力,1985年她终于在北京医科大学基础实验室里第一次获得人卵体外受精和受精卵分裂成功,成功培养出人类胚胎。这一成功,引起了社会各界的广泛关注,批评的声音越来越多。1986年10月,这项研究得到认可,被列为国家"七五"攻关项目"优生——早期胚胎的保护、保存和发育的研究"。

胚胎培养成功后,需要将受精胚胎移植到患者的子宫内,这也是整个试管婴儿技术过程最关键也是最难的一步,不仅是技术问题,还与胚胎质量、子宫内膜容受性等方面都有关系,且国内无先例可借鉴。从1986年开始,胚胎移植工作先后经历了连续12次失败,1987年6月,张丽珠迎来了第13位受试者——来自甘肃礼县的乡村小学教师郑桂珍。因为输卵管阻塞问题,38岁的郑桂珍与丈夫结婚二十载饱尝无法生育之苦。

经过初步检查发现,郑桂珍已错过了最佳怀孕时间,她卵子不多,质量

也不高，子宫内膜的条件也不太好。在郑桂珍夫妇二人的再三恳求下，张丽珠决定试一试。开腹手术取得 4 个卵子，并均受精成功后，为稳妥起见，张丽珠把这 4 个胚胎全部"种"到了郑桂珍的子宫内。令人意外的是，并不被大家看好的郑桂珍出现了早孕反应，一个胚胎正常发育了。

考虑到产妇年龄过大，为了防止并发症，加之胎儿得来不易，张丽珠决定亲自给郑桂珍实施剖宫产手术。1988 年 3 月 10 日，北医三院妇产科产房外围满了闻讯而来的媒体记者。8 时 56 分，一声清亮的新生婴儿啼哭划过长廊。手术室内，张丽珠小心翼翼地微笑着把这个体重 3900 克、身长 52 厘米的女婴抱起，并深情地低头凝视这个新生命。在场记者举起相机，定格下这一历史性的瞬间。

为了感谢张丽珠，也因是中国大陆自主培育的第一例试管婴儿，郑桂珍夫妇给孩子起名为"萌珠"，取"萌"字"初次""第一例"之意。

萌珠的诞生，标志着北医三院已掌握了 IVF-ET 的整套技术，填补了国内的空白，是我国近代医学技术应用于临床的重大突破，其意义不仅限于为某些不孕妇女提供了生育后代的可能性，更标志着我国基础医学和临床医学达到了先进水平。此外，试管婴儿的成功，也带动了遗传学、免疫学、早期胚胎学的发展，对整个医学事业都有着深远的意义。

敢为人先，创新探索步履不停

对于张丽珠来说，首例试管婴儿的成功远不是终点。虽然早已年过半百，但她依旧没有停止前进的脚步，继续开展相关研究，并取得一系列成果。1989 年年底，她越过了腹腔镜取卵，采用 B 超引导下经阴道取卵法，利用探头和 B 超显示屏对卵泡进行精准穿刺，负压吸取卵泡液。这种方法创伤最小，并可重复进行，此后被列为常规取卵法。她带领团队进行试管婴儿实验 1300 多次，使临床妊娠率从早期的 6.4% 上升至 32.0%，活婴率达到 20.0%，中国在这一技术上从此迈入了国际先进行列。

除了大陆首例试管婴儿，国内首例配子输卵管内移植婴儿、首例赠卵试管婴儿、首例冻融胚胎移植试管婴儿等也先后在她的主持下成功诞生。

1988 年 3 月 18 日，国内首例配子输卵管内移植婴儿在北医三院诞生。配子输卵管内移植术适用于患子宫内膜异位症、严重宫颈疾患及不明原因而输卵管完好的不孕症，由于受精、着床都在体内，因而更利于胎儿的生长发育。

为了帮助无卵子或者卵子不可用的患者解决困难，1992 年，张丽珠采用赠卵方法使一位因染色体异常而导致卵子不可用的患者诞下中国大陆首例赠卵试管婴儿。

1995 年，在张丽珠的主持下，我国大陆首例冻融胚胎移植试管婴儿成功降生，其母亲因患染色体核型异常 45XO 特纳氏综合征（正常女性为 46XX）而先天无卵巢，只有子宫及阴道，其父亲患无精症。张丽珠将志愿者捐献的新鲜卵子和精子在试管受精生成胚胎，在胚胎细胞分裂过程中，用人工方法使胚胎逐渐进入低温状态，最后达到 $-196\ \text{℃}$ 的低温予以冷藏。一个月后，用融解剂解冻，清洗干净后移植至受孕者的子宫。胚胎冷冻贮存法简化了取卵和体外受精等技术操作，提高了不孕症患者的妊娠成功率。

张丽珠医学知识扎实，对患者深具同情心，具有细致入微的观察力和敢为人先的创新精神。纵观张丽珠的医学人生，她敢于涉足未知领域的探索精神令人敬佩，她面对重重困难的坚韧与坚定令人赞叹，她善于开拓新办法的创新精神令人倍感惊喜，她功在当代、利在千秋的贡献令人心怀感恩。"试管婴儿"技术被写入我国中学生物教材中，并被评为建国 60 周年以来最有影响力的十大科技事件之一。

百年匆匆，张丽珠于 2016 年永远地离开了我们，郑萌珠等经张丽珠之手诞生的试管婴儿纷纷从外地赶来参加张丽珠的告别仪式，他们纷纷表示，是张奶奶对事业的奉献，才有了他们的生命和现在的生活。回首张丽珠利济群生、成绩斐然的医学人生，"仁心不息，妙手一生先造化；坤道含弘，慈恩万世泽婴孩"。

（摘编自《妙手握奇珠：张丽珠传》，王传超，
中国科学技术出版社，2017年。由赵敬茹整理）

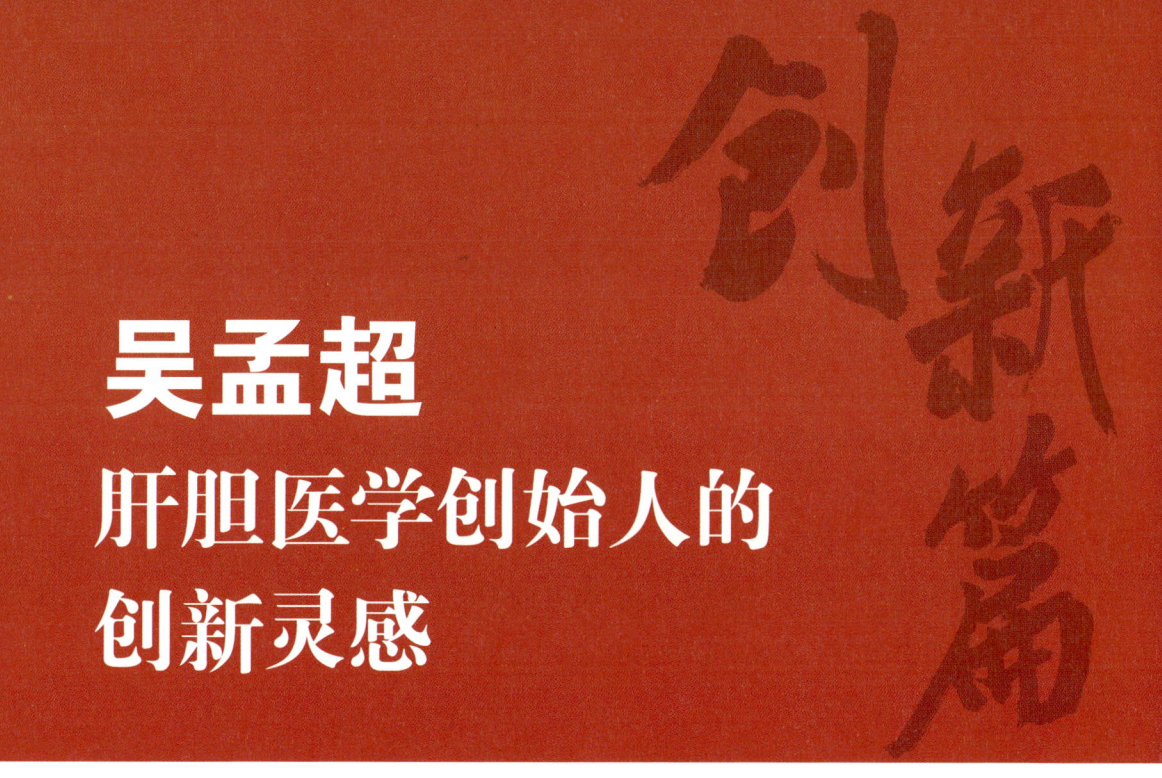

吴孟超
肝胆医学创始人的创新灵感

吴孟超（1992年8月—2021年5月），肝胆医学家、医学教育家和医院管理专家，中国科学院院士。20世纪50年代带领"三人小组"从肝脏解剖的基础理论探究着手，开创并建立了肝胆基础与临床理论体系。亲自撰写并主编《黄家驷外科学》、Primary Liver Cancer 等专著38部。相继荣获包括国家最高科学技术奖在内的国家和省部级一等奖10多项。先后荣获中央军委"模范医学专家"等荣誉70多项，曾被授予军功（包括一等功）10项。

美丽珊瑚与"五叶四段"

20世纪50年代，年轻军医吴孟超在门诊中不时地会接诊肝癌患者。患者痛苦的面容、求生的眼神，令他深表同情却无计可施。当时对肝癌的治疗，国际医学界一致认为，凡有手术指征的，最理想的治疗方案是手术切除。而要成功切除肝脏肿瘤，迫在眉睫的问题是了解肝脏的生理解剖结构，了解肝脏中的血管分布，才能解决肝脏手术中出血的大难题。外科学界历来都公认肝脏是外科手术的"禁区"。20世纪40年代末吴孟超在同济大学医学院所学到的有关肝脏解剖的知识，也只有"肝脏内有四种管道，肝分左右两叶"等很肤浅的描述，并没有有关肝脏内各支血管的走向或血流分布规律等信息。其实，肝脏内不仅有数千条密如蜘蛛网般的血管，还有胆管、淋巴管等叠合交叉。复杂的管道分布与走向导致手术中稍有不慎就会出现大出血，而出血过多或渗血不止，是导致术中或术后患者死亡的最主要原因。

仁医的大爱与知识的滞后，让吴孟超揪心与焦灼，也催生出更强烈的救死扶伤情感和创新的原动力。

受恩师裘法祖教授指点，他主动请缨，组建第二军医大学肝胆科研的"三人小组"，梦想尽快改变我国肝癌外科治疗一筹莫展的现状与窘境。

吴孟超带领团队所跨出的第一步便是基础科研——掌握肝脏的解剖结构。从鲜有的文献资料中，他们兴奋地发现，1951年瑞士专家乔尔茨吉曾首次建成肝脏管道铸型腐蚀标本和胆管造型的研究方法，这提示他们：一个理想的肝脏标本，应该可以用不同颜色的液态塑料灌注入肝脏的肝动脉、肝静脉、门静脉和胆道四种管道内，待塑料凝固后再腐蚀掉管道外的肝组织，就可以形成一架肝脏内各类管道分布与走向清晰的模型。但那时由于西方对我国科技情报的封锁，进一步的解析就一字难求了。吴孟超只能自己动手来制作肝脏管道的铸型标本，以彻底弄明白肝脏的解剖结构。

正是由于吴孟超从事肝胆医学是从基础理论研究着手的，从传承前人的思路和理念出发，这就使得他日后的一系列创新有了成功的底气，也由此迈出肝胆医学科研必须与临床相结合的坚实步履。

从1958年起，吴孟超所带领的"三人小组"在简陋的动物实验房里，

吴孟超　肝胆医学创始人的创新灵感

利用法医检验所解剖无名尸体后剩下的肝脏器官，十分投入地策划起如何制作肝脏管道铸型标本的具体细节。首先遭遇的难题便是所灌注的该是哪种塑料，他们曾用各种办法将各种液化塑料配上颜色后，灌注到肝脏相应的管道内，等到标本成型后放入酸液试图腐蚀掉管道外围的肝组织时，问题就出现了。尽管管道周边的肝组织被腐蚀掉了，但灌注在管道内的塑料也同时被软化了，整个标本都坍塌了。上百次的失败让三位业余从事科研的年轻军医都消瘦了十来斤，但他们全然不顾，只希望能从屡试屡败的困境中创出一条新路来。实验室紧挨着实验犬饲养室，狗吠不断，吵得他们心烦。尤其是实验室中充满塑料溶解后难闻的气味，在闷热的上海，更令人觉得难熬……要不是他们都有一股对科研的好奇心和闯劲，恐怕早就放弃了。生来就有股倔劲的吴孟超，凡自己认准的事，哪怕再难也不会轻言放弃。巴甫洛夫说过："实验上的失败可能成为发现的开端。"吴孟超深信：天无绝人之路，路总是会有的！

看来，创新确实需要有股不畏艰险的拼搏劲头。

常言道：机遇永远偏爱善于捕捉它的人。转眼到了1959年的4月，春寒料峭的校园里播出了一条振奋人心的喜讯：我国乒乓球运动员容国团，在第25届世界乒乓球锦标赛中，荣获男子单打冠军。这是从1927年举行世乒赛以来，中国第一次赢得世界冠军的光荣称号。对于这一激荡人心的大事，社会各界都会从自身的视角

产生绚烂多彩的评述,对乒乓球迷吴孟超来说,也自然格外兴奋,在喜讯冲刷了他上百次试验失败的沮丧之余,也触发了他心里始终紧绷着的一根弦——乒乓球不也是一种塑料吗?何不用它来试验一下呢?视角很独特,想法很必然。吴孟超的这一念头,倒是地地道道的日有所思、夜有所梦的"创新灵感"之闪现。说干就干,吴孟超带领"三人小组",使用液态赛璐珞灌注技术,在克服灌注液的浓稠度、灌注推进压力等困难后,终于成功制成了犹如珊瑚般美丽的肝脏管道铸型标本。

图1 珊瑚般美丽的肝脏铸型标本
(目前仍保存在东方肝胆医院展示室,吴孟超办公室提供)

吴孟超深情地注视这朵"珊瑚花",透过泪水的折射所看到的立体肝脏管道走向的架构,似乎在闪光,似乎在跃动。由于在赛璐珞里预先调入了四种不同的颜色,分别灌注进肝动脉、肝静脉、门静脉和胆管,把纵横交错、攀缘缠绕的大小管道有区别地、清晰地呈现了出来,缤纷的色彩令清晰的管道走向一目了然。肝脏内部各种管道的脉络,至此一览无遗地呈现在三位年轻军医的面前。这就是吴孟超梦寐以求要打开的肝脏科研之门的第一步,也是他从事肝胆外科最关键的创新之举。

到 1959 年年底，随着实验技术日益高超与纯熟，他们制作的"珊瑚花"一朵比一朵精致，一朵比一朵美丽。吴孟超从各个角度细致观察，用笔尖循着肝动脉、肝静脉、门静脉和胆管的走向，分析它们各自的管径变化，以推测其流量，并寻找它们在肝叶中的分布规律。他细细研究着大大小小不同年龄段中国人的肝脏结构，还用三视图分别画出了相应管道的分布。他对肝脏血管的走向和分布规律从摸索到了如指掌，进一步达到炉火纯青的境地。在此基础上，他见解独到地提出了我国肝脏解剖学上的"五叶四段"创新理论：将人体肝脏分成"左外、左内、右前、右后和尾状"五个叶，又将左外叶及右后叶各分成两个段，共四个段。

1960 年 6 月在郑州召开的第七届全国外科学学术会议上，吴孟超的这一创新理论的报告获得了与会专家的普遍认同。之后他与团队成员相继发表了"Observation on intrahepatic anatomy of normal human liver"及《我国正常人肝内解剖的观察》等系列中英文论著，提出了一整套崭新的有关人体肝脏解剖学的新理论。

以后 60 年的临床实践已充分表明："五叶四段"理论已为我国乃至世界肝脏手术的成功提供了关键性的解剖标识，而且吴孟超提出的肝脏内部存在静脉吻合支、尾状叶的血管解剖特点，对肝脏手术中血管、胆管准确处理的原则和方法提供了清晰且安全的理论指导。这一系列论述被收入多部理论专著和医学教材之中。

在自创的新理论引领下，1960 年 3 月 1 日，由吴孟超主刀为一位中年女患者成功切除了大肝癌，成为第二军医大学第一附属医院成立以来第一例成功的肝脏肿瘤切除手术。

拧龙头的灵感与中肝叶切除

吴孟超紧接着所做的一系列肝癌切除手术都很成功，不过，他还是力求圆满地寻求关键理论与技术的进一步创新。首先便是手术中止血方法的改进，这也是国际肝胆医学界亟待解决的大问题。20世纪60年代初，肝脏大手术时，为使术中少出血，便将患者用冰水浸泡以降低体温，直至32℃以下。其主要依据是：肝脏短暂缺血只允许不超过20分钟，只有在低温状态下肝细胞才能经受较长时间的缺血而不致发生坏死。当时，欧美国家的医生都是采用这种术中低温的方法，且被公认是世界上的"经典切肝法"。囿于当时术前检查手段的落后，有时打开腹腔甚至发现患者已是肝癌晚期无法切除了，或者是患者根本没有发生癌变，原来的诊断有误，于是，匆匆忙忙再缝合起来，患者可遭大罪了。

怎么面对这一残酷的现实，去创新人道的手术新技法？

吴孟超毕竟是一名军人，思考问题的立足点是"我的手术方法不仅要适合和平环境，还要适合战时环境"。在野战条件下，哪来冰水或冰块给伤员降体温？这种"低温麻醉法"根本不可能用来抢救战场上的肝外伤战士。难道真的就不能在常温下安全进行肝脏手术了吗？

这个疑问牢牢地盘踞于他的脑海，令他寝食不安。大凡有责任的创新者总有一种为社会奉献的使命感和推动力：必须找到一种常温下让患者能接受手术的好办法。为此，他上班在思考，下班也在思考，连晚上做梦都梦见自己在阻断肝门。"凡大医治病，必当安神定志，无欲无求，先发大慈恻隐之心，誓愿普救含灵之苦。"孙思邈诚心救人的话语，时时撞击着吴孟超的心灵。

诚可谓"有一种性格叫顽强"，而上帝有时也会眷顾这样的执着者。一天清晨，吴孟超在水龙头下洗脸，下意识地将水龙头打开了又关上，再打开，再关上……看着从龙头里"哗哗"流出来的水流，他傻傻地笑了。不一会儿，他激动地叫起来："我找到了！我找到了！"诚如当年阿基米德进入浴缸洗澡，看着溢出的水，大呼"尤里卡！尤里卡！"一般。阿基米德当时的呼喊是因为他灵感突发，发现可以用溢出的水来测出王冠的体积，通过称重量求得其比重，而判断王冠是否是纯金的。

在一旁的妻子吴佩煜惊异地问："你找到什么啦？"

"我找到止血的好方法啦！"

吴孟超急忙把吴佩煜拉到水龙头边，左手按着龙头，右手比画着："手术时，我只要在患者的肝门处扎一根橡皮带子，在切肝时把带子扎紧，相当于把龙头关上，血流被阻断了。过一段时间，放松带子，相当于把龙头打开，对肝脏恢复供血。再过几分钟，又把带子扎紧，继续切肝，切完之后再把带子松开……这样间歇性地开开关关，肝脏不会坏死，手术却能正常进行，而且出血能得到控制，患者再也不必被残酷地泡在冰水里了……"

踏破铁鞋无觅处，得来（看似）全不费工夫。这个创新灵感的突发所收获的就是震惊医学界的"常温下间歇性肝门阻断切肝法"。

近60年无数临床实践已令人信服地表明，这一技术创新成果对于肝脏手术的安全施行，尤其是对于我国肝癌患者90%合并肝硬化这一特点，具有极为重要的临床意义。尤其是日后吴孟超相继寻找到术后代谢规律的理论、跨越"中肝叶切除"手术"禁区中的禁区"等多项创新，再配合"常温下间歇性肝门阻断切肝法"，我国肝癌手术成功率之高令全球肝脏外科界震惊。

"常温下间歇性肝门阻断切肝法"作为一项完整的技术，更严格地说，是一项肝脏医学基础理论研究的创新与突破，至今仍被认为是肝胆手术中最简易可靠且安全的止血方法，已被广泛应用，并被推向全球。吴孟超掷地有声地说："我的所有技术属于人类，我吴孟超没有专利！"

有着"利他"情怀的吴孟超，就是这么心地坦诚。

接连创新与多方位创新

作为我国肝胆医学创始人和学术泰斗，吴老必须不断学习、不断质疑、不断前行，在解决问题的同时也往往实现了创新。在接连创新后，吴老的科研步伐也迈得更大了，理论与技术创新成了他的人生乐趣，因为他要努力"把病人一个个都背过河去"、要尽早"攻克癌症"，实现这项神圣使命与担当，也确实要求他必须不断有所创新。

1964年，他又首创了肝癌术后复发再切除，并获得成功。以后他又相继提出了手术探查的指征、放疗与再次手术治疗肝癌、肝动脉结扎或加栓塞疗法等一系列思维创新和技术创新。

1975年，他还神奇地一刀切下了人类医学史上的"奇迹"——迄今为止国内外所报道的被切除的最大的肝海绵状血管瘤，瘤体重18千克，"吴氏刀法"的创新也达到了炉火纯青的境地。1976年，他又率先在上海对18万人次做肝癌普查，以公共卫生事件的方式开展肝癌早期诊治的课题研究，同时投入破解肝癌与肝炎相关密码、肝癌术后复发如何因人施策等创新课题的研究。1978年，他还成功施行了我国首例确诊原发性肝癌的同种异体肝脏移植手术。

自20世纪80年代起，吴孟超相继为十几位中外婴幼儿（最小的仅4个月）成功切除了比他们脑袋还大的肝母细胞瘤，在国际上开创了婴幼儿肝胆外科的系列理论与技术……以后又在肝癌标志物、肝癌细胞化疗药物敏感试验、肝移植模型的建立、半离体肝切除、肝癌基因寻找及癌症的细胞免疫治疗等方面不断有新的发现和创新成果。

老人家恳切地说："我吴孟超哪怕是千手观音，天天在手术台前劳作，又能帮助多少患者？再说，癌症的最终攻克，绝不是靠外科医生，要靠医学基础理论的突破……"自1978年起，他亲自带教了数百名硕士生、博士生，还培训了大量各地来院的进修医师，将创新理念与成果传承并播扬。

数十年来，他不辞劳苦地给学生搭建施展才华的舞台。从长海医院外科内设立肝胆外科（俗称"科中科"）到医院中设立"全军肝胆外科研究院"（俗称"院中院"），再到创建完全独立的"东方肝胆外科医院""东方肝胆外科研究所"的"院所结合"创新平台，2015年，老人家又创建了有1500张床位"大专科小综合"的安亭新院和国家肝癌科学中心。支撑他不断做出这些创新成果的是创新理念，如2006年他超前提出"与疾病共生存"的理念，2012年他又提出"精准医学"的理念……

难怪天津南开医院吴咸中院士会说："在20世纪50年代中后期，中国还有一些外科医生同时开始向肝脏外科进军，但许多人一开始就浅尝辄止了，还有一些人中途知难而退了，真正几十年坚持下来，并且带出一支队伍，而且最终形成一门新学科、变成一所新医院的唯吴孟超院士一人。"

毕竟吴老是一位"勇闯禁区、勇于创新、永不满足、永远争先"（这16个字已成了东方肝胆外科医院的院训）的创新者，一位真正的勇士！耄耋之年，他的创新思想反而更超前，更"时髦"了……

（撰稿：上海教育出版社　方鸿辉）

闵恩泽
创新催化技术
开启绿色化学研究

闵恩泽（1924年2月—2016年3月），石油化工专家，中国科学院院士、中国工程院院士。主要从事石油炼制催化剂制造技术领域研究，是我国炼油催化应用科学的奠基人、石油化工技术自主创新的先行者、绿色化学的开拓者。2006年获国家技术发明奖一等奖，2008年获国家最高科学技术奖，被评为感动中国2007年度人物。

闵恩泽，毕生都在为石油炼制催化剂制造技术拼搏。面对国外技术封锁，他成功研发小球硅铝裂化催化剂、微球硅铝裂化催化剂等满足国防和炼厂建设急需；领导了钼镍磷加氢催化剂、半合成裂化催化剂等的研制、开发和应用，帮助石化企业从低谷中崛起，实现盈利；而后进军绿色化学领域，取得重大经济效益和社会效益。

闵恩泽　创新催化技术　开启绿色化学研究

小小催化剂，解决炼油工业大问题

1955年，心系国家的闵恩泽几经周折回到阔别已久的祖国怀抱。回国后，他被安排到北京石油设计局工艺室研究组工作，随后参与组建北京石油炼制研究所（现石油化工科学研究院的前身），由此专心致志地走上了催化剂研发之路，使中国的催化剂技术实现了从无到有的飞跃。

1959年，由苏联援建的兰州炼油厂投产，这是我国第一座大型炼油厂。其核心设备是一套使用小球硅铝裂化催化剂的移动床催化裂化装置，这种装置要用从苏联进口的直径为3～5毫米的小球硅铝裂化催化剂。由于催化剂被誉为炼油工艺中的"芯片"，因而多年来美、苏的催化剂生产技术对中国高度保密。如果不能及时提供催化剂，装置就要停产，不能生产航空汽油，飞机就不能升空。1960年，石油工业部决定开发我国自己的催化剂生产技术。

在小球硅铝催化剂技术开发过程中，困难重重，专家们攻克了一系列的技术难关。在研发过程中，发现硅铝胶球的完整率只有40%～50%。闵恩泽认为，破碎是因为干燥温度、湿度没有控制好，于是他重新设计建造控制温度、湿度的干燥箱。但问题仍然没有得到解决，闵恩泽感到了巨大的压力，他反复阅读《矛盾论》，《矛盾论》指出：内因在事物发展中的作用是第一位的，外因在事物发展中的作用是第二位的。硅铝湿胶干燥收缩时在毛细管中引起的压力应该是其破碎的内因，而干燥条件是外因，因此应该治本，采用添加表面活性剂减少毛细管中的压力。经过多次实验，他们终于找到一种叫"平平加"的表面活性剂，使用后大大提高了小球完整率，并超过了国外同类催化剂小球的完整率。兰州小球硅铝裂化催化剂厂试运转期间，整个试生产过程并不顺利。第一次试运转时，60米长的带式干燥器发生了掉带事故，闵恩泽急忙赶到干燥箱旁，顶着水蒸气，打着手电筒与工人们一起钻进干燥箱查找分析事故产生的原因，重新设

科学家精神 创新篇

计自动调带装置,使干燥箱正常运转。其间,还出现焙烧炉进料料头倾斜、阻塞进气口、湿处理槽底胶球未洗净等问题,但都被闵恩泽与同事们一一研究解决。1964年,一座年产2400吨的小球硅铝裂化催化剂厂投产,完整率、抗磨损性能等多项指标都优于进口催化剂,价格仅为进口催化剂的一半。

而这期间,病魔悄悄袭向沉浸在成功喜悦中的闵恩泽,在体检中发现他已患上肺癌,切除了两片肺叶和一根肋骨。

1961年,闵恩泽又接受了一项新任务——制备微球催化剂。喷嘴结构是微球硅铝裂化催化剂成型的关键设备,这是主要矛盾。于是,闵恩泽决定打破常规,提前建设中型喷雾干燥器来研究喷嘴结构。经过一年多的研究,喷嘴结构才确定了下来,它由喷嘴外壳、喷嘴片、旋转体等组成。虽然在中型喷雾干燥器中确定了喷嘴结构,但是工业喷雾干燥器的喷雾量是中型试验装置的45倍以上,如何确定工业喷嘴结构和尺寸又成了一个新难题。由于没有大量的硅铝胶来进行试验,闵恩泽就选用了熔化的石蜡进行试验,确定了工业用喷嘴的结构和尺寸。但这时又出现了另一个难题:工业喷雾干燥器中,要安排8个大型喷嘴才能达到生产能力。一般喷雾干燥器的喷嘴均是向下喷射物料,这样几个喷嘴物料小粒就要相互碰撞,黏结在一起,粒度分布将达不到规格要求。闵恩泽苦苦思索如何解决这个问题,后来他领悟到,喷嘴不是向下喷,而是水平方向以90°向外喷,再把另外4个喷嘴放在下一层,错开角度,这样就解决了这一难题。闵恩泽给这种喷嘴装置的安排起了个很甜的名字：串糖葫芦。他们成功开发这种专用喷嘴意味着成功攻克了微球催化剂粒度分布和强度的难题，这种喷嘴装置一直沿用至今。

微球硅铝裂化催化剂从实验室研制开始到建成工厂仅用 5 年时间，比正常开发周期缩短了 3～5 年。在极端艰苦的条件下，闵恩泽为中国自主开发出建设我国 250 万吨 / 年炼油厂所需的微球硅铝裂化催化剂，突破了国外技术壁垒，为我国炼油催化剂制造技术奠定了基础。

不断创新催化应用，实现催化技术自主创新

20 世纪 70 年代中期，中国石油炼制催化剂已经基本达到自给自足，但国外又已推出了新一代的石油炼制催化剂，我国又有了新的研究目标，那就是在我国十几年的催化剂研究经验基础上，结合国内已建工厂的现状，努力追上并赶超国外先进水平。

20 世纪 80 年代初期，我国石油化工催化剂面临与国外催化剂的激烈竞争。如何开展基础研究并研发具有优越性的新型催化剂是面临的挑战。闵恩泽负责筹建基础研究部，他做任何事情都喜欢先从调查研究做起，在广泛调研跨国石化公司的基础后，决定开展导向性基础研究，用新构思去开发新催化材料，走向了自主创新之路。闵恩泽力主科技原创，从应用基础研究做起，经过艰苦卓绝的努力，取得了一系列世界领先的技术成果。在新催化材料领域，他指导开发了 ZRP 分子筛、非晶态骨架镍合金、累托石层柱分子筛等新催化材料；在新反应工程领域，他指导开发了悬浮催化蒸馏工艺，配套开发了磁稳定流化床反应器，为石油炼制和石油化工技术的创新提供了"新式武器"。非晶态骨架镍合金和磁稳定流化床，一个是新催化材料，一个是新反应工程，二者的集成，发明了一个崭新的工艺，形成新的技术平台。2006 年，"非晶态合金催化剂和磁稳定床

反应工艺的创新与集成"获得国家技术发明奖一等奖。

由于闵恩泽的不懈努力,我国石油化工技术形成了自主创新模式,炼油催化剂能满足自给,而且还走出国门,进入国际市场。

从源头治理污染,开拓绿色化学新领域

20世纪末,人们终于认识到仅仅限制废弃物的排放量和浓度不足以防止对环境造成的危害。环境保护要求从源头根治环境污染,这就促进了绿色化学的兴起。闵恩泽仔细研读了《寂静的春天》《增长的极限》《只有一个地球》这3本书,震惊之余,他敏锐地察觉到环境保护对人类的重要性。71岁高龄的闵恩泽就任中国科学院组织的"绿色化学与技术"咨询项目的组长,主持了"环境友好石油化工催化化学与化学反应工程"的研究,关注美国"总统绿色化学挑战奖",了解绿色化学领域最高水平和最新成果,参与筹组了中国化学会绿色化学专业委员会,这些都是闵恩泽在有意识地将自己在石油化工催化方面的研究引向绿色化学之路。

从绿色化学理念出发,利用可再生资源作为原料,闵恩泽转向了生物柴油的研究。他带领科技人员,结合我国国情,认为可以选用劣质废弃油脂、木本油料树等为原料生产优质柴油。调查清楚国内的原料情况后,闵恩泽又组织大家对生物柴油的生产工艺进行了详细的调研,决定放弃酶催化酯交换工艺方法,要另辟蹊径开发超临界酯交换工艺。在超临界状态下生产生物柴油,其具有不需要催化剂、反应时间短、不产生皂类、产物容易分离、产品精制简单等优点,但要克服油脂转化率不高、醇油比高、压力和温度高的困难。闵恩泽指导成立了生物柴油专题研究组,专门攻克上述难题。闵恩泽带领课题组从导向性研究入手,在大量研究基础上,发明了诱导技术,降低了反应压力与温度,使工艺过程降低了投资和操作费用。采用诱导技术大大缓和了国际上报道的超临界工艺的压力和温度,

进入亚临界的领域，形成了亚临界甲醇醇解的生物柴油生产工艺，这项工艺被命名为 SRCA 工艺。2007 年，SRCA 工艺中试成果顺利通过技术鉴定，中试实验结果证实了 SRCA 工艺对原材料要求低、减少废渣和废水的排放等优点，有突出的技术先进性。

随后，在海南建设的生物柴油示范装置就采用了 SRCA 工艺，顺利生产出了合格的生物柴油。但由于国内生物柴油生产的主要原料是各种高酸值的劣质原料油，原料来源复杂，组成不确定，有时来的原料其游离脂肪酸大大超过了 SRCA 工艺规定的指标。为了降低产品酸值，闵恩泽与大家多次讨论，决定开发新工艺来代替十分复杂的固体酸工艺，闵恩泽称之为 SRCA-Ⅱ 工艺。

闵恩泽开发生物柴油的生产技术，高瞻远瞩，使我国拥有了可与国际水平媲美的生产生物柴油的先进技术，同时还在不断改进创新。

50 多年中，创新始终是闵恩泽科研工作的主线。不断地追求创新使他为中国石油化工工业作出了巨大贡献，在科研中发挥了重要作用。

（撰稿：邢明雪）

参考文献

[1] 唐可. 一生皆为石化搏的闵恩泽院士 [J]. 石油知识，2017（6）：26-28.

[2] 张米. 催化剂之父：闵恩泽 [J]. 新湘评论，2020（1）：38.

[3] 张晓昕，宗保宁，何鸣元. 德业双馨的学者闵恩泽：闵恩泽先生在石油化工领域的主要成就和对社会的贡献 [J]. 中国科学：化学，2014，44（1）：2-5.

[4] 何鸣元. 以催化技术创新贡献国民经济 50 年：记闵恩泽先生的主要科学技术成就和贡献 [J]. 催化学报，2013，34（1）：10-21.

[5] 余玮，尹明辉. 中国催化剂之父：闵恩泽 [J]. 中国人才，2008（9）：33-36.

王振义
开创血液科学新天地

> 王振义（1924年11月—），内科血液学专家，中国工程院院士，中国血栓与止血专业的开创者之一，建立了中国血栓与止血的临床应用和研究体系；在国际上首创用国产全反式维甲酸治疗一种极其凶险、死亡率很高的白血病——急性早幼粒细胞白血病，奠定了诱导分化理论的基础，参加确立了该种急性白血病治疗的"上海方案"，阐明了其内在原理，树立了基础与临床结合的成功典范；1994年获肿瘤研究大奖"凯特琳医学奖"；2011年获国家最高科学技术奖。

1924年11月，王振义出生于上海租界。由于个人意愿并在家人的支持下，王振义走上了困难重重却意义重大的医学之路，最终成功实现了将白血病恶性细胞改造为良性的临床治疗新策略，奠定了诱导分化理论的临床基础，参加确立了国际公认的急性早幼粒细胞白血病治疗"上海方案"。

王振义　开创血液科学新天地

迈出创新步伐，攻克出血性疾病

1948年，王振义从震旦大学医学院博士毕业，进入广慈医院工作，通过参加"血防队"、抗美援朝志愿医疗队等经历，王振义总结出对医生来说有两个方面很重要：一是多动脑筋、多看书；二是重视基础与临床的结合及临床实践经验的积累。这些理念，是王振义做出创新性突破贡献不可或缺的基础。

广慈医院进行分科调整使王振义与血液科结下了不解之缘，当时，全国的血液研究刚刚起步，对血液疾病的分类、病种及并发症的认知都不全面，王振义发现，血液科学并不是像原以为的只要凭借显微镜就能轻易诊断那样简单。在一次与口腔科医生的会诊中，各项检查指标均无异常的患者拔牙后出血不止，且常用的止血法未能见效，这引起了王振义的关注，这种凝血障碍问题在实际医疗工作中意义重大，如果不能为在手术台上的患者找到止血的可行方案，就很可能无法挽救患者的生命。

为了找到这种出血性疾病的根源所在，同时带着攻克出血性疾病的责任感，王振义与夫人开始对出血性疾病进行研究。他们广泛搜集国际上有关止血机制方面的文献。功夫不负有心人，他发现了美国两位医生的相关前沿著作《出血性疾病》一书，并对其进行翻译，初步跟进了国外对止血机制和出血性疾病的研究进程。1953年，国外研究者发明了一种凝血活酶生成试验，可以帮助对各型血友病患者进行诊断。血友病是一种由缺乏凝血因子引发的遗传病，这种凝血活酶生成试验的关键之处就在于将硅胶抹在试管壁上，从而达到防止血小板激活的效果。鉴于当时的国际情况，美国和苏联都无法给予帮助，但这并没有难倒王振义，他坚定地认为，既然科学已经为疾病的治愈提供了理论上的可能性，那就要通过创新工作，将这一可能性转化为现实。

在紧张的国际情势下，从外国进口实验材料的道路很难走通，对此，

科学家精神 创新篇

王振义运用自己对医疗知识和科学原理的深刻理解，创新性地提出了一种解决方案，既然硅胶不能得到，只要找到与之类似的物品，达到同样的效果就可以了，为了实现这一构想，王振义在自己的实验室里奋力寻找着可能的替代品，最终找到了物理性质相似的石蜡。通过实验，这一尝试获得了巨大成功，这一突破降低了凝血活酶生成试验的成本，也使王振义成为我国成功运用凝血活酶生成试验检测轻型血友病的第一人。随后，王振义对多名有凝血问题的病患进行了深入的观察和研究，完成了论文《血浆中凝血活酶因子缺乏症》，论文发表在1958年《中华医学杂志》外文版。之后他又将这一方法进行改进和推广，他的成果是血友病治疗史上的一大进步，也意味着我国血友病诊断体系的建立。

研究出血性疾病是王振义在血液学研究方面走出的第一步，也是他面对医院分科后，进入不熟悉的血液科领域的第一项重大成就，这离不开他遇到困难迎难而上的精神及发散思维解决问题的创新力，正是这样，王振义及广慈医院血液科的医生小组才能从落后于一般水平走向这个领域的国际前端。

抗肿瘤新策略：诱导分化

急性早幼粒细胞白血病是医疗史上一直未解的难题，这种血液系统恶性肿瘤疾病，与大部分令人闻之色变的癌症的病理类似，但病情十分凶险，死亡率高。肿瘤细胞在分裂分化时出现错误，使得细胞长期停留在分裂周期无法进行分化。传统的化疗方法不但会伤害体内的健康细胞，还存在着复发风险，归根结底，这种玉石俱焚的治疗方法，是无法根治白血病的。

20世纪80年代，王振义明确了必须转换治疗思路，规避传统化疗方法的风险，才能在和急性早幼粒细胞白血病的较量之中取胜。既然癌细胞是不同于正常细胞的存在，那么是否可以制造出只对这些癌细胞发挥作用，使其分化成熟而不损害正常组织和细胞的药物，即诱导分化剂呢？在这一想法的指导下，在艰苦的条件下，王振义的研究团队不断寻找着可以用作诱导分化剂的药物，期望能在成百上千种具有诱导分化作用的物质中筛选出有效的目标。这一过程是漫长而辛苦的，使用由西班牙医生首创的硫杂脯氨酸作为诱导剂，效果并不理想。随后，美国科学家发现13-顺维甲酸成功诱导新鲜急性早幼粒细胞白血病细胞向正常细胞转化，维甲酸本来是一种已批准治疗皮肤病的药物，中国内地并没有这种药物，需要从美国进口，这大大提高了白血病的治疗成本，而且临床治疗也并不理想。这一现实使王振义将目光投向了国产的全反式维甲酸，它与顺式维甲酸有着类似的作用，并且国内易于获得。选定了这一目标，王振义开始尝试用当时国内厂家已经能够合成的全反式维甲酸，进行体外细胞诱导分化急性早幼粒细胞白血病细胞培养实验，这一实验终于获得了成功，并且效果远优于美国学者所发现的顺式维甲酸。多年来的艰辛探索终于有了结果，接下来就是把全反式维甲酸从实验室推向临床实践了。

这一推广面临着两大困难：一是这种药的效果只是表现在实验室里，

还不清楚它真正的临床效果；二是用一种毒副作用很大的药去治疗一个本身就罹患白血病的危险患者，存在风险。面对着多方的反对意见，王振义没有退缩，他坚信全反式维甲酸背后的科学原理，也拥有一个科学家和医生所需要的勇气，这些是医学界创新所必备的基础。由于一次机会，一位急性早幼粒细胞白血病的5岁女孩患者，生命垂危，在她父母的同意下，成为全反式维甲酸的首位临床使用者，用药后，患者的病情急速好转，尚处在研究阶段的全反式维甲酸挽救了一条濒死的生命，她生存至今。这一成功，为肿瘤诱导分化疗法提供了成功的范例，王振义等人多年的研究终于有了临床成果。为了推广全反式维甲酸的临床应用，王振义到处寻找急性早幼粒细胞白血病患者，与院方沟通，与家属商议，说服患者尝试新疗法。在治疗过程中，王振义既要负责患者病情的实时监控，还要安抚家属紧张的情绪，承受着巨大的压力，但他始终没有放弃，是为了每一位不幸的病患，也是为了攻克白血病这一困扰人们的难题。

这一次的成功在国际医学界引起了广泛重视，并且在国外医疗实践中得到了广泛证明，对此，王振义并未申请专利，而是将这项突破性研究成果和盘托出，期望能够治愈更多的患者，这种宽广的胸怀令人钦佩，王振义也因此获得了肿瘤研究大奖"凯特琳医学奖"。

将药物运用于临床的风险，是每一种医学新成就从实验室走向临床所必须面临的，这种推广可能成功，也可能失败，对此，医生和相关科研人员无一不承担着巨大的压力，但是医学也是一门实践科学，必须在探索、实践和创新中才能得以发展和进步，也必须通过大胆的尝试，才能让还是构想的创新成为现实，当然，创新的前提是扎实的基础功夫、严密的理论支持及敢于尝试的勇气，这三者之间又互为基础，互相促进。

确立国际白血病疗法"上海方案"

至此,虽然成功的临床经验已经在全国推广,但科学需要的不只是应用,还有经验背后隐藏的普遍规律。1990年,王振义指导相关课题组和实验室对全反式维甲酸疗效背后的科学原理进行探索,研究发现,急性早幼粒细胞白血病的发病原理是染色体易位造成的基因融合,使正常造血前体细胞发生恶性转化,而全反式维甲酸可以通过泛素—蛋白酶系统降解融合的基因所产生的融合蛋白,解除它对早幼粒白血病细胞分化受阻的作用,也就是说,这种治疗机制其实是一种"靶向治疗",靶向药物降解了致病基因表达的蛋白质,从而把癌细胞改造为正常细胞。终于,通过王振义及其课题组的努力,肿瘤诱导分化从临床经验发展为系统的理论科学体系,我国白血病基础研究也开始跨入世界前列。既然已经了解到其作用原理,就可以找到更多的"靶向药物",更高效地治疗疾病。通过对中医传统药物砒霜(三氧化二砷)治疗白血病的研究,王振义解决了白血病对维甲酸耐药复发的问题,三氧化二砷与全反式维甲酸不存在交叉耐药性,且可能产生协同作用,终于科学家们利用这两种药物联合开拓了诱导靶向治疗的新途径。2003年,王振义在美国血液学会年会上做了有关白血病诱导分化和凋亡疗法的专题报告,国际公认了治疗急性早幼粒细胞白血病的"上海方案"。

在王振义攻克血液疾病的过程中,不论是用石蜡代替硅胶进行凝血活酶生成试验,用同分异构体代替顺式维甲酸,还是"靶向药物治疗法",这些创举都离不开王振义和科研工作者们以科学知识为基础的想象力及他们内在的创新精神。越是面对困难,越是要活用思维,走出传统研究方式中的定式思维,在理论之内另辟蹊径,才能突破看似不可能的难关。

(摘编修改自《王振义传》,陈挥,人民出版社,2015年。由罗依然整理)

谷超豪
勇克数学"金三角"难题

> 谷超豪（1926年5月—2012年6月），数学家，中国科学院院士。在一般空间微分几何学、齐性黎曼空间、无限维变换拟群、多元混合型和双曲型偏微分方程、规范场的数学理论和可积系统理论等多个重要领域获得了富有开创性的成就。2010年获国家最高科学技术奖。

1998年6月20日，谷超豪出席法国科学院大会，法国科学院第一个女院士、相对论和数学物理学家肖盖介绍谷超豪道："他是一位向难题进攻（有时是几何学，有时是物理学方面的问题）并解决难题的偏微分方程专家。"

谷超豪将自己的三大研究领域——微分几何、偏微分方程和数学物理，亲昵地称为"金三角"，他非常欣赏自己的数学"金三角"："别看它们表面上枯燥，其实只要深入进去，你就会发现奥妙无穷，简直是开发不尽的宝藏啊。"

谷超豪　勇克数学"金三角"难题

独辟蹊径，完成多项难题证明

受恩师苏步青的影响，谷超豪很早就对微分几何学感兴趣。作为中国微分几何的奠基人之一，苏步青在教学与课堂中时不时地会提出一些问题与同学们讨论，以达到教学相长的目的。有一次，苏步青在课堂上说K展开空间的子空间理论尚未建立。谷超豪抓住了苏步青这一个不经意间的提示，被这个问题迷住，一直努力思考该如何解决这个问题。两个星期后的一个晚上，谷超豪已经疲倦的大脑思维突然开始异常活跃，灵感来了挡也挡不住，K展开空间、子流形、子流形的子流形等，他的脑海中渐渐浮现出有关子空间理论的一种想法，并构想出了一种适宜于解决这个问题的新方法。经过艰辛的复杂计算，几天之内终于成功了。谷超豪建立了K展开的微分方程式与其积分的可能条件，由函数变换的分类得到与道格拉斯处理阐述变换相仿的3种几何学，即远交、体积和画法，讨论了K展开空间的平坦性，并求得K展开空间画法平坦空间的几个特征。之后，在苏步青的指导下，谷超豪对K展开空间进行了系统研究。他独辟蹊径，用隐函数方程进行了研究，以相当新颖的形式导出了K展开微分方程的可积条件，最终得到了空间的射影联络，并相当简捷地证明了E.嘉

当在黎曼空间中所提出的"平面公理"的定理，对 K 展开空间的几何学做出了贡献。谷超豪关于 K 展开空间的几何学的工作引起了苏联数学家的关注，1956 年苏联《数学评论杂志》创刊时，曾登载一篇长篇评论，介绍了谷超豪的这一工作。

在复旦大学任教期间，谷超豪坚持学习，逐步理解了法国数学家 E. 嘉当关于几何学的思想和方法，并在苏步青的指导下从事放射联络空间和芬斯拉空间研究，包括整体的嵌入等问题。1956 年，谷超豪证明了紧致芬斯拉流形到闵可夫斯基（Minkowski）空间的嵌入。40 多年后，出于材料科学研究的需要而兴起的芬斯拉几何研究，谷超豪的这项工作自然成为此领域的基础。

抓住核心，再解超音速绕流问题

偏微分方程是连接数学与现实世界的桥梁。它并不是由数学家们自觉创立的，而是在运用微积分解决实际物理问题（诸如弹性理论、圆周摆、波动等问题）的过程中，逐渐发展出来的一门学科。偏微分方程本身表达了同一类物理现象的共性，能作为解决问题的依据。随着物理科学研究现象的扩展，它的应用范围也更加广泛。

原子弹、导弹和超音速飞机的相继出现，给数学领域带来了非线性双曲型方程和混合型方程求解的新课题。20 世纪 50 年代末期，对于与空气动力学密切相关的非线性双曲型方程组与混合型偏微分方程的研究，虽然已经有了一些成果，但仅限于较特殊的情形。理论落后于实际需求，这是当时面临的一个大挑战。

谷超豪具有极强的宏观能力和敏锐的洞察力，很快抓住了问题的核心，找到研究偏微分方程的重要方向及核心问题：非线性双曲型方程组与混合型偏微分方程。

谷超豪　勇克数学"金三角"难题

1960—1965年，谷超豪团队用求两个自变数双曲型方程组的间断解解决了空气动力学中的激波问题，这个问题从20世纪50年代以来一直备受关注。他的团队把这类问题归结为解双曲型方程组的边值问题，连续撰写了3篇论文，解决间断初始值问题局部解的存在性，并分析了解的结构。

谷超豪个人独立撰写了《双曲型方程组的一个边界问题和它的应用》，解决了平面超音速气流绕机翼流动的数学问题。这些成果在国际研究中处于前列，直到1976年在国际上才被美国数学家谢菲尔（Schaeffer）重新证明。李大潜在评价谷超豪这一方向的工作时说："这一对偏微分方程发展趋势的预见，不仅为以后国际上偏微分方程的发展主流所证实，而且指引和带领他的一批学生走上了具有自己特色的偏微分方程的研究道路。"

1973年，四川绵阳的空气动力研究所找到谷超豪，希望组织一个研究小组，研究"超音速弹头附近气流计算"。谷超豪和陈恕行、陈光宇组成小组，全力投入，将他们所掌握的高速空气动力学和混合型微分方程的知识应用到实际问题研究中。那时计算条件非常差，特别是计算机能力弱，只能自己编程序，计算机的数据输入还使用透过穿孔纸带光电输入的方式。更要命的是没有自动保存功能，使用时提心吊胆，怕出故障。谷超豪亲临一线，和组员一起进行各项计算工作，包括纸带穿孔、编程序等。

谷超豪以前没有做过计算，他通过看一些文献资料，很快就找到了一种比较新又很容易上手的计算方法。他领导课题组完成了一系列的实际应用课题，进行了"球、锥形等飞行器有攻角超音速绕流的气动力计算""烧蚀外形气动力计算"等。他们的工作为型号设计作出了重要贡献，得到有关单位的肯定。

谷超豪在偏微分方程领域开创新的研究方向，寻找到重要的核心问题之后，并未止步于此，而是继续寻找新的学科生长点。他在20世纪60年代就开拓了多元混合型方程的研究，显著地领先于国际同行。

合作助力，开拓数学—物理研究新领域

1971年4月，杨振宁回到中国访问，将自己关于规范场研究的最新思考介绍给中国学界。所谓"场"，是一种物质存在的形态，各类基本粒子的研究离不开它们的"场"，场的研究在物理学中占有重要地位。杨振宁和米尔斯于1954年首次提出"规范场"概念，也就是杨—米尔斯场。

杨—米尔斯方程是关于规范场的一组非常复杂的二阶非线性双曲型方程组。1974年，杨振宁把自己有关规范场研究的成果写成论文，想对一些问题做深入的研究与认识，这就需要借助于数学。通过介绍，他找到了谷超豪。在交流过程中，谷超豪不仅能够理解杨振宁所用的物理语言，也能使用便于物理学家接受的语言来表达深奥的数学思想，清楚地解释了杨振宁所提出的一些数学疑问。

杨振宁在他的论文中把规范场理论用于引力场，得到一个"无源方程"。为了弄清这个方程和爱因斯坦引力论之间的关系，谷超豪在爱因斯坦引力论的体系中说明了方程的意义。对于理想流体的情形，谷超豪证明了：如果无源运动成立，那么流体的密度和压力都是常数，流体处于没有流动的状态。在某些特殊情况下，若流体的流动是球对称的，而压力可忽略不计，即在广义相对论中也是无源的。

这个结果有助于弄清这两种理论之间的联系和区别。谷超豪刚介绍完，杨振宁就连声称赞："这是个有意思的结果，在很短的时间能演算出这个结果，很好！"经过几天的学术讨论交流，谷超豪等人在杨振宁论文《规范场的积分形式》的基础上，研究并讨论了规范场中的对偶场、互相作用、拉氏密度函数的补充条件、规范场的引力理论和爱因斯坦引力理论关系问题等。这些进展与成果，被整理发表在谷超豪与杨振宁联合署名的《规范场理论的若干问题》中。杨振宁在回忆这项工作时称这是"卓有成效的合作"。

谷超豪　勇克数学"金三角"难题

这次合作之后，杨振宁多次回国与谷超豪进行交流，并评价谷超豪："你们的方向与别的地方不一样，走到一个新的学术领域中去了，你们在数学、广义相对论方面的知识很多……"

通过此次合作，谷超豪及其团队在规范场理论研究方面取得了一系列的突破。

谷超豪于1976年建立了（闭）环路位相因子的方法，成功地将纤维丛理论中的和乐群理论应用到规范场的研究之中，并证明了利用某些标准环路的位相因子和规范场强可唯一的决定规范势。

谷超豪和胡和生合作，利用李群的理论完全决定了球对称规范场的一般结构及其分类，并给出规范势的具体表达式，为具体决定规范场作出了贡献。

谷超豪给出一般紧致李群的规范场关于希格（Higgs）场的分解，从而得出了磁单极和拓扑荷，并给出了拓扑荷的数值及几何解释。

规范场的研究，是数学与物理学的成功结合，物理学由于引进数学而拓宽了领域，数学也因物理学的需要而得到了新的发展。在这基础之上，谷超豪团队开创了数学物理研究的新领域与新方向，并且具有宏观视野的他没有停滞于规范场，而是以规范场为起点，继续在数学物理领域前行。

20世纪80年代，谷超豪又深入若干整体微分几何问题中，从物理学中提炼出了"波映照"问题，将微分几何与数学物理中的非线性偏微分方程结合起来，得到了很好的结果，他首次研究了闵可夫斯基空间到完备黎曼流形上的调和映照，证明了相应的整体光滑解的存在性，并指出它在理论物理上的应用。这是一个数学物理界众所周知的问题，谷超豪解决此问题的方法又出人意料的简明，因而引起国内外同行的广泛关注，此项成果被国外学者评价为"开辟了一个新的有意义的研究方向"，引发了一批著名国际学者进行后续的研究，成为该领域经典性的文献。

在孤立子理论研究方面，谷超豪夫妇把现代的孤立子理论和微分几何联系起来，发展了孤立子理论中的 Darboux 变换方法，并将其应用到调和映照、常曲率曲面构造和线集论等问题中。

数学物理领域新开辟的这些研究方向，也成为谷超豪及其夫人胡和生中晚期学术生涯的中心，为他们钻研数学的一生增添了光彩。

生活中的谷超豪喜欢爬山。"上得山丘好，欢乐含苦辛，请勿歌仰止，雄峰正相迎。"这首诗，正是他不断攀登数学高峰的艰辛与欢乐的真实写照。

在谷超豪的心中，研究数学就像爬山，努力地翻过一个山头，会发现眼前一亮，前面的景色多美啊。往上看又见叠叠的山峰，只有不断地攀登，才会有更广阔的视野，才能看到更美的风景。

（摘编自《一个共产党人的数学人生——谷超豪传》，张剑，中国科学技术出版社，2014年。由吴瑾欣整理）

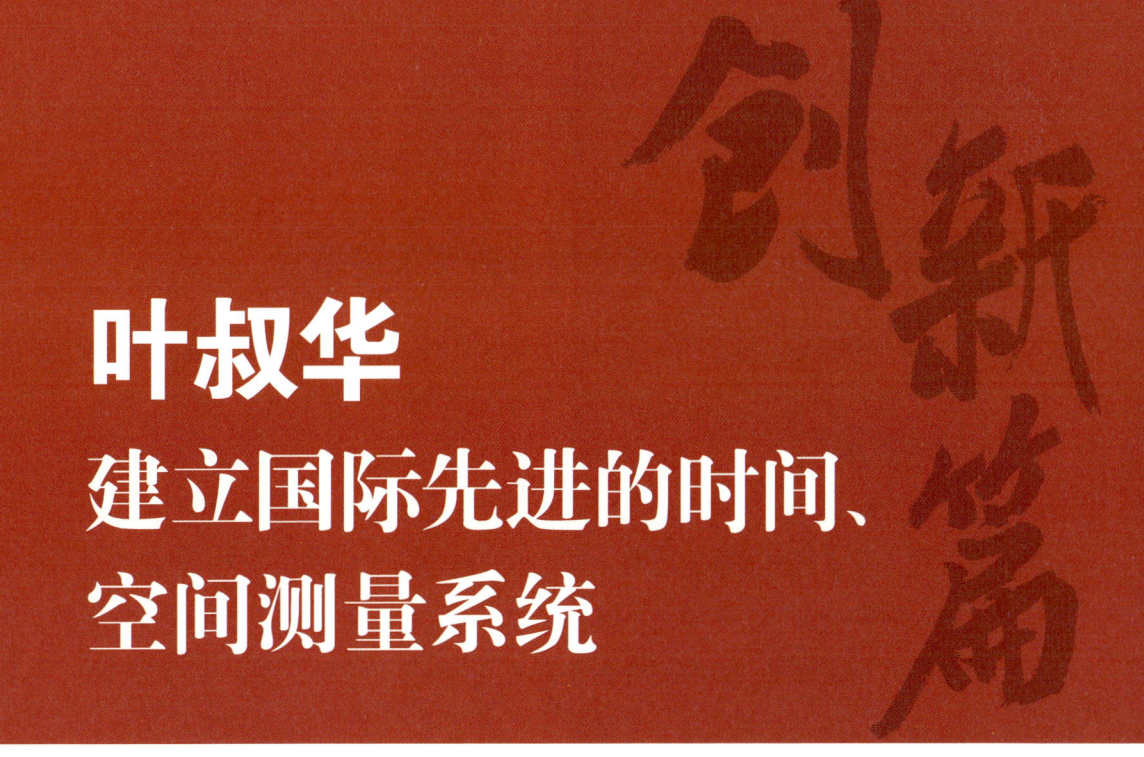

叶叔华
建立国际先进的时间、空间测量系统

叶叔华(1927年6月—),天文学家,中国科学院院士。主持建立和发展中国综合世界时系统,其精度从1963年起一直保持国际先进水平。20世纪60年代后期起,开始研究运用新技术测定地球自转运动(世界时和极移)和地壳运动的方法,在上海天文台建立了与世界同步的人造卫星激光测距和甚长基线干涉站。

时间是什么?是日升日落、斗转星移,还是钟表上嘀嘀嗒嗒响着的秒针?我们每个人都生活在时间的掌控之下,遵守着时间的规则。没有精确统一的时间,我们的生活就会乱套。叶叔华先生的工作,给了全中国人民精准可靠的时间服务。

漫游时间：中国综合世界时系统的建立

为了确定统一的时间，人们选用地球自转运动来衡量时间的流逝。随着人类活动范围的扩大，对远距离、高精度的时间也有了越来越高的要求。无线电技术诞生后，无线电时号的问世标志着人类授时工作进入了新时期。世界时是以地球自转周期为标准的时间计量系统。世界时授时工作的基本任务就是给出准确的时刻，其工作程序包括天文测时、守时、播时、收时及时号改正数。依照某一时号对应于天文钟的钟面时，求出时号发播的准确时刻与时号发播时刻的名义值之差，就是时号改正数。应用部门在收录时号的数值上加上时号改正数，就能得到该瞬间的准确时刻。因此，一个国家给出的标准时刻如何，最后就表现为时号改正数的精确度如何。

20世纪中期，国际上的综合世界时系统有两个：一个是位于巴黎的国际时间局；另一个是苏联时间局。自1939年起，徐家汇天文台就参与了国际时间局的工作。1954年，徐家汇天文台加入了苏联授时系统。自那以后，中国的测绘部门直接使用苏联发播的时号和时号改正数，而不用徐家汇发播的时号。彼时新中国刚刚成立，各方面建设急需全国的精密地图，而落后的时间工作拖了精密测绘的后腿。1954年，国务院要求科学院做好时间工作，次年，从紫金山天文台调来王绶琯主持徐家汇天文台的时间工作，于是人员和设备都得到了加强。1957年，徐家汇天文台使用大型石英钟组来发播时号，质量达到了国际先进水平。同年，中国科学院召开时间工作会议，测绘部门认为徐家汇天文台的时间信号精度很好，完全可用。会议认为，因为上海地处东部沿海，发播的时号不易在西部收到，建议在我国中部建立新的授时台站，还要建立中国自己的世界时系统。最后这个项目落到了徐家汇天文台，由年仅32岁的叶叔华承担。

举国上下都怀揣着对独立自主的殷切期盼和向往，以至于许多人没有意识到，这个决议背后有着多大的困难和障碍。当时的国际时间局系统有

叶叔华　建立国际先进的时间、空间测量系统

39个天文台合作，苏联授时系统也有14个天文台合作。而当时中国只有上海徐家汇观象台和南京紫金山天文台两家，测时仪器仅有6架。在这样的条件下，要做出可以媲美国际时间局和苏联系统的东西，实在是太难了。

年轻的叶叔华没有退缩，她明白，建立中国自己的世界时系统，就必须和国外走不一样的道路，根据中国实际的情况和需要开展行动，摸索中国自己的方式。

叶叔华带领的团队，首先要解决的是天文测时的技术问题。天文测时不仅受观测仪器本身的精确度限制，还因观测环境、观测仪器及观测者的不同而出现各种误差。消除各个仪器所具有的系统误差的方法就是建立综合系统。对多个台站的测时结果进行处理归算即得到综合时号改正数。当时国际上的综合时号改正数有两种，即国际时间局的"确定时"和苏联的"标准时刻"。

一开始，叶叔华遵循国际时间局的原则计算综合时号改正数，假设若干台站系统差之和为零。国际时间局以台站为单位，先做出每个台站根据自己的观测结果而定的时号改正数，取若干台站的加权平均或简单平均。这一方法要求台站组成一年内不变动。因为国际时间局的合作台站不仅数量多，且台站组成自1954年起就保持稳定，所以这一方法是适用的。但在授时台数量少、观测仪器也不够稳定的中国，国际时间局的原则在中国根本行不通。

叶叔华想到，不是要这个系统差总和为零，而是系统差的变化总和为零。基于这样一个原则，叶叔华找到了适合中国的综合时号改正数处理方法：以观测者为单位，按观测组数和稳定性取权。

确定系统后，还要维持系统的长期稳定，叶叔华发现，设备观测者人仪差偶然变动的权平均为零，就适合了台站较少、仪器不多的具体情况。随后，北京授时组、武昌时辰站陆续加入系统，台站数量变动较大，而系统仍然保持了长期的稳定。

通过对 1963—1964 年的工作做的比较全面的分析，叶叔华所确定的我国综合时号改正数精确度的均方误差为 ±0.0025 秒。1963 年，中国综合时号改正数系统采用了新的经度值并重新调整后，和苏联系统平均只有 1.3 毫秒的系统差，和国际时间局的系统差也只有 2.0 毫秒。我国的综合时号改正数自建立到 1963 年，系统差变化幅度仅为 7.1 毫秒，其精确度已达到世界先进水平，超过了苏联，排在世界第 2 位。1965 年，经过中国科学院组织的鉴定，认为我国的综合时号改正数已进入国际先进水平的行列。由科技部通告成为国家的世界时基准。

中国 VLBI 网的探索之路

甚长基线干涉仪（Very Long Baseline Interferometer，VLBI）最早出现在 1967 年的美国和加拿大，是射电天文学领域里的一项新技术。与通常射电干涉仪不同的是，VLBI 的干涉仪两端是完全独立的，无须任何电缆连接，基线的延长不受限制，两个天线可以放在地球上可能放的任何距离上。原则上甚至可以将基线的一端置于空间卫星或月球上，以得到更长的基线。甚长基线干涉技术等新技术的出现将测量精度一下子提升了一个数量级以上。美国、加拿大、欧洲等国家和地区纷纷投入，将 VLBI 应用于各种领域，如天体演化、地球动力学等。

叶叔华敏锐地察觉到，天体测量的时代变了，只有发展新的观测技术，中国才能不被世界所淘汰。她看中了 VLBI 技术在天体测量和大地测量方面的应用前景，特别是在天体物理上的应用。然而，20 世纪 70 年代初的中国想要跟上实力雄厚的欧美国家的步伐发展 VLBI 技术，可以说是困难重重。但叶叔华清楚，在中国发展 VLBI 并不是完全不可能。VLBI 技术耗资巨大且技术复杂，其需要的设备主要有口径 30 米左右的射电望远镜、高稳定性能的本振系统、磁带记录器和数据处理终端。其中，最难攻克

叶叔华　建立国际先进的时间、空间测量系统

的就是要用氢原子钟来实现本振系统。当时国际上对中国实行封锁，中国只能靠自己的力量研制氢原子钟。

1975年，我国研制成功第一台氢原子钟，这为我国VLBI实验扫清了一大障碍。1987年，中国制造出实用型氢原子钟，其稳定和准确度较过去的更高，达到了国际同类产品的

先进水平。迄今为止它陆续被安装在佘山、乌鲁木齐、昆明和密云4个VLBI观测站，运转良好，满足了VLBI观测的需要。

1973年，在叶叔华的建议下，上海天文台决定在第一研究室建立射电天文研究小组，主要从事VLBI技术的研究，成员主要有万同山、邬林达和梁世光等。

为了推动VLBI的建设，叶叔华用尽了浑身解数。她不仅北上北京寻得资金的支持，还靠着自己的执着，使原本保密的上海天文台地心坐标可以对外公布，奠定了国际合作的基础。同时她还说服第四机械工业部副部长王士光，建造了25米口径的抛物面天线。在叶叔华的努力下，VLBI在中国发展的道路一点点被铺平。

1978年，叶叔华被任命为上海天文台台长。次年，上海天文台自行研制的天线口径6米的"实验VLBI系统"建设完成，并进行了多次干涉实验，获得干涉条纹。这标志着中国首次完成了以氢原子钟为频标的独

立本振 VLBI 原理实验。

当时国内还未进行 VLBI 观测实验，天线口径只有 6 米，所以决定寻求国际上大口径天线合作进行跨国 VLBI 实验。中国和德国的马普射电研究所（天线口径 100 米）、日本的通信综合研究所（天线口径 20 多米）达成了合作关系，分别于 1981 年和 1985 年实现了国际联测。这两次联测大大提高了上海天文台在国际上的地位，为中国加入国际网铺平了道路。

由于资金限制，1987 年，上海天文台的 25 米 VLBI 台站建成后，原计划在乌鲁木齐和昆明各建一个 VLBI 观测站不得不折中，只建造其中一个。为了获得更大的分辨率，叶叔华果断选择了乌鲁木齐。该项目命名为"VLBI 网二期工程"，并确立了工程总负责人为叶叔华。1994 年，乌鲁木齐 VLBI 站建成。但叶叔华心里始终有一个牵挂，她想要建成中国的 VLBI 网，她想要看到 VLBI 技术更广阔的应用空间。为此，叶叔华一直在等待机会。

VLBI 技术与"嫦娥一号"

2004 年，绕月探测工程正式立项，其主要任务是发射"嫦娥一号"月球卫星。叶叔华知道，这是建成中国 VLBI 网的机会，也是 VLBI 技术大显身手的机会。与发射绕地卫星不同，"嫦娥一号"人造卫星的发射要跨越 38 万千米的路程，这对测控设备的要求极高。叶叔华和钱志瀚在洪晓瑜台长的带领下，主动提出上海天文台承担探月卫星测轨任务。将天文观测系统运用于航天工程，叶叔华等天文学家面临着更具难度的挑战。

如何使 VLBI 网运用于"嫦娥一号"的测轨任务？我们已经知道，VLBI 技术的先进之处在于其无须用电缆连接，我们可以应用其制造一台

叶叔华　建立国际先进的时间、空间测量系统

"超级望远镜",其口径相当于各个射电望远镜之间的地理跨度。所以,VLBI 站的地理间隔越远,其分辨率就越高。要实现射电望远镜对人造卫星的精确测轨,就要建成数量尽可能多、距离尽可能远的 VLBI 站。终于,北京密云和昆明 VLBI 站得以建成,并与上海站、乌鲁木齐站联网,由 4 个 VLBI 站组成的"超级望远镜",口径达到了 3200 千米左右。在不同位置的射电望远镜在不同角度测得的卫星数据,经上海 VLBI 数据处理中心处理后,传至北京飞控中心,这整个系统被称作"VLBI 测轨分系统"。2007 年,VLBI 测轨分系统建成,并具备了对"嫦娥一号"卫星全程准实时的测轨能力。

在 VLBI 技术的支持下,探月"嫦娥一号"卫星任务圆满完成。这不仅是我国首次将 VLBI 技术运用于航天工程,也是世界上首次将 VLBI 技术应用于探月卫星的奔月轨道。"VLBI 技术应用于'嫦娥一号'探月卫星的精密测轨"获得 2008 年上海市科学技术进步奖一等奖。

叶叔华历尽心血建成的中国 VLBI 网,终于得到了其应得的应用。看到"嫦娥一号"升空的那一刻,叶叔华感到极大的宽慰和满足。

VLBI 网支持探月成功后,在上海市领导召见有关人员的会议上,叶叔华提出上海的 VLBI 天线仅有 25 米口径,口径偏小且设备比较老旧,又承担了整个绕月探测工程中重要的测轨任务。由此促进了中国科学院与上海市合作的 65 米射电望远镜的建成,它不但用于我国深空探测等国家任务,而且在天文学研究上发挥了重要作用。

从 20 世纪 70 年代开始,中国 VLBI 网的建设之路蜿蜒曲折 30 年,这些年,从争取项目立项到经费支持,开拓国内外合作,叶叔华先生一直是这一项目的领头人。没有叶叔华,就不会有 VLBI 技术在中国的发展。叶叔华是中国 VLBI 技术发展的开拓者和奠基人。

转眼间,叶叔华已经 93 岁高龄了,她与时间测量、与天文地球动力学的羁绊也长达 70 年之久,但她没有停下寻找时间的脚步。早就过

了退休年纪的叶叔华仍然坚持着每天九点到办公室上班,看文献读书了解国际上和台里的最新进展。"如果再能把SKA亚洲科学数据中心和空间中低频段射电望远镜这两件事都给办好了,我的任务也就完成了!"叶叔华眼里充满希望,仿佛她还是那个充满干劲的、年轻的自己。

(撰稿:吴紫露)

参考文献

[1] 叶叔华,吴守贤.我国的综合时号改正数[J].测绘学报,1966(1):1-16.

[2] 张嘉懿,宁晓玉.20世纪60年代中国综合世界时系统的建立[J].咸阳师范学院学报,2016,31(6):25-29.

[3] 宁晓玉.经纬乾坤:叶叔华传[M].北京:中国科学技术出版社,2018.

[4] 董纯蕾.全国创新争先奖状获得者叶叔华院士:为国家需要发光发热,是幸运的[EB/OL].(2020-06-17)[2020-08-09].http://newsxmwb.xinmin.cn/kechuang/2020/06/17/31747920.html.

张存浩
高能化学激光和分子反应动力学的开拓者

张存浩（1928年2月—），物理化学家和激光化学家，中国科学院院士。发明了高效熔铁催化剂，提出固体推进剂燃速的多层火焰理论，造出中国第一台氟化氢（氘）化学激光器，首创研究极短寿命分子激发态的"离子凹陷光谱"方法，造出中国第一台连续波氧碘化学激光器。2014年获国家最高科学技术奖。

张存浩60多年的科研生涯里，多次面临全新的挑战。20世纪50年代，他合作研制出水煤气合成液体燃料的高效熔铁催化剂；60年代，致力于固液和固体火箭推进剂研究；70年代，开创了我国化学激光的研究领域；80年代以来，开拓和引领我国短波长化学激光的研究和探索……每踏入一个全新的领域，他都用创新精神，勇敢闯入未知的领域；每一次，他都急国家之急，想国家之想，把国家的需要当成自己的需要，他的研究成果，给了新中国在国际上挺直腰杆的资本。

50年代：水煤气合成液体燃料研究

自玉门油田的第一口油井出油，中国摘掉了"无油国"的帽子。但是这里的油远远不够亟待建设的新中国所需。加上国际上正对新中国进行全面封锁，从外进油的路也走不通。新中国面临着油荒的困境。

当时，国际上的专家普遍认为世界石油储量开采不了多久，纷纷从煤或天然气出发，研究合成气，再合成石油的方法。我国的煤资源是极其丰富的，水煤气合成液体燃料的道路走得通。在张大煜所长的布置下，张存浩所在的"燃料第一研究室"承担起水煤气合成液体燃料的重任。时年23岁的他为解决国家急需，毅然踏入一个全然陌生的研究领域。

要把水煤气变成液体燃料，首先，要找到一个好的催化剂；其次，还得研究催化剂的工作环境，也就是流化床。

过去比较成熟的合成工业形式是采用以钴为催化剂的常压固定床操作，但这种方法生产率低且催化剂价格昂贵，作为催化剂的主要原料钴不容易大量获得。国际上的科学家们开始尝试使用熔铁催化剂来合成液体燃料。熔铁催化剂不仅价格低廉、方便获得和制造，还具有较高的活性和耐热性，具有极高的应用前景。

但国际专家应用熔铁催化剂普遍遭遇到了这些困难：产品中重质馏分过多而造成催化剂的黏结，以及催化剂在短期内会因大量碳沉积而发生粉碎。他们的实验室研究同样遭遇了以上情况。于是他们下定决心，一定要找到不致使催化剂破碎的办法。

张存浩了解到，熔铁催化剂经氮化后，不仅产品中重质馏分有了显著的减少，催化剂的稳定性会得到极大程度的改善。沿着这条路，张存浩和同事们继续展开研究。经过多次试验，结果证明氮化熔铁催化剂产品分布完全改变，能平稳保持高度的活性，一个月里CO转化率一直能保持在90%以上，每立方米的油收率平均达175毫升。看到在维持催化剂活性和防止碳沉积及黏结等方面有了初步的成效，张存浩继续攻破技术上的难关，最终找到了一种基本不破碎的催化剂。

1951—1958 年，在张存浩等人的不懈努力下，他们逐步建立了流化床水煤气合成油工艺体系，解决了流化床传热和返混等难题，取得了"小试"与"中试"的成功。张存浩研究出的催化剂，每立方米水煤气乙烯及三碳以上产品的产率超过 200 克，大大超过当时国际上 160 克的最高水平，运行周期长达两三个月。无论是产品分布还是催化剂寿命等各个方面，张存浩的研究成果都比肩国际领先水平。1955 年 9 月，张存浩当选为全国青年社会主义建设积极分子，在人民大会堂受到毛泽东主席接见。1956 年，这项研究获得我国首届国家自然科学奖三等奖。

60 年代：研制火箭推进剂

20 世纪 50 年代末，帝国主义的武力威胁和核讹诈，迫使我国独立自主地发展国防尖端技术，中央领导集体毅然做出发展导弹、核弹、人造地球卫星的战略决策。火箭推进剂则是"两弹一星"的重要燃料来源，面对国家的紧急需要，张存浩带着更高的热情，义无反顾地迈向火箭推进剂的这一全新课题。

当时，火箭相关研究在国外是绝密的，文献资料很少。作为研究火箭推进剂和发动机燃料的负责人之一，他带领着一群没见过火箭也没见过发动机的人，不管不顾地一头扎进了金家沟，从零开始开展火箭推进剂研究。

张存浩研究的复合固体推进剂，由氧化剂、燃烧剂混合而成，能在室温下稳定燃烧产生气体。推进剂可以直接浇铸在固体火箭发动机燃烧室中。只要有足够的药浆，就能浇筑足够多的推进剂，这是非常先进的。但是固体推进剂的燃烧规律还没有人研究透。

这项工作既仰仗于理论研究，也要做试验。试验工作无疑是极其危险的，不仅燃料有很大毒性，进行燃料试验的时候还有可能发生爆炸。明知危险，张存浩仍然每次都冲在研究最前面，他说："完全不出事故，除非你不干。我算是专业人员都会出这样的事故，如果让别人去做就会更危险。"

在这样艰难危险的条件下，张存浩和同事们陆续在硼烷高能燃料、固体推进剂、固液推进剂等方面进行了数千次试验。在大量的试验观察基础上，张存浩与何国忠等人首次提出了固体推进剂燃速的多层火焰理论，比较全面完整地解释了固体推进剂的侵蚀燃烧和临界流速现象。1982年，项目成功收官并获得国家自然科学奖三等奖。

改革开放后，一位美国科学家惊叹道："没想到中国20年前就有了这么完美的燃速理论。"

70年代：开拓我国高能化学激光的研究

自世界上第一台红宝石激光器问世起，西方国家纷纷开始探索利用激光制造各种光武器。毛泽东主席对激光进行了专门的批示："要有一小批人吃了饭不做别的事，专门研究这个。"

化学激光是一项新的尖端技术，以当时中国的科技水平和科研条件来搞这项研究，难度很大。1973年1月，大连化物所成立激光化学实验室，任命张存浩为室主任。实验室虽然成立了，却一穷二白，光谱仪、示波器这样的基本仪器设备都没有，人员配置也少，投入经费少。世界各国对该领域的科研成果都高度保密，有价值的科研文献也找不到。张存浩回忆道："搞激光比搞火箭推进剂还难，主要是一无所有。"

"凡是创新的，都是多学科的。"化学激光就是这样一项需要集成多学科知识的高精技术。研究化学激光，对张存浩来说是一次彻彻底底的"转行"。和之前一样，张存浩从来就不害怕白手起家，恰恰是从零开始，才有更大的创新空间。他带着庄琦、杨柏龄、桑凤亭、沙国河等一批中青年科学家，又一次头也不回地扎进所里设在金家沟的实验室，着手研制超音速燃烧型氟化氢（氘）激光器，谱写出我国高能化学激光研究的第一篇章。

20世纪70年代，国外氟化氢（氘）激光器研究也是刚刚起步，公开发表的氟化氢（氘）化学激光论文都是关于等离子加热驱动体系的，没有实用价值。张存浩及其同事们毅然决定不走国外文献报道的等离子驱动来研制氟化氢（氘）化学激光的技术路线，另辟蹊径，果断选择了燃烧驱动技术路线。

所里没有研究条件，课题组就自己创造。买不到光具座，他们就自己设计了简单合用的调节架来代替。超音速微喷管阵列难以制造，杨柏龄等研究员就和仪器厂师傅、工人紧密结合，夜以继日地攻关，在较短时间内拿下了这个装备着上万个精密喷管和小孔的"拦路虎"。这些难关一个接着一个被攻克，大家的士气也越来越振奋了。

只用了1年多时间，他们就研制出了我国第一台连续波氟化氢化学激光器，1973年，氟化氢（氘）激光器输出功率从零做到了几瓦；两年后，输出功率又增加了几个量级，整体性能指标达到了当时世界先进水平。

10多年后，张存浩及其同事才知道，国外实用化的氟化氢（氘）化学激光也是采用燃烧驱动体系，而非等离子驱动体系。"后来了解到，我们的效果与国外基本一致,但走的是完全不同的技术路线,"张存浩感慨地说,"并不是我们想要标新立异,而是因为在关键技术的应用研究上,发表出来的,往往是走不通的,而能走通的技术路线往往严密封锁。因此,在确定研究路线时,一定保持清醒的头脑。"

继续攻关:氧碘化学激光器

20世纪80年代初期,张存浩注意到短波长激光的研究潜力。他毅然提出,要发展波长更短的氧碘化学激光。在当时,这是国际上最为尖端的课题。张存浩通过各方面的理论分析,很早就意识到了化学激光的重要性,坚定不移地坚持研究化学激光。

1982年,张存浩带领团队成功研制出我国第一台氧碘化学激光器,拉开了我国高能短波长氧碘化学激光研究的序幕;1985年,他带领团队在国际上首次研制出放电引发脉冲氧碘化学激光器,效率及性能处于世界领先地位;1992年,他们研制出我国第一台连续波氧碘化学激光器,整体性能处于国际先进水平。

"越是新的、难的前沿研究,就越不惧怕,这是他的性格,也是他所说的在科研上'不入虎穴,焉得虎子'。"中国科学院院士何国钟,也是张存浩合作多年的伙伴,他这样评价。张存浩数十年的科研生涯,是在不断探索新领域中度过的。张存浩一次次背水一战的技术和理论创新,指导了多领域的研究工作,也奠定了我国化学激光的研究基础。2014年1月,张存浩被授予2013年度国家最高科学技术奖。

(撰稿:吴紫露)

参考文献

[1] 张存浩，王善鋆.熔铁催化剂用于合成液体燃料的研究：选择催化剂的试探[J].科学通报，1955（10）：55-57.

[2] 杨琪，张晶晶.记张存浩院士：静深若海 击石有声[N].中国科学报，2014-01-13（3）.

[3] 詹媛.风度翩翩铸伟业：记国家最高科学技术奖获得者张存浩[N].光明日报，2014-01-11（4）.

[4] 李洪鹏.张存浩、程开甲获最高科技奖[N].南国都市报，2014-01-11（12）.

[5] 张存浩.在几十年的科研实践中化苦为乐[N].中国科学报，2019-02-19（3）.

[6] 刘松柏.强国赤子心 胸中浩气存[N].经济日报，2014-01-11（6）.

[7] 李洪鹏，李丹.张存浩：给火箭加注推进剂[EB/OL].（2014-01-10）[2020-08-25].http：//news.sohu.com/20140110/n393318325.shtml/.

[8] 邵赛兵.化学激光的故事：纪念"科学的春天"40周年[EB/OL].（2018-11-06）[2020-08-25].http：//www.cas.cn/zt/sszt/kxct40yzpz/lzp/3rd/201811/t20181106_4669330.shtml.

陈中伟
妙手仁心，谱写断肢再植奇迹

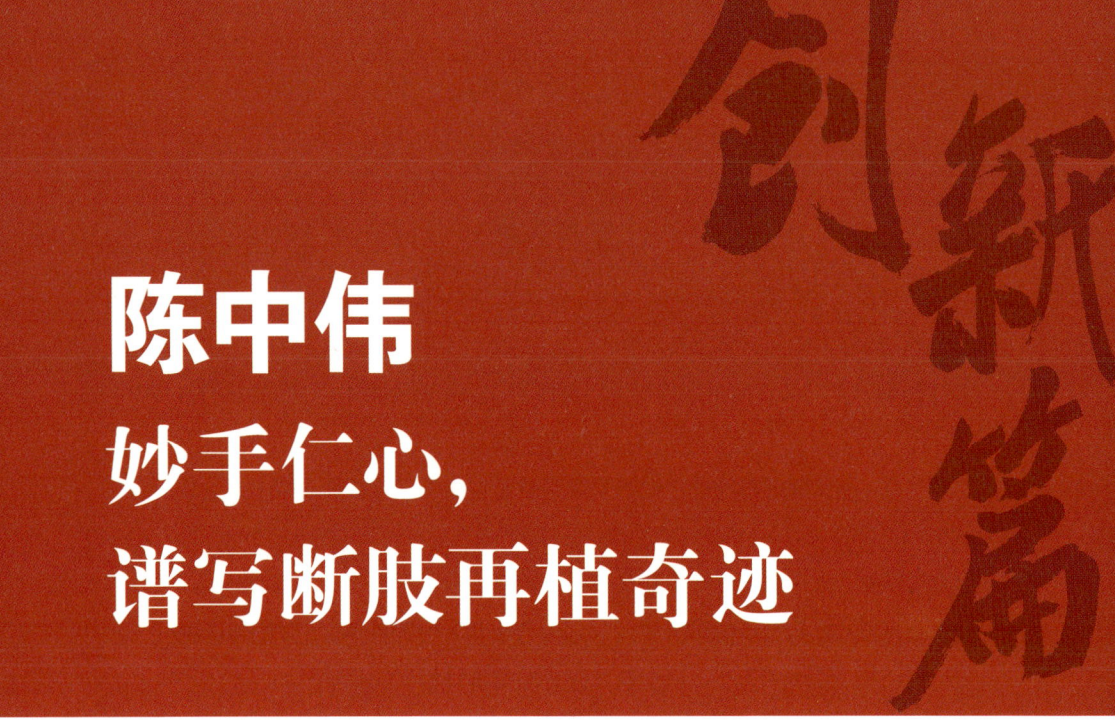

> 陈中伟（1929年1月—2004年3月），骨科、显微外科专家，中国科学院院士，1963年成功进行了世界首例断手再植。他首创了"断手再植和断指再植"等6项新技术。入选"庆祝中华人民共和国成立70周年大型成就展"。

1963年1月2日对很多人来说是一个平凡的日子，但就在这一天里，中国医学史掀开了崭新的一页，为世界医学史书写了浓墨重彩的一笔。在这个新年第一个工作日的清晨，一名年轻工人的右手不慎被冲床轧伤，整只手在手腕上方约3厘米处被完全切了下来。旁边的几位老师傅立刻扶着他坐上三轮车去上海市第六人民医院急救。

面对这只完全离断的手，年轻的主治医生陈中伟首先想到的就是要把断手接上去，因为他深知手对于工人兄弟来说是多么重要！尽管临床上还没有断手再植成功的经验可以借鉴，但强烈的医疗责任感和敢为人先攻克

陈中伟 妙手仁心，谱写断肢再植奇迹

临床难题的科学精神促使他义无反顾地决定实施断手再植手术。断手再植手术是一个严肃的科学问题，绝不是凭一时的冲动。陈医生正是靠着他多年积累的解剖知识和临床技术，争分夺秒又有条不紊，分别在断手的两端按常规彻底清创，仔细分离出被机器切断的骨骼、肌腱、神经和血管，用钢板固定骨骼，重建骨支架，从功能需要出发缝合修复相关的肌腱和神经，完成断肢再植手术的基础工作。要吻合血管，这是断手再植的关键步骤，没有手术放大镜，没有吻合血管所需要的无损伤缝针和缝线，摆在陈中伟等人面前的几乎是无法逾越的障碍！这时，擅长血管外科的钱允庆副主任赶来加盟手术团队，他们一起通力合作，绝无仅有地利用塑料管做套管进行血管的套接吻合，而且一举成功，经过3小时的不懈努力，2根动脉、2根静脉全部吻合，使完全断离已近4小时的断手重新建立血液循环，苍白的断手又呈现生命的红润。可惜，术后第3天，接上去的断手肿起来了，肿得像馒头，皮肤胀得发亮，温度逐渐下降，断手的成活面临着严重的威胁。全市专家集中到第六医院为患者会诊。大家认真分析病情、毫无保留地贡献自己的经验，集思广益，寻找对策。最后达成共识，认为肿胀的原因可能是手术吻合了相同数量的动脉和静脉，而动脉的血流比静脉的血流快，使得动脉灌注和静脉回流之间出现不平衡。原因找到了，对策就变得明朗了，结果在肿胀的手背皮肤上做多个小切口，放出积聚的组织液，断手的压力减低

了，动脉供血就改善了。就这样，依靠集体的智慧，接好的断手成活了！随着时间的推移，加上有效的康复锻炼，断手的感觉和活动功能都得到恢复和重建。毫无疑问，这是全世界第一例完全离断、再植后完全成活又恢复功能的断手再植手术！

当1963年7月我国向全世界宣布这一伟大的医学成就后，这位优秀的医学专家陈中伟随即登上了国际显微外科的舞台，走上了一个又一个医学奇迹的创造之路。

断指与段截的再植成功

显微外科就是外科医生借助于显微镜及精巧的手术器械，对细小的组织进行精细操作的一种新手术。在20世纪60年代我国断肢再植手术成功后，由于要接通断肢，就必须先高质量地接通小血管，为此必须使用显微外科技术，这使得显微外科技术得到了重视。因此，可以说断肢再植刺激了显微外科的发展，而显微外科技术又极大地提高了断肢再植的成功率。

虽然断手、断肢再植的成功在前，但断指的患者比断手、断肢的患者情况更加复杂多变，而且手指的血管和神经比手臂的血管和神经更加精细，起初一段时间，手指往往接不活，或者成功率很低，所以断指再植手术成为突出的难题。工欲善其事，必先利其器。陈中伟从低倍放大镜下进行断指手术会使成活率有所提高的事实中受到启发，他决定采用上海医用光学仪器厂生产的第一台能放大几十倍的医用显微镜进行手术，这样可以提高手术中细微血管的清晰程度。同时为了解决手术刀及缝合线与显微外科的不适应，他约请上海医用缝合针厂厂方进行合作研究，经过他们的时时切磋，终于研制出了比绣花针更细的医用针，生产出我国第一批无损伤缝合线。后来他又约请上海手术器械厂工程师，并不断地从国外带回更精细的手术器械进行比对，经过一次次改进，终于使得我国达到了成熟且精良的医疗器械水平。

1970年，陈中伟与助手首次在双人双目显微镜下极其精细地为患者接手指，第二天患者手指出现了青紫色的肿胀，又经过3小时的手术后，这根手指终于被成功接活。这意味着陈中伟在断指手术方面跨上了一个新的高度，因为这手指是在全新的显微外科条件下接活的。

陈中伟一直坚持培养外科手术医生的"手巧"能力，要求自己及其他医生都经常自行开展为大白鼠股动脉缝合等精密手术的练习。就这样，经过千百次的练习，他缝合细小血管越来越熟练，速度也越来越快。因此，断指的接活率由56%跃上92%的新高峰，并且在之后多年里，我国断指再植的成功率一直在国际上处于领先地位。

从大块游离肌肉到游离腓骨的移植

1973年7月，一名工伤患者被送进医院救治。他的前臂屈肌发生缺血性坏死，手指状如鸡爪，几乎丧失整个手的功能。面对患者殷殷期待的目光，陈中伟默默地思索着治疗方法。

那时再植技术的成熟和显微外科手术的应用，使医生的治疗方法和手段骤然增多，思路也为之开阔。他考虑是不是可以切除坏死的结疤肌肉以后，从患者身上移植一块弹性好、收缩强的肌肉来替代。这里面的关键是把血管跟神经都接上，这样接上去的肌肉活了，才能使手重新获得功能。这也是显微重建外科中，所谓"重建"的字面意思。

对于这样一个全新的创意，陈中伟感到十分激动。但是他又很冷静地意识到这个手术世界上还没有人做过，国外还只是停留在动物实验阶段。但医学是实验科学，作为一位胆大心细的医学专家，陈中伟一头扎进了实验室。他和同事们积极查阅医学文献、做试验模型，并在20多条狗身上进行游离肌肉移植试验，终于取得了宝贵的经验。

最后他从平时在家里杀鸡得到启发，用患者自身胸大肌移植重建肌肉的张力十分合适，经血管神经的缝接，使之存活并使移植后的肌肉能够收缩自如。

成功再次属于陈中伟和他的同事们，这台"带血管神经的游离胸大肌移位再植手术"成为世界上首例大块肌肉移植获得成功的手术。美国医学杂志 British Medical Journal 高度评价了这次手术的成功，称其"为人类开创这类手术奠定了基础"。

同时，这个手术的成功，也给陈中伟带来了一个新课题：随着显微外科技术的不断发展，应用范围越来越广，对人体解剖的要求也越来越高，而现有的人体解剖书远不能满足这方面的要求。

为了准确便捷地选择移植肌肉的供区，从微观上弄清楚人体肌肉的结构，陈中伟再一次迷上了人体解剖。他于1976年6月开始，开展了人体肌肉的显微解剖研究，对几十具男性新鲜尸体四肢的12种近400块肌肉做了细致入微的解剖，详细记录供应每块肌肉的血管和神经的组别、起点、走向及其与某固定骨标志的距离，在放大镜下测定其直径并做动脉造影及摄片检查。这一研究工作丰富了目前各种人体解剖参考书中所缺乏而又为显微外科手术所需要的内容。同时，陈中伟还开创性地研究了肌内纤维束的排列状况。平时看上去差不多的肌肉纤维，其实形态各异。如有的平行，有的呈单羽毛状，有的呈双羽毛状，因而机能也各异。

后来，陈中伟主持了"人体十二块肌肉显微解剖"的研究，这项开创性的工作，其研究成果使显微外科跃上了新台阶，荣获了卫生部科学技术进步奖。

游离肌肉的移植显然为游离骨头的移植打下了良好的基础。在一次带血管的腓骨成功移植后，陈中伟马上联想到了骨科的另一大难题——先天性胫骨假关节。

胫骨是人体小腿中的一根长骨，患者胫骨畸形或骨折，形成一个关节，非人体正常的关节，是病态形成的关节，故称假关节。患者不能站立，或难于行走，成为跛足，有的甚至只能爬行。

陈中伟在前人研究的基础上不断总结经验，并从上次腓骨移植中得到线索，找到了成功的关键：用带血管的腓骨移植会比不带血管的腓骨移植更加有效。

1997年7月，在已经开展过动物实验的基础上，陈中伟将一名患者患有假关节的病变组织彻底切除，从患者自身对侧小腿上取带血管的游离腓骨移植于长段胫骨缺损处，将腓骨的血管与受区血管接通重建血液循环。移植的腓骨在6个月后完全长好，几乎与正常胫骨同样粗壮，这意味着手术获得了前所未有的治疗效果。

大拇指再造与股骨头再生

拇指是人最重要的一根手指，其作用占手功能的50%，陈中伟开始设想有无可能将脚趾移植于大拇指的缺失处。1980年，面对生活因此不便的患者，他构想，应用显微外科技术把患者足趾的指甲、皮肤、皮下组织、血管、神经解剖出来，并在受伤的拇指指骨基部或掌骨头上移植一条与原指骨粗细、长度相同的髂骨片代替指骨，然后将解剖出来的足趾皮瓣包绕缝合在拇指的代指骨植骨片上，同时将足趾包裹皮瓣上的神经血管与手部的神经血管缝合，这样就等于为患者再造了一只右手拇指。

无独有偶，澳大利亚的毛利森医生几乎在同时、不同的地方，也采用游离拇指趾甲瓣再造拇指及治疗皮肤脱套伤，后同样取得了成功，事后他们各自发表学术报告，两者颇有异曲同工之妙。

随后他又积极展开了游离第二脚趾再造拇指术的研究，用大脚趾的皮肤、甲瓣与第二脚趾的骨头肌腱合并移植于手上，再造一个拇指。又用二脚趾的皮肤、甲瓣移植于大脚趾。这样二脚趾不复存在了，大脚趾却保存了，大拇指经再造而诞生，手术变得更加精巧了。

另外，股骨头也是人体重要的骨骼组成，它联系下肢躯干，是人体行走不可缺少的关节。由于外伤，或由于长期应用激素，股骨头就有可能发生缺血性坏死，从而引起髋关节疼痛、变形，不能行走。这种疾患称缺血性或无菌性股骨头坏死。陈中伟创新性地把带血管蒂的髂骨移植于坏死的股骨头上，使股骨头重新获得血液循环，坏死的股骨头也可以起死回生了。

首创"再造手指控制的电子假手"

1996年某天，陈中伟于新闻上看到上海警方解救了一个被拐卖的湖南姑娘，但这个姑娘右手被截，是个无法正常起居择业的残疾人。出于治病救人的崇高使命感，他产生了要为这个姑娘再造一只手的想法。之所以他敢如此设想，是因为他正在和上海交大合作一个国家自然科学基金的科研项目——手臂残端再造指控制的电子假手研究，正是这样一个项目，改变了这个姑娘的命运，也影响了中国医学发展的进程。

同年9月19日，陈中伟和他的助手一起走进了手术室，他们为这个姑娘设计的手术方案是：先"动脚"，再"动手"——用姑娘自己的足趾移植再造一个手指。这样的手术陈中伟已经做得很多了，但问题是这个姑娘手臂下部全部切除，血管和神经已严重萎缩，变得更为细小，而足趾的血管要粗大得多，缝合起来非常困难，因此，手术难度会相当大。尽管如此，陈中伟还是充满信心，有条不紊地进行了手术。

经过整整11小时后，手术在全国的广泛关注下取得了成功，并且在术后关键期也并未出现不良反应。随后还采用陈中伟和上海交大联合进行的项目，为这个姑娘安装了世界上独一无二的最先进技术所生产的假手。

经过两个月的功能训练，这个姑娘已经可以用那只逼真的电子假手自如地梳头、举杯、打毛线、倒开水等，她动作平稳、自然，经测试，动作准确率为 100%，超过了当时国际上最高准确率只有 76% 的肌电假手。

1996 年 12 月，这只世界上首创的"再造手指控制的电子假手"，通过了国家自然科学基金项目鉴定。

成绩斐然，医者仁心

陈中伟的一生是为医学事业奋斗的一生，也是不断创新的一生，从断手、断指到骨骼移植再到人工电子假手，不局限于现有条件的限制，首先对医疗设备进行改造，再进行医疗研究，新的设备促进新的研究成果，再将新的研究成果用于新的领域，不拘泥于片面思考，而是推陈出新，创新性地考虑多个问题，从而使得多个显微外科问题得到了解决。可以说，创新是他前进的路标，一次次地跳出原有的思维，一次次地选择全新的方法，正是他成功的关键所在。

一颗仁心佐以妙手，陈中伟默默耕耘，攻克了众多难题，创造了一个又一个医学奇迹，为病患解除了痛苦，他是优秀的医学科学家，也是无私而伟大的奉献者。

（撰稿：蒲雅杰）

参考文献

[1] 倪平. 华佗再世陈中伟传 [M]. 南宁：广西科学技术出版社，1995.

[2] 王耀成. 院士之路：陈中伟传 [M]. 宁波：宁波出版社，2002.

马凤山
创建中国大型客机技术体系

马凤山（1929年5月—1990年4月），飞机设计师。新中国第一代大中型飞机的总设计师和技术开拓者。毕生从事航空工业设计研究工作，主持了新中国第一架喷气式客机运10飞机的设计研制工作，领导编制了我国第一部运输类飞机适航规章，创建了我国最早的大型客机技术体系，使我国飞机制造技术实现了一个飞跃性的进步。他是原国家科委批准的国家级有突出贡献的科技专家，被评为"最美奋斗者"，入选"庆祝中华人民共和国成立70周年大型成就展"1970—1979年英雄模范人物。

20世纪40年代，青年马凤山在饱受日军飞机轰炸下的江苏无锡确定了自己投身于航空工业事业的人生追求，他立下誓言——要努力学习并掌握先进的航空技术，制造出中国人自己的飞机，终其一生，他都在为实现国家航空工业强大的梦想而不懈奋斗。

解救轰 6 燃眉之急

说起轰 6 飞机，不能不想起马凤山。1959 年，马凤山就任哈尔滨飞机制造厂设计科设计室主管设计师。此时，他正在参与轰 6 飞机的研制设计工作，主要负责处理研制的设计技术问题。数月前，马凤山奉命去苏联参观静力试验，考察图-16 飞机的强度测算和静力试验，以及苏联 1953 年和 1947 年的强度规范差异。勤学敏思的马凤山，为了在考察期间对苏联的飞机制造设计形成较好的理解，自学了很长时间的俄语。由苏联学习归来后，马凤山根据自己的理解，针对图-16 的研制经验和现存问题进行了细致的总结分析。

此时，西安飞机制造厂（简称"西飞"）也在承担轰 6 飞机的设计工作。西飞正好处于静力试验和试飞的关键时期，急需相关知识的补充，马凤山在苏联的考察学习刚好有静力试验的相关内容。因此，马凤山在苏联考察期间所形成的关于图-16 飞机的独特见解吸引了时任西飞设计所副所长郑作棣的关注，西飞找到了远在哈尔滨飞机制造厂的马凤山，而马凤山在《图-16 飞机的静力试验考察报告》和《从图-16 改为图-104 的结构考察报告》中的见解和建议也为轰 6 研制计划的进行提供了有力的帮助，缩短了我国大型喷气客机研制成功的时间。

"两弹一星"战略任务时期，轰 6 改制为投弹机的工作交付西飞，为了出色地完成国家交付的工作，西飞请求把马凤山调到西安。马凤山在接到调动通知后，快速地投入轰 6 甲飞机专用技术的研制上。轰 6 飞机要改为两弹的主要投掷器，需要进行很多的测算工作，马凤山主要负责各类冲击对飞机操作稳定和载重的影响、光辐射对飞机强度的相关影响两个方面的分析，明确了在后期的设计中，轰 6 改制的投弹器可以负荷的最大重量，为两弹的吨位设计作出了巨大贡献。

奠基中国大飞机自主设计事业

对于马凤山来说，他一生追求的航空强国梦仿佛都和运 10 飞机紧密相连。1970 年 7 月，毛泽东主席在视察上海时提到："上海工业基础这么好，可以造飞机吗？"由此国内正式拉开了自主设计制造大飞机的序幕。

在完成运 8 飞机的相关工作后，马凤山正式接到三机部的通知，要求成立三机部六院大型喷气旅客机工作组，并由他负责设计主持工作，同时抽调陕西阎良 172 厂和参与运 8 测绘设计的共计 90 名技术人员前往上海开展工作。

运 10 飞机制造历时 10 年，主要经过了 3 个阶段，分别是前期的方案选择和论证，中期设计发图、设计实验和研制生产，以及后期的试飞调试。马凤山也自始至终在运 10 飞机研制过程中承担技术总负责的工作。

自主制造大飞机首先要考虑的问题是选择哪种方案。当时，国内各方比较支持的方案是在轰 6 的基础上进行改造，对此，马凤山有自己的思考，他觉得轰 6 可以作为改造的基础，因此，初步选择采用轰 6 飞机翼型和三叉戟客机机身作为运 10 飞机的第一套设计方案，并进行了低速风洞试验，收集了首套试验数据。

但是在设计过程中，必须解决轰 6 改造后可能会引起的噪声大、效率低的问题，具体如何解决，马凤山考虑是否可以在尾部加装 4 台发动机，经过论证之后，马凤山将运 10 飞机设计方案进行更改，形成了

第二套设计方案。

新的方案虽然可以解决一定的问题，但基本还是在轰 6 的基础上进行研制改造，随着新方案的进一步论证，以及对实际情况的进一步了解，现有的轰 6 改造方案不能满足运 10 飞机所要求的技术标准，必须要依据现实情况进行更改。试验和考察成为马凤山进行方案论证的主要方式，在运 10 模型高速选型试验中，马凤山发现在 7 种机翼中，尖峰翼型最适合运 10 的设计要求，除此之外翼吊发动机似乎可以解决噪声和能耗问题。因此，马凤山毅然选择尖峰高亚声速翼型、翼吊 4 台发动机作为最终方案，1971 年，这一设计方案获得批准，从而确定了运 10 飞机研制工作的总基调。

在后期的设计制造过程中，马凤山总是在不断解决问题中实现一个又一个创新。1973 年 8 月，运 10 飞机开展了第二次质量检查，发现飞机的展弦太大，机翼又相对比较细长，被气动载荷冲击后容易产生比较大的变形，以至于扭角达到 3°，对于原本设计 2.5° 的扭角来说，这已经是一个很严重的问题了。为了保障运 10 飞机的设计质量，马凤山开始寻找解决问题的办法，最后将机翼变形所引起的弹性变形考虑在内，摒弃了原有的几何扭转方式，将机翼内段的形状改为喇叭形，解决了飞机飞行中的强度隐患。在飞机结构设计原则的选择上，马凤山也根据已经改善的运 10 飞机适航标准，首次采用"破损—安全"原则，在运 10 飞机材料的选用上，马凤山坚持选择更适合、更高质量的新材料。

当时，国内的工业生产能力不足，难以提供除 LC-4 之外的强度结构材料，但这种材料本身的耐应力和抗腐蚀能力非常差，难以满足运 10 飞机的研制需要，为此马凤山等人委托了国内多家企业研制高强度的铝合金及其他需要的金属材料，推动了国内飞机新材料的研发创新。在之后的方案设计、设计试验及研制过程中，马凤山也坚持实事求是的态度，积极采用创新性的解决办法，最终在运 10 的设计研制过程中共采用了 76

项新材料、164 项新标准及 305 项新成品附件，且这些新技术大多都是国内多单位协助研制，充分体现了我国自主研制大飞机的创新性。

运 10 飞机设计制造的创新之处，还在于首次在国内使用至今仍广泛运用于飞机设计制造中的计算机辅助工程及计算机设计等两项计算机技术。为了缩短与国际飞机制造技术间的差距，马凤山决定通过计算机辅助飞机的设计制造工作。1975 年，TQ-16 正式投入使用之后，为了尽快使计算机设计和辅助技术渗透到运 10 设计研制的全过程，马凤山号召技术人员和国内专家进行合作开发，共研制出设计制造应用软件 100 多项。马凤山和工作组又在计算机辅助和设计技术的基础之上促进了分析技术的创新发展，取得的成果如"飞机结构连接件寿命估计方法""全机总体参数优化程序""气动力及强度计算程序"，不但为运 10 飞机的制造提供了重要的计算基础，还为我国飞机制造提供了丰富的分析工具。

1980 年 9 月 26 日，在为期 10 年的设计研制之后，运 10 飞机在上海大机场首次试飞成功，这标志着中国自主研制大型飞机成为可能。此后，马凤山又对运 10 进行了多次调整试飞。

对此，国外多家媒体对中国制造大飞机的技术和能力给予了肯定的评价，英国路透社称，中国再也不能被视为一个落后的国家了。正当众人欣喜之时，马凤山已经开始筹谋运 10 飞机的下一步试验和改制计划了，对于马凤山而言，运 10 飞机试飞成功并不是终极目标，他想的始终都是离航空强国更近一步，科研无止境、创新无止境正是马凤山航空追求的真实写照。

填补国内民用飞机适航空白

由于种种原因，运 10 飞机项目停止。对此，马凤山感到十分遗憾。1984 年，国家决定引进麦道 82 组装生产线。在与麦道公司进行谈判的时候，马凤山也始终强调中国要掌握飞机的自主研发能力，因此，坚持在合作条款中增加了双方联合研制一项。尽管运10飞机已经决定停飞，但马凤山的航空强国梦并没有停飞。

在研制运10飞机的时候，国内尚未形成适用于自身的适航标准，而是单一地奉行苏联标准，很大的原因是国内飞机制造主要借鉴的是苏联方面，但运10飞机的适航标准在具体研制的过程中已经实现了很强的自主创新性，即借鉴多国的适航标准和结合运10飞机设计的实际情况，解决了运10飞机的外负载计算，初步提出了民用飞机研制的基本准则和标准。除此之外，国内民用飞机的发展必须要填补适航技术方面的空白，这也成为飞机制造事业发展的趋势。

为了帮助中国建立起更为适用的飞机适航标准，马凤山根据自己的理解和分析，撰写了国内使用FAR-25标准的可行性报告，打破了国内单一奉行苏联标准的局面。但仅仅引入新的适航标准还不足以满足国内需要，民用大飞机制造事业需要有更为适用的适航标准，且马凤山认为已存在的FAR-25标准仍存在一些错误，需要进一步更正，并不能完全借鉴。因此，马凤山又带领相关人员组织国内飞机适航标准的编写工作，经中国民用航空总局审定批准，《中国民用航空规章第25部 运输类飞机适航标准》（CCAR-25）作为国内第一部民用飞机适航标准颁布实施，这项工作首次填补了我国民用飞机的适航空白，也为ARJ21飞机、C919客机等民用飞机的设计制造和中国民航事业的起步发展打下了坚实的技术基础。CCAR-25至今已翻版多次，但马凤山主持制定的CCAR-25基础内容始终无人打破。

2017年5月5日，国产大飞机C919在上海浦东机场首飞成功，这离不开马凤山等老一辈航空人筚路蓝缕的创业积淀。"自主设计制造中国人自己的大飞机"的信念贯穿了马凤山的一生，时至今日这已成为中国航空人共同的信念，代代相传，生生不息。

（撰稿：陈丽娜）

参考文献

[1] 赵国强. 马凤山同志生平 [J]. 民用飞机设计与研究，2005（1）：56-58.

[2] 钟树荣. 卓越的飞机总设计师马凤山 [J]. 民用飞机设计与研究，2005（1）：44-45.

[3] 钟兆文. 民用飞机适航工作的先行者 [J]. 民用飞机设计与研究，2005（1）：39-40.

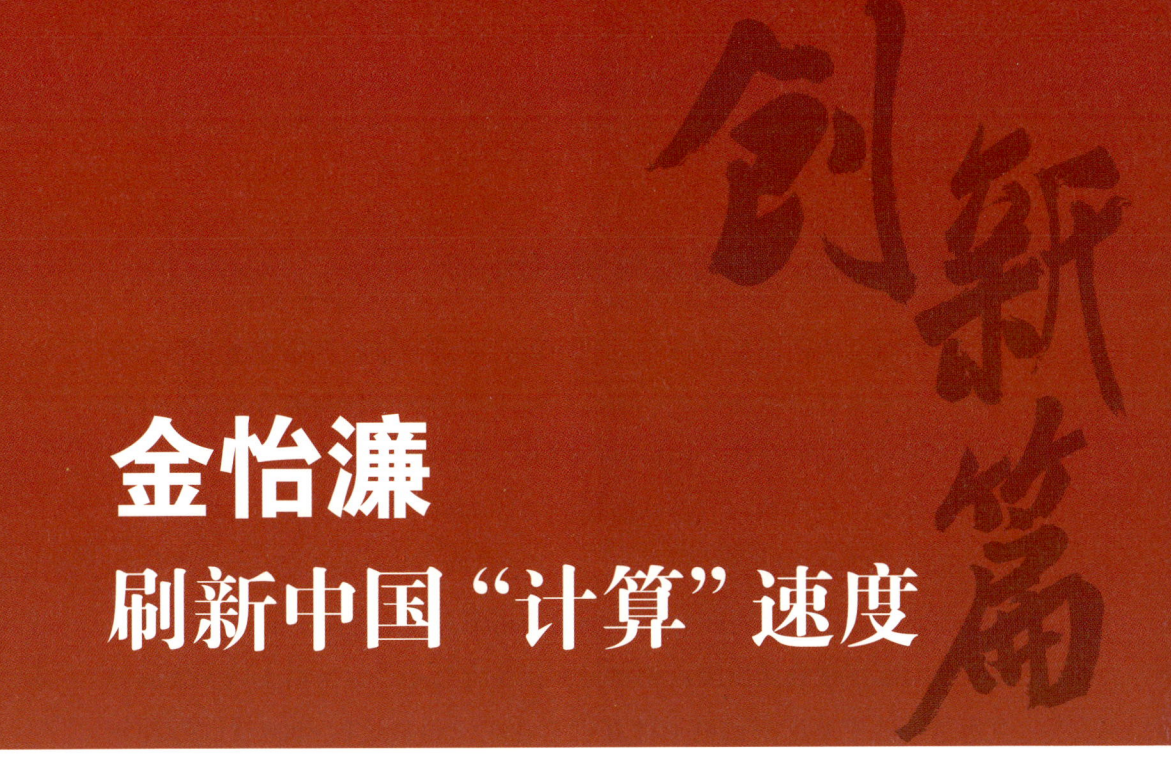

金怡濂
刷新中国"计算"速度

> 金怡濂（1929年9月—），计算机专家，中国工程院院士。参加了我国第一台通用大型电子计算机研制。20世纪90年代，出任"神威"超级计算机总设计师，领导研制成功两代具有世界先进水平的超级计算机，实现了我国计算机领域的历史性跨越。曾获全国科学大会奖、国家科学技术进步奖特等奖2次、国家科学技术进步奖一等奖1次，2003年获国家最高科学技术奖。

1958年年底，金怡濂带着学到的计算机知识，踏上回国的列车。归途中的最后一个早晨，火车行驶在茫茫的东北平原上，金怡濂看到跃升在黑土地上的朝阳光芒四射，心中充满豪情。那时的他无法预知，计算机将会怎样深刻地改变这个世界，而他也深刻地改变了中国计算机的命运。

大胆选择，迈进晶体管时代

金怡濂学成回国后，被安排到中国科学院计算技术研究所，参与我国第一台大型计算机 104 机的研制，他主攻的运算控制部分被称为计算机的大脑和心脏。此后，1959—1962 年，他所在的研究所成功自行研制出第一台电子管计算机，并连续研制了 4 种电子管计算机，实现了计算技术和性能的稳步提升。

然而，胜利的喜悦在时代浪潮的冲击下并没有维持多久。电子管计算机的问题很快暴露出来：耗电量大，稳定性差，常常由于电子管故障而死机。世界上第一台电子计算机 ENIAC，每秒运算 5000 次，却使用了 18 800 个电子管，占地 170 平方米，重达 30 吨，简直是庞然大物，使用起来非常不便。

晶体管的发明，为这一切带来了转机。

1962 年，金怡濂在广州参加广交会，进行晶体管计算机研制器材的选型。用晶体管取代计算机中的电子管，造出来的晶体管计算机体积小，耗电少，成本低，逻辑功能强，可靠性更高。计算机中多道程序、并行操作、中断系统的诞生，操作系统、高级语言的出现，使得晶体管计算机的使用更方便、更有效，应用领域更加广泛。

金怡濂在广州待了两个多星期，发现了许多新问题：当时国内的晶体管生产还处在试制阶段，性能不够稳定。但国外普遍使用的高频晶体管不仅价格昂贵，而且属于西方禁运的科技产品。通过反复比较权衡，金怡濂做出了选择——使用低频晶体管。

要想低频管实现高频管的效果，就要解决抗饱和的问题，这是一个很大的困难，但金怡濂相信，这些问题都是可以解决的。在晶体管计算机的运算控制部分，金怡濂主持研制了穿通进位链加法器这项在国外采用高频晶体管的技术，我国创造性地用廉价的低频晶体管取得了加法器的高速度。

由于设计方案完备和生产质量良好,机器的调试工作非常顺利,最终运算速度达到了每秒 16 万次。速度快,内存容量大,指令系统完善,采用多道控制,算题能力显著提高。半导体元件的采用,也使运转更加稳定可靠,消耗的功率更小。它的研制成功,标志着研究所在技术上完成了电子管时代向晶体管时代的跨越。

并行之路,跨出巨型机三大步

1969 年 5 月 24 日,周恩来总理在一份关于研制九〇五乙机的立项申请报告上批示:"照办。如可能,争取更快一点。" 在这台机器的研发过程中,金怡濂随后被确定为整机主要技术负责人。

九〇五乙机所用的元件是上海冶金所研制的小规模集成电路,虽然都经过了严格检验,可靠性大大提高,但存在着不可忽视的问题,机器的规模大,那么元件、部件的用量必然很多,该如何解决失效率的问题呢?机器的逻辑比较复杂,查找和排除故障需要一定时间,如果整体结构是一个不可分割的"实体",那某个元件出现问题,岂不是要全机停机检修?该如何避免这种损失呢?

经过一段时间的研究和构思,金怡濂提出了一个全新的总体方案:采用双处理器体系结构,以双机并行来提高机器的速度和稳定性,弥补元器件可靠性差的不足。同时,也要实现双机各自独立运行来提高机器的可维性。

在进行结构和功能设计的时候,金怡濂团队突出了以下几个方面的特性:一是积木化,机器的每一部分都可以联机工作,也可以脱机检修;二是多重化,机器的每一部分都是多重的,以保证任一部分脱机检修时,不影响整个系统的正常工作;三是重新组合,任何部分出现故障需要检

修，要能迅速地切除故障部分，进行重新组合，立即投入工作；四是检误与恢复，要求机器对错误能迅速地检出并恢复，减少错误的影响。1976年12月，九〇五乙机终于圆满完成了调试工作，它的运算速度达到每秒350万次。

并行处理的这一突破，对我国的巨型计算机研制产生了极其深刻的影响。双机并行成功之后，该团队紧接着开启了张效祥提出的"群机"并行之路。

1986年5月，国内第一台标量巨型计算机——九〇五工程亿次机宣告研制成功。在体系研制过程中，金怡濂运用Markov链随机过程方法，分析了主存供数矛盾，提出了总线与交叉开关相结合的混合互联网络方案，解决多机系统中互联拓扑结构的难题。最终确定并实现了由18台高速处理机组成的复式模块化结构的多处理机系统，这样既保证了运算速度，又提高了系统的可靠性、可用性、可维性。

在九〇五工程亿次机即将出机之时，新一代机型也在酝酿着。在开展10亿次总体方案的研究中，金怡濂想，如果延续上一台亿次机的技术路线，继续用中小规模器件，自行研制CPU，要做成这么大规模的并行机，在技术上几乎无法实现。正当此时，国际上32位微机芯片面市，他抓住机遇，提出具有决定性作用的意见：采用国际通用的32位处理器芯片，向大规模并行计算机发展，使我国巨型计算机技术迈入了世界先进行列。

金怡濂　刷新中国"计算"速度

1991年年底，我国第一台10亿次巨型计算机系统研制成功，中国在这一技术领域进入了与国际同步发展的崭新时代。从双机并行到群机并行，再到大规模并行，中国巨型计算机研制10年间迈出了三大步。

创新"神威"，开启"世界速度"

随着国家并行计算机工程技术研究中心的成立，新一代巨型计算机"神威"立项申请提上了日程。经过好几个回合的研究讨论，各方专家最终达成共识：拿出勇气和胆识，实现中国巨型计算机跨越式发展，从而确定了研制千亿次计算机系统的总体目标。金怡濂被任命为总设计师，这一年，他已经年过花甲。

在完成亿次机、10亿次机两台巨型计算机后，金怡濂听到许多用户反映，希望把局部存储器做大，以缩短访存时间。因此，在着手"神威"技术方案时他就考虑，可不可以把局部存储器做得尽可能大，缩小甚至取消主存，同时又让局存中的数据可以比较方便地共享呢？

金怡濂脑子里逐渐形成了方案雏形：进行"分布共享存储"。这种技术，就像今天我们所生活的城市，每一个小区的边上，都建一个超市，日常用品可以就近购买，而附近买不到的东西，也可以到别的超市去买。研制这种体系结构的大规模并行机，就要解决另一个难题：如何管理这些物理上分布、逻辑上共享的存储器呢？

有一次，在翻阅资料的过程中，金怡濂看到一张 Touch Stone 的平面格栅网体系结构示意图。他灵光一闪："分布共享存储"加平面格栅网的互联技术，处理器速度快与机器规模大、访问存取速度慢之间的矛盾就好解决了呀！所谓平面格栅网，就是一个网格状的互联网络，其中以路由器为结点，而路由器有一个出口，可以随意连接处理器或者外部设备。这种特别的构造，打破了传统的存储转发形式，以虫孔寻径的形式进行流水传送，缩短了延迟时间，加快了传送速度。

金怡濂精心为"神威"制定了以平面格栅网为基础的"分布共享存储器大规模并行结构"。这个富有想象力和探索性的总体思路，使巨型计算机由10亿次直接攀升至千亿次成为可能。

1996年9月下旬的一天，秋风送爽、天高云淡，仿佛在为一个动人的时刻做铺垫。子夜时分，"神威"机最后一块插件板，被小心翼翼地插进了机舱，绿色指示灯瞬间亮了。这一刻，"神威"的运算速度达到每秒3840亿次浮点结果，一台在中国计算机发展史上具有划时代意义的巨型计算机完成了！

在"神威"进入世界先进行列后，广大科研人员没有丝毫懈怠。金怡濂带领他的团队向世界最先进水平发起了又一轮冲击——"神威Ⅱ"。在综合国际上高性能计算先进设计的基础上，金怡濂提出了一个总体创新构想：以超三维格栅网为基础的可扩展共享存储体系结构与消息传送机制相结合。

完美的"神威Ⅱ"，是完美设计和完美制造的集合。于是许多创新源于此，许多困难也源于此。金怡濂预见到这种超大规模系统对系统的散热有很高的要求，为了降低CPU的内部结温，他大胆地提出突破液冷的技术难题。

可是，一台以"电"为生命源的机器，怎么才能与"水"和平相处呢？液冷系统的基本设计思路是把水冷机组提供的冷却水以恒压输送到每一块与插件板完全吻合的冷却板上，确保插件板及所有部件的内部结温保持在55℃以下。期间，要保证冷却水管在使用期间安全可靠、畅通无阻，所有的接口严丝合缝、滴水不漏。

历经重重困难，2001年年底，"神威Ⅱ"计算机系统沐浴着新世纪的晨光终于问世了。它的运行速度达到每秒13.1万亿次，经过Linpack测试，系统效率达到75%以上，超过当时世界上排名第一的高性能计算机 58.8% 的效率指标。以两代"神威"机为标志，我国计算机事业开启了以"世界速度"奔跑的崭新纪元。

2011 年 10 月 27 日，一台以"神威·蓝光"命名的国产高性能计算机成为各大媒体报道的热点。美国《纽约时报》相关报道对它"复杂的液冷系统"特别感兴趣，其引用了 Convey 超级计算公司首席科学家史蒂文·沃勒克的评价："用好这种冷却技术非常、非常困难。因此，我认为，这是一项认真的设计。这种冷却技术有可能扩展至百万万亿级的超级计算机。"而这套"复杂的液冷系统"，正是由金怡濂带着科研团队设计完成并成功实现的。

2013 年，中国计算机学会将 2012CCF 终身成就奖授予金怡濂，以表彰他为我国计算机事业的创建、开拓、发展作出的卓越贡献。金怡濂也决意"活到老学到老"，一直力所能及地为推动高性能计算机领域的自主创新呼吁呐喊。他在各种场合表示，"应当强调自主创新，在此基础上加快国际合作，要牢记核心技术是花钱也买不来的"。

（摘编自《金怡濂传》，赵建国，航空工业出版社、
人民出版社，2015 年。由吴瑾欣整理）

袁隆平
"东方魔稻"
创新四部曲

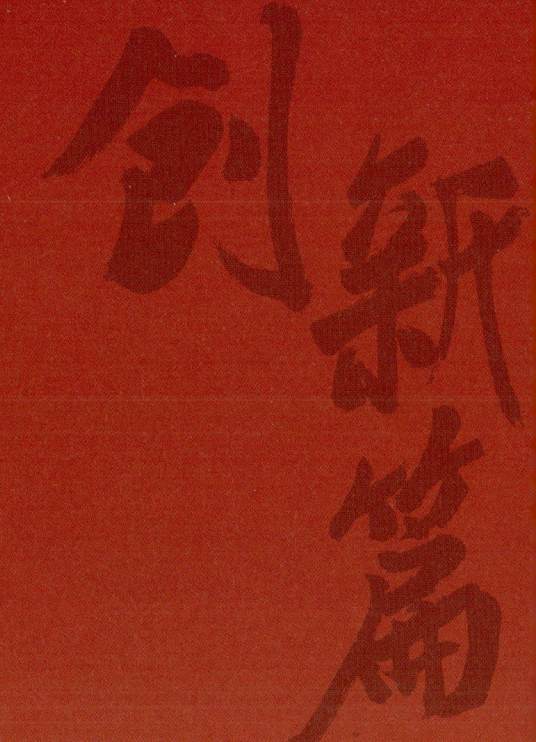

> 袁隆平(1930年9月—2021年5月),杂交水稻专家,中国工程院院士。主要从事杂交水稻研究,其科研成果使我国在杂交水稻和超级杂交稻育种上一直处于世界领先水平。荣获国内国际奖项20余项,2001年获国家最高科学技术奖。2019年获"共和国勋章"。

袁隆平说,他有两大梦想,第一是禾下乘凉梦;第二是杂交水稻覆盖全球梦。从事杂交水稻研究50多年来,为实现这两大梦想,袁隆平躬耕陇亩,创新不止,成功地演奏了实现三系杂交稻、攻克两系杂交稻、冲刺超级稻、攻关"耐盐碱水稻"的创新四部曲,曲曲大气磅礴,曲曲高亢激扬!

实现三系杂交稻

科学的怀疑精神与传统观念、社会的主流观点往往是相悖的。研究三系杂交稻，袁隆平的创新思路来自科学的怀疑精神、敢于挑战学术权威的勇气。袁隆平说："尊重权威但不能迷信权威，如果我死守权威，也许至今还一事无成。"此外他选择了正确的技术路线，找到三系杂交稻配套的途径；还从实践中认识到远缘杂交的优势，并幸运地找到野生雄性不育株"野败"，实现三系配套。

种子是生命之源，直接影响着下一代。几千年来，人们惯用常规选种。在汉代就有"田者择种而种之"的"良种法"。随着现代育种技术的发展，20 世纪 60 年代初，水稻矮化研究取得突破，解决了高秆水稻易倒伏和低产的问题，总产提高 20% 左右，被誉为"第一次绿色革命"。此时，刚刚 30 岁出头的袁隆平也曾想通过常规稻选育干一番事业，他调查后发现，常规稻选育方法增产的优势有限，如何培育出更加高产优质的稻种呢？他想到了杂种优势。

所谓杂种优势，是指遗传基础不同的两个亲本杂交所产生的杂种在某些性状上优于其亲本的现象。杂种优势是生物界普遍存在的现象。早在春秋战国时期，我国先民就注意到公马和母驴交配所产生的杂种骡子，叫作駃騠马。袁隆平查阅了大量中外资料，得知 1876 年达尔文就提出玉米杂种优势现象；美国农学家琼斯 1926 年最先报道了水稻的杂种优势现象；其后印度科学家理查哈里又提出了水稻杂交后第一代优势（简称 F1）在生产中应用的设想。但不久，美国著名遗传学家辛洛特和邓恩出版了《细胞遗传学》，书中认为：水稻等自花授粉作物是没有杂交优势的。国际上的许多研究人员望而却步，进行的尝试性研究也中途停止。辛洛特和邓恩的提法正确吗？这使得袁隆平感到迷茫。

使袁隆平产生怀疑精神的是一株"鹤立鸡群"的稻子。1960 年 7 月的一个下午,他发现了一株"鹤立鸡群"的稻子:株高、穗大粒多。他顿时兴奋地做了标记。秋收时,他从这株稻子上得到170多粒壮谷。他推论,这株稻子应该是杂交后代,才有如此优势。看来遗传学的经典理论是一个典型的形式逻辑理论,没有实验根据。再联想到玉米这个异花授粉作物的杂种优势已在生产中成功应用,他觉得杂种优势应该是生物界的普遍规律,自花与异花授粉作物的区别不过是繁殖方法上的不同而已,绝不是影响杂种优势有无的因素,他决心独立前行。

袁隆平查阅了杂交高粱培育三系和配套的方法后认为,要突破杂交水稻的第一关,得借鉴杂交玉米和杂交高粱选育的路子,去查找水稻中的"雄性不育株"。1964—1965年,袁隆平从4个品种中发现了6株雄性不育株。1965年10月,袁隆平对获得的材料和实验数据进行了梳理和分析,撰写出论文《水稻的雄性不育性》,于1966年2月被登载于《科学通报》。论文的发表打破了多年杂交水稻研究的凝固空气,冲击了权威"自花授粉作物没有杂种优势"的论断,为袁隆平大胆创新提供了支撑力。

借着论文发表的激情和动力,袁隆平科学地拟定了一个培育"杂交水稻"的技术路线,称为"三系配套方法"。

这三系的名称是"不育系、保持系、恢复系";三系杂交水稻的培育方式是:首先,找到雄性不育株,即母禾;其次,找到一种特殊水稻品种作父本,即保持系,用父本给母禾授粉,使其后代保持雄性不育特征;最后,选择一个稻种与不育系杂交,使其后代恢复生育能力,叫恢复系。不育系通过恢复系产生杂交种子,将这种具有杂种优势的种子种植于大田就可产生高产效应。

杂交水稻研究刚刚起锚便遇上了"文化大革命",但幸运的是,这希望的火苗得到了国家科委和湖南省科委的关注和支持。1967年3月,湖南省科委决定将"水稻雄性不育"正式列入省级科研项目,并拨600元研究专款。省农业厅还批准两名学生李必湖、尹华奇毕业后给他当助手。

袁隆平在湖南、海南、云南元江进行抢时培育,但三年的辗转研究,历经艰辛却进展不大。袁隆平总结分析后认为:所用的测交材料,全是常规稻种,它们的基因不是相同便是太近,可能会导致保持效果不理想。他决定改变思路,寻找野生不育株,利用远缘杂交稻种实现配套。经过大量的调查和筛选后,他们决定到海南寻找野生稻。

机遇总是偏爱有准备的人。1970年11月23日上午,研究小组中的李必湖与海南当地农场的冯克珊发现了一片普通野生稻,并从中找到了野生稻雄性不育株。袁隆平将其命名为"野败"。经过全国大协作和加代培育,1973年,三系杂交水稻配套成功。袁隆平用在海南岛配制的10多斤杂交稻种,在湖南农科院0.08公顷的试验田中试种,亩产高达505公斤,丰产的锋芒初露。1974年,他在安江农校试种自己选育的强优势组合"南优二号籼型"杂交水稻,亩产高达628公斤。三系杂交水稻成功配套,展示了高产的魅力。

1975年冬,国务院做出了迅速扩大试种和大量推广的决定,并下拨150万元,用于杂交水稻的推广,袁隆平被任命为技术总顾问。1976年,杂交水稻在湖南推广208万亩，获得平均每亩增产20%以上的好收成。从此，杂交水稻从三湘四水出发，迅速地推广到大江南北，展示了高产的魅力。1976—1988年，全国累计种植杂交水稻面积达12.56亿亩，平均每亩增收稻谷20%以上，累计增产稻谷1000多亿公斤，增加总产值280亿元，取得了巨大的经济效益和社会效益。

三系杂交稻增产的优势主要表现在根系发达、吸收力强；分蘖力强、植株生长旺盛、抗逆性好；穗大粒多，光合作用效率高，并具有较广泛的适应性等。三系杂交水稻配套成功荣获新中国成立以来唯一的国家技术发明奖特等奖，国外专家称杂交水稻为"东方魔稻"，把杂交水稻的成功誉为"第二次绿色革命"。

攻克两系杂交稻

在酝酿两系杂交水稻的培育过程中，袁隆平的创新思路可谓奇妙：他利用了一直被育种家认为的"植物的光、温敏核不育的遗传"这一有害性状，变"有害"为"有用"，而且是"大用"。同时，在实践中攻克了光温敏不育系的选育、不育系不育起点温度遗传漂移的控制、低温敏核不育系繁殖、原种提纯与生产、两系强优组合选配及亚种间杂种优势利用的4大障碍等一系列技术难关，成功地突破了培育两系杂交稻的瓶颈。

在实现增产的同时，袁隆平也看到，三系杂交稻存在育种程序和生产环节比较复杂、种子成本高、推广环节较多、再增长难度较大等问题。袁隆平经过长时间的思考后，决定简化制种手续，由三系法向两系法过渡，使杂交水稻产量再上台阶。

1986年10月，在长沙举办的世界首届杂交水稻国际学术讨论会上，袁隆平在题为《杂交水稻研究与发展现状》的报告中郑重地提出这一想法：

"今后，杂交水稻育种的方法，必然要由繁到简，从三系简化到两系再到一系；杂种亲缘的利用范围必须由近到远，从品种间推远到亚种间再到远缘间，杂种优势必须由强到超强方向发展……"

袁隆平关于杂交水稻发展的战略构想得到了与会20多个国家专家的赞同。时任国际水稻研究所所长斯瓦米纳森博士说："杂交水稻研究的成功和推广应用，可以说是第二次绿色革命。现在，袁隆平提出的新的战略构想将使杂交水稻的前景更加灿烂，魅力无穷。"

实现两系法，简单地说，就是要使原来的不育系、保持系和恢复系三系中省去一系，以达到更好地应用杂种优势的目的。

1987年，两系法杂交水稻研究被列为国家高技术发展计划（863计划）生物工程项目中的101-1号专题，袁隆平出任该课题的专题组长、首席责任专家，主持全国16个单位协作攻关，从而使全国的杂交水稻研究出现了重点转移。

实际上，在酝酿两系法研究的同时，袁隆平就已开始了一系列实验，但这些实验没有成功。是否有其他成功的途径呢？

大自然开启了一扇门。一天，他查阅资料，得知1973年湖北农技人员石明松曾发现过水稻光、温敏雄性不育材料，1985年这种水稻被定名为湖北光敏感核不育水稻。这使袁隆平联想到了植物的光、温敏核不育的遗传。

简单地说，光敏型是在长日照下表现雄性不育，在短日照下育性恢复正常；温敏型则是在高温下表现雄性不育，在较低温度下转变为可育。但光敏不育材料只能在一定的温度范围内才表现光敏特性，如超过这个温度范围，光的长短对育性转换不起作用。由于光、温敏核不育的遗传属于十分复杂的生态遗传，长期以来一直作为有害性状被育种家舍弃。袁隆平三思后，决定逆向而行，大胆尝试利用光、温敏核不育与广亲和性为基础，向两系法进军。

1987年7月16日，安江农校青年教师邓华凤在籼稻中发现了一株光敏核不育系。经过三代繁殖和观察，证实了这株两系不育材料的农艺性状整齐一致，是一种新的宝贵的光、温敏不育系。1988年8月，袁隆平正式命名这种两系不育材料为"安农S-1"。"安农S-1"的发现，终于冲出了制约两系法育种的瓶颈。

紧接着，一个个新的光、温敏不育系材料被发明、被转育发现。同时，研究人员探索发现了水稻光、温敏不育性转换与光、温关系的基本规律，一套有效的选育实用光、温敏不育系的技术路线很快形成。经过9年的努力，以袁隆平为首的科研协作组先后攻克了光温敏不育系的选育、不育系不育起点温度遗传漂移的控制、低温敏核不育系繁殖、原种提纯与生产、两系强优组合选配、亚种间杂种优势利用的4大障碍（植株过高、生育期过长、结实率低、籽粒充实度差）等一系列技术难关，两系法杂交水稻于1995年获得成功，应用技术成熟配套，开始逐步推广。这一成果被写进了1996年的国务院政府工作报告，同年被两院院士评为"全国十大科技新闻"并位居榜首。

两系法育种除克服了三系法杂交稻的不足外，还提高了选配强优组合的概率，扩大了品种间杂种优势，进一步提升单产、提高品质等，是水稻育种技术的又一革命性进步。

两系法杂交稻一般比同熟期三系法杂交稻增产5%～10%，截至2012年，全国累计推广两系杂交稻4.99亿亩，增产稻谷110.99亿公斤，增收271.93亿元，使我国杂交水稻的研究与应用继续保持世界领先地位，续写了"东方魔稻"的新篇章。

冲刺超级稻

在冲刺超级稻的亩产目标中，袁隆平确立了新的创新思路：一是充分利用杂种优势；二是形态改良，选育矮秆、少蘖、大穗等具有高产的理想株型。创新来自灵感，一次考察稻田，袁隆平受到启发，他灵机一动，设计出以高冠层、矮穗层、高度抗倒、可提高光合作用利用率的稻子形态模式，并构想制定了把优良株叶形与强大的亚种间杂种优势有机结合的培育超级杂交稻的技术路线，即"理想株型＋杂种优势"的模式。形态优势和杂种优势两大增产要素的聚集，可谓珠联璧合，相得益彰。

两系杂交稻培育成功后，袁隆平心中又萌动一个新想法，这就是杂交水稻探索的第三部曲——超级稻。

超级稻，简单地说，就是超高产优质水稻。这是国内外农业专家梦寐以求、攻关多年的世界难题。1995年国际水稻研究所提出培育"超级稻"，后又改为"新株型"育种计划，但均未能实现。袁隆平在认真分析后发现，世界上无论是常规稻育种，还是杂交稻育种，都是利用选育优良品种来实现超级稻的目标。除了高产种子的培育，还有其他好办法吗？

1997年袁隆平主动请缨，立项"超级杂交稻"育种计划并组织实施，该计划顺利进入国家"S-863"计划。超级稻研究目标分期进行，每期目标亩产增加100公斤。第一期目标是每亩700公斤，第二期目标是每亩800公斤，第三期目标是每亩900公斤，第四期目标是每亩1000公斤……按照农业部的规定，一个超级稻品种，须连续两年在两个以上百亩片示范达标，就可以宣告亩产目标的实现。

经多次论证后，袁隆平提出了实现超级稻亩产目标的构想：一是杂种优势利用；二是形态改良，如矮秆、少蘖、大穗等具有高产的理想株型。

1997年，袁隆平到江苏考察两系杂交稻，在观察亚种间杂交稻时突然灵机一动，脑海里闪现出一种超高产杂交水稻形态模式。一回宾馆，他立即将灵感中的模式描绘下来，精心设计出以高冠层、矮穗层、高度抗倒、可提高光合作用利用率的形态模式，制定了把优良株叶形与强大的亚种间杂种优势有机结合的培育超级杂交稻的技术路线，即"理想株型＋杂种优势"的模式。袁隆平迸发的创新灵感为实现超级稻的产量目标找到了路子。

以袁隆平为首的研究群体以高产优质的不育系"培矮64S"等为亲本，进行广泛的测交和筛选，育出几个具有超高产潜力和米质优良的组合，更重要的是找到库大源足和高度抗倒的理想株型，研究出一批新的超高产组合。经过连续几年试种，超级稻的优势初露端倪，增产效果明显。

1999年秋，超级稻的百亩示范片亩产均超过700公斤，云南永胜县涛源乡试种点验收时亩产竟达到1139公斤！顺利实现第一期目标；2004年，超级杂交稻亩产800公斤的第二期目标提前一年实现；2011年，超级杂交稻亩产900公斤的第三期目标也成功实现。2014年，湖南溆浦县超级杂交稻百亩示范片平均亩产达1026.70公斤，表明亩产1000公斤的第四期目标取得了重大突破。2018年10月，袁隆平及其团队培育的超级杂交稻品种"湘两优900（超优千号）"再创亩产纪录：经第三方专家测产，该品种的水稻在试验田内亩产1203.36公斤。目前，超级稻正向更高的目标进发！

如果把常规稻、三系杂交稻、两系杂交稻和超级稻的单位面积产量比进行比较，它们之间的比值是100∶120∶129∶181，可见超级稻的增长潜力巨大！同时超级稻米质很好，可谓"高产与优质相伴"，具有广阔的推广前景。

谈到超级稻的成功，袁隆平认为确立和贯彻"良种、良法、良田、良态"技术路线至关重要，这是成功的保障。

攻关"耐盐碱水稻"

近年来,"耐盐碱水稻"的研究方兴未艾。如何突破"耐盐碱水稻"种植和增产的瓶颈,袁隆平拟出的创新思路是:将水稻耐盐碱基因与水稻杂种优势利用结合起来,发掘水稻耐盐碱基因,将其转育到籼粳交高产杂交稻,培育出杂交"耐盐碱水稻",这种稻抗盐碱能力强,同时具有较高的产量和品质,在盐碱地和滩涂上结出丰产果实。

中国的耕地红线是18亿亩,中国耕地保有量到2020年保持在18.05亿亩,确保15.60亿亩基本农田数量不减少,质量有提高。随着中国人口的不断增长和耕地的减少,粮食安全问题将更加突出。粮食亩产量的增长总有极限,那么从其他方面来解决粮食增产是否有新途径呢?超级稻产量取得不断攀升的同时,年逾八旬的袁隆平看得更远。

人类的想象力和创造力是无限的。袁隆平和科学家们想到了另一个途径,就是充分利用那些不能种植庄稼或者废弃的土地,其中最有利用价值的是盐碱地。中国内陆尚有15亿亩盐碱地,分布极为广泛,类型多种多样,包括东部滨海盐碱地、黄淮海平原的盐渍土、东北松嫩平原盐碱地、半荒漠内陆盐土、青海新疆极端干旱的漠境盐土等。其中可开发利用的面积多达2亿亩,占我国耕地总面积的10%左右,是重要的后备耕地资源。如果让那些不毛之地具备种植水稻的潜力,按照每亩产值300公斤计算,可增产粮食600亿公斤,可满足2亿人的粮食需要。

在盐碱地、滩涂等高含盐量的土地上种植出来的水稻称为"耐盐碱水稻",俗称"海水稻",这是一种既顺口又形象的称呼。

在盐碱地上种植作物的研究,可以追溯到20世纪30—40年代。1939年,斯里兰卡选育了一种耐盐水稻品种。20世纪50年代,我国在福建沿海地区找到并筛选出一些抗盐水稻品种,由于当时条件所限,未能加以培养和推广。到了20世纪70—80年代,中国农业科学院曾组织有关单位协作，筛选出 100 余份中度耐盐的品种(系)，但可以直接推广利用的品种甚少。1986 年，农技人员陈日胜在普查广东湛江红树林资源时，采集到了 500 多粒"海水稻"稻种，后经繁育，选育出名为"海稻 86"稻种，近年来在海边滩涂地推广种植达 3000 亩左右，亩产可达 75~150 公斤。但总体上看，进行"耐盐碱水稻"研究已 80 余年，大部分野生品系具有的农业生产价值不高，产量较低，因而进展不大。

在超级稻研究不断取得高产的同时，针对国内外"耐盐碱水稻"研究多年仍徘徊不前的情况，袁隆平及其团队决定向研究"耐盐碱水稻"进军。袁隆平提出的创新思路是：将水稻耐盐碱基因与水稻杂种优势利用结合起来，发掘水稻耐盐碱基因，将其转育到籼粳交高产杂交稻，培育出杂交"耐盐碱水稻"，这种稻抗盐碱能力强，同时具有较高的产量和品质，让新的品种在盐碱地和滩涂地上开花，结出高产果实。

明确目标，立马前行。2012 年，袁隆平及其团队开始研究"耐盐碱水稻"，他们的参与，为"耐盐碱水稻"海水稻的研究和提升种植水平注入了活力。在历经千余次的实验、875 组配组实验后，最终成功精选出数种适于栽种的优质"耐盐碱水稻"。2016 年 10 月，袁隆平担任青岛海水稻研究发展中心主任和首席科学家，并主持该中心设立的 30 亩"耐盐碱水稻"科研育种基地项目试验启动仪式。同年 12 月 10 日，武汉海水稻生物技术研究院成立。

2018 年，袁隆平院士团队与青岛市城阳区在青岛城阳盐碱地稻作改良示范基地发起"中华拓荒人计划"，将"开拓亿亩荒滩，增加亿亩良田，多养活一亿人"作为拓荒人的梦想，提出了"拓荒人精神，薪火相传"的口号。接着在新疆喀什、陕西延安、黑龙江大庆、浙江温州和山东东营五大主要类型的盐碱地上进行试种。

与此同时，"耐盐碱水稻"种植开始向海外拓展。2018 年 11 月，袁隆平专家团队应邀赴迪拜沙漠腹地的种植基地。他们克服当地种植水稻温差大、地下水咸度大、鸟害等困难，筛选出具有自主知识产权的"耐盐碱水稻"品种进行种植。2019年6月，专家小组对试种的"耐盐碱水稻"系列品种采取随机取样、实割称重的方式进行测产，净谷产量达9.437吨/公顷，赢得了迪拜人的信任和赞许。随后越南、印度和斯里兰卡等多个国家也提出了与中方合作的意愿。

2019年，"耐盐碱水稻"研究与推广出现新的势头。7月4日，由国家杂交水稻工程技术研究中心、青岛海水稻研究发展中心及国内10多家优势单位共建的"国家耐盐碱水稻技术创新中心"建设方案通过论证。袁隆平院士团队积极发挥在耐盐碱水稻研发推广、盐碱地改良及产业链生态圈方面的历史积累与优势，承担产业化推广与产业生态圈搭建等工作。同时，全国"耐盐碱水稻"试验基地达9个，覆盖新疆、黑龙江、浙江、山东、陕西、河南等省（区、市），示范种植面积近2万亩。收获时，全国耐盐碱海水稻区域试验种植基地平均亩产突破了400公斤；山东东营示范种植基地平均亩产600公斤，最高亩产达800公斤；浙江台州基地实现最高亩产670公斤；海水稻呈现出良好的丰产势头。

2020年，计划种植"耐盐碱水稻"10万亩。青岛市城阳区盐碱地稻作改良示范基地新增改良盐碱地约4000亩，完成"耐盐碱水稻"示范种植与产业化推广近5000亩，同时持续通过农业智能芯片、云平台等软硬件以及大数据、云计算、物联网等新一代信息技术的示范应用，推进"盐碱地改良，智慧农业"模式打造，产生"耐盐碱水稻"全产业示范效应。

面对未来"耐盐碱水稻"的发展，袁隆平兴奋地说："为什么别的国家研究进展都不大，而我们在短短几年间研究就有所突破？因为我们将水稻耐盐碱基因与水稻杂种优势利用结合起来了。"他提出，在10年内选育出耐盐度在3‰~6‰、耐碱在pH值9以上的耐盐碱水稻品种，且年推广面积达1亿亩，平均亩产300公斤，每年就可增产300亿公斤粮食。

在谈及自己在创新之路上取得的成功经验时，袁隆平用一个简洁的公式表示：

成功＝知识＋汗水＋灵感＋机遇。

（撰稿：《中国高新技术》杂志社　姚昆仑）

屠呦呦
撷本草精华
萃济世青蒿

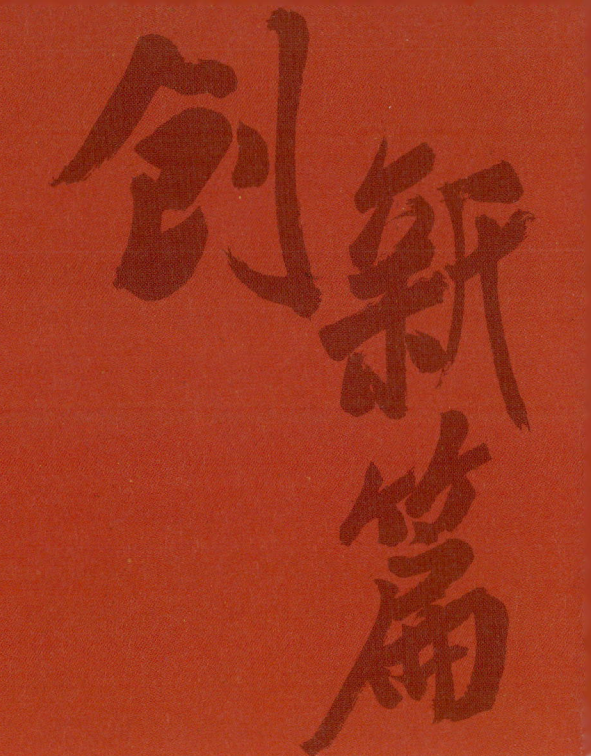

> 屠呦呦（1930年12月—），药学家，致力于中医药研究实践，创建低温提取青蒿抗疟有效部位的方法，率先提取分离得到抗疟有效单一成分青蒿素并开展临床试验。因发现抗疟新药青蒿素，挽救了全球特别是发展中国家数百万疟疾患者的生命，为人类健康事业作出了突出贡献，是中国首位诺贝尔生理学或医学奖获得者。2017年获国家最高科学技术奖。2019年获"共和国勋章"。

1971年10月4日，在中国中医科学院中药研究所的一间实验室里，屠呦呦课题组正在忙碌地进行着第191号青蒿乙醚中性提取物样本的抗疟实验。一双双眼睛都在紧张地盯着检测结果，当观察到这种提取物对小鼠疟原虫的抑制率达到100%时，整个实验室都沸腾了！在经历成百上千次挫折甚至失败后，激动人心的一刻终于到来！实验的突破给大家带来了希望，人类在征服疟疾的进程中迈出了重要一步。屠呦呦创建的低温提取方法，成为发现青蒿素的关键。而在随后的半个世纪里，屠呦呦一心专注于青蒿素研究，默默地护佑着人类的生命健康。

临危受命，寻找青蒿素

疟疾是一种古老而可怕的疾病。千百年来，人类一直在寻求战胜疟疾的方法和武器，并陆续发现了奎宁、氯喹等药物来治疗疟疾。20世纪60年代以来，由于引发疟疾的疟原虫对传统抗疟药物产生了抗药性，疟疾再次肆虐东南亚，甚至一度成为当时越南战争中的无形杀手。那时候，我国南方地区也饱受疟疾折磨。为解决疟疾问题，一个代号为"523"的全国性疟疾防治药物研究项目于1967年秘密启动了。一时间，全国60多个单位的500余名科研人员投入抗疟研究，筛选了近万种化合物和中草药，却没有什么重要发现。

1969年1月，中医研究院接到参与"523"项目的要求，随即安排屠呦呦参与抗疟中药研究。屠呦呦毕业于北京大学医学院药学系，曾脱产两年半参加"西医学习中医班"，后致力于从植物中提取有效化学成分的研究。由于其兼具中西医科研背景，屠呦呦以课题组组长的身份加入"523"项目。

寻找新型抗疟药物是一个世界难题。屠呦呦该如何寻找新药呢？当时中草药已有几千种之多，再加上不同的产地、不同的品种、不同的配伍、不同的炮制方式，倘若通过漫无目的地随机筛选来寻找抗疟药物，无异于大海捞针。不过，经验包含着珍贵的学问，中医药研究更是承载着人类同疾病做斗争的丰富经验。既然疟疾古来有之，历代医书必然有所记录。于是，屠呦呦首先从本草、民间方药研究入手，在查阅了上百本中草药古籍后，她从2000多个方药中选择了640个可能治疗疟疾的方药，于1969年4月整理编写成《疟疾单秘验方集》。

屠呦呦　撷本草精华　萃济世青蒿

接着，屠呦呦课题组开始了第一轮药物筛选实验。常山是医书里常见的治疟药，但有恶心、呕吐等毒副反应。于是她就重点研究中药配伍以减轻常山的不良反应，不过动物药理实验却总是无效。常山不行，她又以胡椒、青蒿等为对象，制备水提物、乙醇提物进行实验，结果显示，胡椒提取物对鼠疟模型疟原虫的抑制效果最好。屠呦呦和同事们便于1969年7月赴海南疟疾疫区进行临床试验，却发现胡椒提取物只能改善症状而无法消灭疟原虫。

怎么才能消灭疟原虫呢？课题组继续对胡椒进行深入研究，先后制备了120余个提取物和混合物样本进行测定，然而实验结果并不理想。胡椒行不通，那么就筛选其他中药。到1971年9月初，课题组已经制备了100余种中药的水提物和乙醇提物样本200余个，结果依然令人沮丧。

研究陷入了僵局。经过数百次失败，屠呦呦也有些怀疑自己的路子是不是走对了，但是她不想就此放弃。实验失败可能有两种原因：要么医书记载不可信，实验一开始的方向就不对；要么实验方案不合理，某些因素影响了实验结果。可是，水煎煮或乙醇提取方案已经很成熟了，似乎不太可能有问题。那么，医书中会不会有什么被忽略的重要细节呢？

"重新埋下头去，看医书！"这天，屠呦呦正在阅读东晋葛洪的《肘后备急方》，"青蒿一握，以水二升渍，绞取汁，尽服之"。她突然眼前一亮，联想到既往采用的提取方法，无论是水煎煮或乙醇提取，其共同点都是温度比较高，而"绞取汁"应该是在常温下进行的，难道温度是影响青蒿抗疟疗效的一个关键？

屠呦呦重新设计了低温提取方案，对既往筛选过的重点药物及几十种新增药物，夜以继日地进行各种实验。经过艰难的一个月，经过数百次的试错，10月4日这天，屠呦呦得到191号青蒿乙醚中性提取物，一个黑色的膏状提取物。

接下来的疗效实验中奇迹出现了。191号提取物使疟原虫全部消失了!

青蒿抗疟有效成分就蕴藏在这黑色的膏状提取物中!

屠呦呦和同事们很欣慰,"灵感,是由于顽强的劳动而获得的奖赏"。

百折不挠,发现青蒿素

课题组随即对样本开展药物临床前研究,发现个别动物存在疑似毒副反应。在药物安全性没有确认之前,不能用于临床研究。但是疟疾这种传染病具有季节性,一旦错过当年的临床观察季节,就要再等一年。屠呦呦心里很着急,而且青蒿在古籍记载中毒性不强、大多数动物实验也没有问题,她实在不想因为这个"疑似毒副反应"耗费宝贵的时间。屠呦呦向领导提交了志愿试药报告:"我是组长,我有责任第一个试药!"

1972年7月,屠呦呦等3名科研人员住进北京东直门医院,成为人体试毒的首批"小白鼠",一周过去后未出现明显毒副反应。随后,屠呦呦和同事们携药赴海南昌江疟区进行临床验证,21例疟疾患者疟原虫全部转阴。

青蒿乙醚中性提取物具有良好的抗疟疗效。但是,提取物成分复杂,需要从中分离出单一的抗疟活性成分。在以身试药之前,屠呦呦和同事们就已经开始尝试纯化分离研究,并先后得到少量颗粒状、片状或针状结晶。屠呦呦赴海南开展临床验证期间,留在北京的课题组成员继续进行纯化工作,并陆续得到多个结晶。从海南疫区回来后,屠呦呦迅速投入单体结晶的化学研究中。1972年12月初,课题组在对结晶进行鼠疟实验时,发现11月8日得到的Ⅱ号结晶有显著效果,这是首次以药效证实从青蒿中获得的单一化合物具有抗疟活性。该化合物即后来定名的青蒿素,1972年11月8日成为青蒿素的诞生日。

屠呦呦　撷本草精华　萃济世青蒿

  课题组干劲十足，屠呦呦和同事们进一步优化实验流程，为了开展一系列化学研究、临床前深入研究和临床验证，需要大量的青蒿素。当时我国科研条件非常艰苦，常规的提取容器无法适应大量提取的需要。为了争取时间，课题组从市场上购买了7个大水缸，装满乙醚，将青蒿浸泡其中做初步提取，然后再用大型实验室设备进行提取和纯化。中药所数十人夜以继日三班倒地进行大量提取，终于提取出100克青蒿素。在1973年深秋，青蒿素在海南的首次验证中显示出治疗效果。

  这个抗疟新药又是如何发挥其活性的呢？功能与结构密切相关。于是，课题组与中国科学院上海有机化学研究所、生物物理研究所等单位合作，于1975年年底测定出青蒿素的化学结构。结果表明，青蒿素与奎宁、氯喹等传统抗疟药物不同，它是一种具有独特化学结构的倍半萜烯内酯类化合物。

  在此期间，课题组继续深入青蒿素的化学研究。1973年9月，屠呦呦发现双氢青蒿素，以此为前体可以制备多种衍生物，其抗鼠疟效价更高。经过构效关系研究后，1975年，课题组证实青蒿素结构中的过氧基是抗疟活性基团。

  1977年，以"青蒿素结构研究协作组"名义撰写的论文在《科学通报》上公开发表，首次向全球报告了青蒿素这一重大原创成果。而青蒿素的发现不仅仅在于增加一个抗疟新药，更重要的意义在于发现这一新化合物的独特化学结构，为进一步设计合成新药指明了方向。

矢志不渝，专注于青蒿素

  发现青蒿素之后，屠呦呦一直致力于其结构和机制的基础研究，并开发了青蒿素衍生物——双氢青蒿素。而双氢青蒿素因其作用迅速、效力高、毒性低、半衰期短的特性，成为理想的抗疟药物。据不完全统计，

科学家精神 创新篇

青蒿素类药物在全世界每年治疗2亿多人,现已挽救了数百万人的生命。如今,以青蒿素类药物为基础的联合疗法,仍然是世界卫生组织推荐的抗疟最佳疗法。青蒿素成为传统中医药送给世界人民的礼物。

然而,"由于生物医药发明的独特性,往往需要很长时间去证明,这种药物是无毒的,是可以用于人体治疗的"。在青蒿素发现40多年后,诺贝尔科学奖姗姗来迟。屠呦呦有关疟疾新疗法的发现,使疟疾患者的死亡率显著减低,为改善人类健康和减少患者病痛作出了无法估量的贡献。2015年10月5日,瑞典卡罗琳医学院将诺贝尔生理学或医学奖授予屠呦呦。屠呦呦成为第一位荣获诺贝尔科学奖项的中国本土科学家。

不过,屠呦呦对青蒿素的研究并没有停止。耐药性是困扰医学界的一大难题,"青蒿素一旦产生抗药性,就需要至少再花十年时间研究新药"。针对青蒿素在东南亚等国出现的耐药性现象,屠呦呦团队经过多年攻坚,提出在临床中优化用药方案并用好青蒿素,完全有希望解决好现有的青蒿素耐药性问题。

青蒿素独特的结构是如此神奇,其强大的抗疟效果更是让人着迷。尽管历经数十年的广泛应用,但是人们对青蒿素作用机制的了解仍然相当有限。"一个新药只有将机制搞清楚了,才能充分发挥它的作用。"作为一项长期性工作,屠呦呦除了自己深入研究之外,也在呼吁更多的科研人员开展青蒿素抗疟机制的研究。

屠呦呦　撷本草精华　萃济世青蒿

怎么让它的作用发挥到极致？青蒿素类药物具有患者耐受性良好和价格低廉的特点，是一种特别值得开发新功能的药物。"老药新用"是研发新药的捷径之一，除了抗疟活性，青蒿素是否具有其他药理活性呢？近些年来，屠呦呦开始探索青蒿素的新用问题——研究新的适应证。最近他们发现，双氢青蒿素对于治疗红斑狼疮存在有效性趋势，目前已进入二期临床试验。

屠呦呦这辈子就做青蒿素。直到今天，这位90岁的科学家还在从事青蒿素研究。"中国医药学是一个伟大宝库，青蒿素正是从这一宝库中发掘出来的。未来我们要把青蒿素研发做透，把论文变成药，让药治得了病，让青蒿素更好地造福人类。"屠呦呦说。

一说青蒿素，她的眼睛就亮了……

（摘编自《屠呦呦传：中国首获诺贝尔奖的女科学家》，《屠呦呦传》编写组，人民出版社，2015年；《科技引领未来》，吴良镛、潘建伟等，中国文史出版社，2018年。由温菲整理）

王永志
以创新勇攀航天高峰

王永志（1932年11月—），火箭导弹专家，中国工程院院士。他是我国"两弹一星"工程重要技术骨干，第二代远程战略导弹技术带头人，载人航天工程首任总设计师，先后参加和主持了多个火箭型号研制设计，为国防科技事业作出了卓越贡献。2004年获国家最高科学技术奖。2005年被中央军委授予"载人航天功勋科学家"荣誉称号。

王永志进入公众视野，还是在"神舟五号"实现历史性突破、完成载人航天飞行之后。事实上，此前他已在航天战线耕耘了30年。由于创新能力突出，一上新的导弹火箭型号，总会让他带队攻关，完成一个就投身下一个，一口气研制了8个型号，而且首飞从未失败。因此，当我国航天史上最复杂庞大的巨型系统工程——载人航天工程开始研制时，他立即被委以总设计师的重任，继续站在了航天工程创新的前沿阵地。他是有名的"战略科学家"，富于远见，做过许多重大决策，事后都证明是正确和影响深远的。他在航天一线奋战50年，用自己的行动完美地诠释了伟大的"两弹一星"精神和载人航天精神，勇于攀登，特别能攻关——实现了三大梦想，即把导弹送到地球任何需要的地方、把卫星送入不同的空间轨道、把中国人送上太空，书写了强军报国的华丽人生。

创新不竭的青年俊才

回国后，王永志被分配到国防部第五研究院一分院，投身到"两弹一星"工程和"八年四弹"计划中，开始了他事业的第一个征程。师从著名火箭专家米申，学导弹火箭的莫斯科航空学院优等生开始造导弹火箭，简直如鱼得水，王永志成了排头兵，院里一旦研制新型号，总是让他冲上去。

1964年初夏，大学毕业3年的王永志第一次走进大漠深处的酒泉基地，参加"东风二号"发射试验。因天气炎热推进剂体积膨胀，计算表明导弹射程不足。他大胆提出，将燃烧剂泄出600千克，反而可以增大射程使导弹飞抵预定目标。这一建议得到了钱学森的肯定，并为随即进行的3次飞行试验所证实。

这一年，王永志被任命为总体设计室副主任，分管"东风三号"中程导弹研制工作。他提出了前箱推进剂导管外行等许多切实可行的方案，随后又主持了靶场合练等多种大型地面试验，也是首次试飞的组织者之一。他创造性地提出了"五结合"飞行试验方法，大大缩短了导弹定型、交付时间，对部队尽快形成战斗力极为有利。1968年，年仅35岁的王永志就担任了试验队队长，1969年再次担任队长，参与组织指挥定型飞行试验，均获成功。

1969年，王永志被抽调去主持"东风五号"总体设计室工作，1970年伊始便投入首飞试验弹的初步设计工作，制发了成套的设计文件。他提出并成功主持了只试二级的全弹系留试车，为导弹首飞赢得了时间，随后又主持了导弹后 50 天的出厂测试（共 100 天）。他作为发射阵地技术负责人，在指挥部决策是否推迟发射的紧要时刻，提出如期发射的关键意见并被采纳，为我国洲际导弹在 1971 年 9 月顺利诞生作出了突出贡献。首飞基本成功后，他又主持提出"加长箭体，增大射程；下移发射支点，提高发射安全性"等 10 项修改设计方案，并将其应用到了定型批洲际导弹和运载火箭研制中，其正确性均为后来的飞行试验所验证。1978 年年初，王永志被正式任命为"东风五号"副总设计师，年底任总体设计部主任。此时"东风五号"即将定型，"八年四弹"计划已接近完成。其中的前三弹都参与执行了"两弹一星"任务。

1978 年，"东风三号"总体设计获全国科学大会奖，王永志是主要得奖人之一。由于在第一代导弹研制中成绩突出，他还成为 1985 年国家科学技术进步奖特等奖"液体地地战略武器及运载火箭"这一综合奖项的获奖者（含 6 种战略导弹、2 种运载火箭，时间跨度为 20 多年），在以钱学森、任新民、屠守锷等老一辈专家为主体的 27 名得奖者中，他排名 15，是为数不多的中青年专家之一。

运筹帷幄的领军帅人

1978 年 8 月，中央确定了"固体为主、液体过渡"的远程机动战略导弹发展思路，王永志立即组织总体设计部开展了论证工作。次年 3 月，国防科委和七机部有关领导到一院继续听取各单位论证情况。会上正式宣布液体远程导弹立项，并同意钱学森"第二代战略导弹研制要由第二代人挂帅，建议由王永志出任总设计师"的提议。7 月，王永志被任命为该型号总设计师。他主持制定了先进的总体技术方案，包括十大关键技术，如轻型弹体结构、重型多功能牵引车、全数字化控制系统、高性能液体火箭发动机等，体现了技术上的更新换代，解决了"没有生存能力等于没有洲际导弹"的巨大难题。不仅方案上有亮点，管理上也形成了不少沿用至今的首创措施：它是我国按研制阶段实行设计评审的首个型号，使研制管理工作走向规范化、标准化；可靠性量化指标首次被纳入研制指标，可发射率和发射成功率指标得到层层分解落实。他亲自撰写的《设计守则》被七机部发现后印发到每个工程组，以统一设计理念、规范设计行为。导弹研制很顺利，1984年年底已基本完成初样阶段工作，十大关键技术均已基本突破，特别是发动机已经通过了长时间、大推力、极限混合比摇摆热试车。但就在这一年，固体发动机研制取得重大进展，中央批准停止液体型号研制，实施"液转固"。于是王永志又率领队伍开始论证固体远程导弹技术方案。

1985年年底，航天工业部在各院分头论证的基础上决定成立联合论证组，指定王永志为组长，成员有一院、二院、四院及部机关，研究提出固体远程导弹技术方案。经过3个月的集中研究讨论，一院的设计思想和方案得到了领导专家们的认同，但与使用单位的论证结果分歧较大。在向领导汇报时，王永志代表研制单位阐述了"基本型、系列化、技术通用、陆海兼顾"的研制指导思想——先抓出高水平的基本型，经局部完善改进便可发展成洲际和不同发射方式的导弹系列，此观点得到张爱萍的赞同："就应该从长远的战略发展出发考虑问题。就按王永志说的意见办。"一锤定了音。

后来国防科工委决定由王永志担任固体远程机动导弹总设计师、第一总指挥。在王永志的主持下，液体型号队伍经小幅调整开始转向固体型号研制，制定了战略导弹机动发射、高可靠、高精度、强突防的设计方案，经过3年多的努力，取得了重大关键技术突破性进展，转入初样阶段，为研制成功远程固体导弹基本型、后续潜射远程导弹、陆基洲际导弹奠定了坚实基础。1991年5月，王永志被国防科工委任命为运载火箭系列总设计师和地地导弹系列总设计师，统管两个系列的设计工作，并调至国

科学家精神 创新篇

家航空航天工业部任科技委副主任。

我国远程战略导弹的两次更新换代中，王永志都是第一任总设计师，其制定了先进的导弹技术方案，做出了影响深远、切实可行的发展规划，成为新一代远程导弹技术的领军人。实践证明，这种基本型、系列化的思想，有力地推动了我国导弹火箭技术的快速发展，在战略上赢得了主动。

应时创新的管理雄才

航天本就是高技术、高风险的行业，但就在1986年年底，刚升任中国火箭技术研究院院长不久的王永志，主动选择下了着险棋。

1986年是世界航天灾难年，美国"挑战者号"航天飞机爆炸，美欧多个火箭发射相继失利。王永志却从中看到了机遇——将中国导弹火箭打入国际市场。经过一番调研，他与院领导商量后，适应市场需求，决定"导弹太大搞小的，火箭太小搞大的"，把目光转向国际军贸市场允许的射程较小并可内外两用的战术导弹和中国第一枚大推力捆绑式火箭——长二捆。

他亲任某固体战术导弹首任总设计师、总指挥，组织攻克了捷联惯组、末速修正、钨渗铜燃气舵等十大技术。这些技术在型号研制史上都是首次采用，号称"十个第一"。型号仅用不到18个月就完成初样研制并取得首飞成功，其后续系列现已成为广为使用的军中利器。

1988年11月，仍处于纸上谈兵的长二捆，凭三页草图拉到了第一单买卖。美国休斯卫星公司委托中方发射两颗澳大利亚卫星，条件是火箭必须在1990年6月30日前有一次成功的发射试验，否则不仅中止合同，还要罚款100万美元。按常规，一种新火箭怎么也得四五年才能研制出来，时间实在太短！搞捆绑式火箭，我国无经验可循，外国技术又保密，风险太大了！而且万一失败，不仅他个人将身败名裂，巨额贷款难以偿还，政治上的负面影响更是难以估量。但王永志没有退却，他在航空航天部决策会议上立下军令状："请部里帮我院联系贷款和打通协作关系，我院则保证按时把火箭立在发射台上！"

1988年12月，国务院决定积极支持这一火箭研制，并联系了4亿多元低息贷款。背水一战，别无退路。院里高挂着"绝不让研制长二捆的列车在我们这里误点"的巨幅标语，开始了500多个灯火通明之夜，员工两班倒，仪器设备不停歇。时间层层分解，环环紧扣。正常需一个半月的二级振动箭总装，18天就完成了，而类似的事在整个攻关阶段时有发生。这是一支令人生畏的力量，不可能硬是变成了可能——火箭18个月按时完成研制，发射一举成功，运载能力由2.5吨提高到9.2吨，实现了技术上的巨大突破，成功打入国际卫星发射市场，并为随后开展的载人航天工程提供了运载手段。

王永志的管理理念和精辟独到的技术见解为火箭研究院规划了一个影响深远的发展模式。在任期间，他开自筹资金和贷款开发之先河，开初样火箭飞行试验成功之先例，开辟了战术导弹和固体战略导弹两个新战线，使火箭研究院形成了运载火箭、战略导弹、战术导弹和民品4个系列全面发展的战略格局。2015年大阅兵时，由他作为总师、副总师设计的洲际导弹、固体远程机动战略导弹、固体战术导弹3种导弹都在受阅方阵中。

迎难而上的飞天英才

从"东风二号"起,王永志先后参加或参与领导了我国 6 种地地导弹、2 种运载火箭的设计研制工作,每次他都是在首飞试验成功后,很快转入下一个新型号研制工作中,唯独载人航天打破了这一"惯例"。1987 年起,他作为"863"航天领域第一届专家委员会成员参与制定了载人航天的发展蓝图,1992 年年初作为论证组组长参与主持了工程技术、经济可行性论证,工程立项后被中央专委任命为总设计师,一干就是 14 年。

如果说王永志一生中,研制长二捆的风险最大,载人航天则是他遇到的最大挑战。面对这一当今航天科技的制高点,他几乎每天都处在处理问题、解决问题的状态中,精神高度集中,时刻不敢懈怠,倾尽了全部心血。他力主直接采用三舱飞船、轨道舱留轨应用、不做大动物试验、海上分区定点救生等创新方案,为工程实现高起点、高效益、跨越式可持续发展的战略目标做了大量开创性工作,起到了决定性作用。他紧盯航天员安全性设计的各个环节,坚持"可靠第一、安全至上"的原则,主持设计了满足十大约束条件的飞行轨道,力主将主着陆场从河南黄泛区改为内蒙古草原,对飞船提出落实船箭分离等五大手控分离措施、实现航天员手控排险和制动返回功能的要求,使我国具备了世界上最为完善的航天员全航程安全措施。

他未雨绸缪,"神舟三号"发射前就主持制定了《首次载人飞行放行准则》,做出"首次载人飞行前必须连续获得两次无人飞行试验圆满成功"的硬性规定。因此,他对"神舟三号"出现的穿舱插座问题毫不妥协,力主飞船从发射场运回北京更换全部 77 个插座。"神舟四号"飞行任务期间因病住院后,他把病房当成临时办公室,开"热线电话会",梳理出需要工程总体重点检查和督促解决的 34 个问题及其解决方向。"神舟五号"出厂前两个月,地面试验结果表明"拉刀式"座椅缓冲装置存在致航天员伤亡的风险。尽管反推发动机不点火的概率几乎为零，但他绝不掉以轻心，决心研制安全系数高的"胀环式"缓冲装置，射前做了更换。

高质量的技术方案，实践中建立起的一整套以安全性、可靠性为重点的质量保障体系，从根本上保证了飞行试验的成功率，使我国仅在4次无人飞行试验（美、苏分别为21次和7次）后，就取得首次载人航天飞行的圆满成功。航天英雄杨利伟走出舱门，通过电视影音走进千家万户，向所有关心的人们挥手致意……那一刻，整个华人世界都沸腾了！

2004年，"中国载人航天工程"获国家科学技术进步奖特等奖（排名第一），王永志还荣获2003年度国家最高科学技术奖。2005年1月，他被中央军委授予"载人航天功勋科学家"荣誉称号，被誉为"实现中华民族飞天梦想的开拓者，国防科研战线上的一面旗帜"。

畅想太空的战略大家

2006年，"神舟六号"任务成功后，74岁的王永志改任工程高级顾问，又肩负起了载人空间站工程实施方案编制专家组组长的重担。方案贯彻了他提出的"适应国情、控制规模、自主研制、高效运营"等战略思想，使"三步走"从战略规划到全面完成迈出了新的坚实步伐。

我国空间站工程将按空间实验室和空间站两个阶段分步实施，以小型空间实验室突破关键技术，降低空间站建造运营的技术风险。空间实验室为8吨级，重量不到礼炮号的1/2。空间站本体由3个20吨级舱段构成，总重量约是和平号空间站的1/2、国际空间站的1/7，建造成本低。货运飞船为13吨级，货运能力是俄罗斯进步号（2.6吨）的2倍多，可减少货运次数，有效控制运营成本。空间站基本实验能力达17吨，具备开展较大规模科学技术实验的条件。这样，依靠顶层设计和技术创新，我们既有效控制了建造和运营成本，又达到了独立掌握空间站建造运营和长期载人飞行等基本技术的目的，还保证了空间站的应用价值。

此外，三舱空间站只是最小配置的基本型，具有继续扩展能力，这是王永志一直强调的。他还提出三舱之外新增的舱段甚至不必都固联在主体上，可根据有效载荷特点和需要作为独立的共轨伴飞平台，只在必要时与主体对接，经检修补给后再继续独立飞行，构成多平台共轨飞行的分布式空间站。他甚至设想，空间站还可能发展成为邻近的预有准备的其他航天器提供检修补给服务，延长其飞行寿命；若该航天器无法自主与空间站对接，则派出站上的救生船或渡船实施救援等，使空间站不再局限于太空的几间实验室，而是成为强大的国家级太空基础设施——"太空港"，服务于多个领域，从而开创出空间站技术的新理念、新模式。

……

50多年来，王永志一直奋战在航天第一线。心无旁骛地专注于事业，虚怀若谷的胸襟，认真负责、勇于担当的精神，使他展现出卓尔不群的技术领导力，树立了很高威信，建立了卓越功勋。2010年1月，经国际天文学联合会批准，火星和木星之间的一颗小行星被永久命名为"王永志星"，以彰显他的科学精神与成就。

（撰稿：中国长征火箭有限公司　李少宁）

陈景润
数论世界的执着求索者

> 陈景润（1933年5月—1996年3月），数学家，中国科学院院士。主要研究解析数论，改进了高斯圆内格点、球内格点、塔里问题与华林问题，深入研究筛法及其有关重要问题。1966年证明了命题"1+2"，1973年发表了"1+2"的详细证明，这一结果被国际上誉为"陈氏定理"，被公认为对哥德巴赫猜想研究的重大贡献。1982年获国家自然科学奖一等奖。

人们究竟是因为哥德巴赫猜想而知道了陈景润，还是因为陈景润才了解了哥德巴赫猜想，这一点很难说清楚。但不可否认的是，陈景润的一生都与哥德巴赫猜想交织、纠缠在一起。"1+2"不仅仅是陈景润的一个符号、一个标志，更是中国位于国际解析数论界前列的一个象征。

陈景润的数学王国

自小就体弱多病、不善言谈的陈景润一直是同学们眼中的异类，可是他瘦小的身躯中蕴含着的聪明才智，尤其是对数学的敏感与热情让他安心地沉浸在自己小小的数学王国里。在这个世界里，他不需要和别人交谈，可以尽情地和自己对话，这让他感到无比的快乐。

1953年，陈景润从厦门大学毕业后，被分配到北京四中任教，因口齿不清，被停职，让他"回乡养病"。时任厦门大学校长王亚南将其调入厦门大学数学系资料室工作，主要目的还是让他能够安心地从事数学研究工作，尤其是从事他一直感兴趣的数论研究。正是在这个时候，陈景润接触到了华罗庚先生的《堆垒素数论》，研究的是把一个自然数写成某些特定数的和。陈景润把这本书读了近20遍，一些重要的章节内容甚至读了40遍。他的读书方法和旁人不同，他是把书一页页地拆开来看。口袋里装着纸笔和拆下来的书，开会前看、吃饭时看、走路时看，反复揣摩、钻研直至烂熟于心。他还把这本书的每一个公式、定理都亲自核实了一遍。在此过程中，融入自己的计算方式和一些独特的思考，最终对这本书中一些尚未完善的问题做了改进，并写成一篇题为《塔利问题》的论文。

因为这篇文章，陈景润的创造力与精益求精的科研态度受到了赏识，他被华罗庚调入中国科学院数学所从事研究工作。刚到中国科学院时，一向勤俭的陈景润给自己添置了一台家用电器——收音机。他想用收音机学习外语以便可以更好地查阅外文文献。但是他并没有买一台最新的收音机，而是委托海淀的商店花15元买了一台国产旧收音机。他的同事们对此都很不能理解。不过陈景润有自己的想法，他想凭借自己的知识去修好它，万一修不好，还可以再把它卖掉，最终他照着一本《电子管原理》把这台破旧的收音机修好了。

知识分子大抵都是热爱创造的，陈景润把他的创造力用到了生活中的每一个角落。也正是因为这种永不停息追求创新的精神，才让日后的陈景润不停地探索数论科学。

1957—1965 年的 9 年时间，陈景润一直在中国科学院数学所工作。其间他对解析数论的许多经典问题，都做出了一些很好的成果。例如，对圆内格点问题，华罗庚在 20 世纪 30 年代证明了格点个数公式余项的阶基本上是 13/40，陈景润把它推进到 12/37。又如，对于华林（E. Warning，1734—1798 年）问题，他证明了 g（5）=37 等。他在数论中不断创新、追求卓越的态度引领他一直前进。

"皇冠上的明珠"——哥德巴赫猜想

著名数学家高斯（Gauss，1777—1855 年）曾经说过："数学是科学的皇后，数论是数学的皇后。"在数论这门学科中就有很多重要的猜想，其中最著名的便是哥德巴赫猜想。苏联数学家辛钦（A. Y. Shinchin）把哥德巴赫猜想称为"皇冠上的明珠"。这个猜想吸引了无数数学家前赴后继地去探索其中的奥妙。陈景润也不例外。

其实，早在陈景润读中学时，他就听沈元老师讲了这道世界数学难题：1742 年，一位名叫哥德巴赫（C. Goldbach 1690—1764 年）的德国数学家提出了"任何一个偶数均可表示为两个素数之和"，即"1+1"。不过他无法证明，便给数学家欧拉（Leonhard Euler，1707—1783 年）写信，请他帮助证明这道难题。但是欧拉终其一生也没有证明出来，不过他坚信这一命题是正确的。从那时起，陈景润的心里便暗暗埋下一颗种子：要攻克这道数学谜题。

关于哥德巴赫猜想，历史上有人曾做过大量具体的验证，如 6=3+3，8=3+5，10=5+5，12=5+7 等。而现在由于计算机的使用，可以证明直到 100 亿内都是成立的。可是偶数有无穷多个，更大的偶数怎么证明呢？所以这就需要一个普遍适用的基本证明过程。

然而，这个猜想自1742年提出，到20世纪20年代为止，近180年的时间中，都没有取得任何实质性的进展，以至于英国数学家哈代（G. H. Hardy，1877—1947年）曾在哥本哈根的一次演讲中说："'哥德巴赫猜想'可能是尚未解决的数学问题中最困难的一个。"

逆境催生创造。就在整个数学界感到束手无策时，智慧的火花开始迸发，并在随后的50年间，形成燎原之势——哥德巴赫猜想的证明过程取得累累硕果，中国的数学家陈景润更是迄今为止最大的那颗果实。

从"9+9"到"1+2"

数学家们在解决哥德巴赫猜想的过程中，逐渐认识到：要想直接证明"1+1"太难了，因此，便设想先来证明每一个充分大的偶数是否都可以表示为两个素因子个数不多的乘积（这种数称为殆素数）之和，从而通过减少素因子个数的办法来解决。设a，b是两个正整数，我们可以用{a, b}来表示命题：每一个充分大的偶数都是一个不超过a个素数的乘积与一个不超过b个素数的乘积之和。当我们证明了命题{1, 1}，也就证明了"1+1"。

在哥德巴赫猜想的种种证明方法中，利用筛法取得的成果是最大的。1920年前后，挪威数学家布隆提出"布隆筛法"并且

证明了命题"9+9"。以后的几年中又从"9+9"发展到拉德马赫尔（H. Rademacher）："7+7"；埃斯特曼（T. Estermann）："6+6"；里奇（G.Ricci）："5+7"；布赫夕塔布（A. A. Buchstab）："4+4"；维诺格拉多夫（A. I. Vinogradov）："3+3"；中国数学家王元在1957年证明了"2+3"。但是，以上所证明的结论中有一个共同的缺点，那就是a和b没有一个是1，即无法保证a和b中有一个是素数。

那么接下来的工作就是要去证明命题{1，b}，即"1+b"。苏联数学家林尼克（Y. V. Linnik）于1941年提出大筛法使这项工作成为可能。后来他的学生匈牙利数学家瑞尼（A. Renyi）于1947年改进了大筛法，并结合"布隆筛法"无条件地证明了命题"1+b"，b是个非常大的确定的数。1963年，潘承洞证明了"1+4"；1965年，邦别里证明了"1+3"。

成功好像触手可及了，从"1+3"到"1+1"，只剩下最后两步了！这一困扰人类近200年的谜题就要被解开了！但事实并非如此，就像爬山一样，越到山顶，就越陡峭、越吃力，越难成功登顶。此时，对于哥德巴赫猜想这一问题的解答也止步于"1+3"，并且学界断言，筛法已经到了"山穷水尽"的地步了，没有任何一个人能够再凭此方法将结果推进到"1+2"，更不用说"1+1"了。

然而，有一个人"明知不可为而为之"，他就是陈景润。法国数学大师安德烈·韦伊（André Weil，1906—1998年）说："陈景润先生做的每一项工作，都好像是在喜马拉雅山山巅上行走，危险，但是一旦成功，必定影响世人。"他创造出一种新的筛法，叫作"线性筛法"，陈景润的"线性筛法"是对一个函数求和，对函数中的每一个元素加权，再进行筛选，所以，只要选择恰当的函数就可以得到好的结果。他的证明中最重要的两个条件便是解析数论在20世纪50—60年代最重要的进展：Jurkat-Richert定理和Bombieri-Vinogradov定理。用筛法和这些定理，陈景润完成了一个类似于弱哥德巴赫猜想的估计，即把一个（充分大的）

数写成"1+2"形式的方法数大于0，这样也就证明了所有（充分大的）数都可以写成"1+2"。1966年，陈景润在《科学通报》上发表文章，已经证明"1+2"，由于当时只是给出了几个引理，没有详细的证明过程，国际数论界没有承认这个结果。而且，此时陈景润的证明过程多达200页，不符合数学简单美的特征，后来他又进行了大量的简化工作。

一张床、一张书桌、两个暖壶、几瓶药构成了陈景润的方寸空间。桌子被抬走了，电线也被掐断了，在这个不足6平方米的小屋子里，他借着煤油灯那昏暗的光线，靠着一支笔，进行着烦琐的运算过程。没有计算机的协助，超负荷的计算量不仅挑战着智力极限，也挑战着他的体力极限。饿了吃点馒头，渴了喝点水，然后再接着计算，同时他还要和病魔做斗争。就是在这样的一个环境中，陈景润的智慧犹如深压的泉水，喷涌而出，将哥德巴赫猜想的证明过程从200页简化到30多页，运算的草稿纸塞满了两个麻袋。

终于在1973年，陈景润将哥德巴赫猜想的成果写成论文《大偶数表为一个素数及一个不超过二个素数的乘积之和》，发表在中国最著名的学术期刊《中国科学》上，之后立即在国际数学界引起轰动，并被命名为"陈氏定理"。陈景润引进的权函数方法是筛法理论的极致运用，哈伯斯坦（H. Halberstam）和里切特（H. E. Richert）更是在名著《筛法》中指出："陈氏定理是所有筛法理论的光辉顶点。"陈景润也让中国从此进入国际数论界的前列。

除了上述提到的圆内格点、华林问题、筛法理论、哥德巴赫猜想等，陈景润还改进了"孪生素数猜想""算数级中的最小素数""小区间殆素数分布"等问题。陈景润毕生都致力于解析数论中重大问题的研究，为解析数论发挥了巨大的作用。

数学是科学的基础，数论是数学的基础。数论领域艰深而抽象，它不仅需要研究者扎实的基础知识，更需要有创新的思维方式。陈景润在学界断言哥德巴赫猜想只能止步于"1+3"时，破旧立新，创造出一种新的"线性筛法"，化不可能为可能——将"1+3"推进到"1+2"，把筛法理论运用得淋漓尽致，有力地推动了国际数论、函数论等分支学科的发展。这种大胆的创新思维引领他在数论领域走得更远更深，让他取得了众多研究成果，为基础科学作出了不可磨灭的贡献。

（撰稿：刘诗琪）

参考文献

[1] 陆洪文. 陈景润与哥德巴赫猜想[J]. 科学，1996，48（5）：51-55.

[2] 彭作华. "哥德巴赫猜想"与陈景润先生[J]. 洛阳师专学报（自然科学版），1999（2）：19-22.

[3] 刘培杰. 从哥德巴赫到陈景润[M]. 哈尔滨：哈尔滨工业大学出版社，2008.

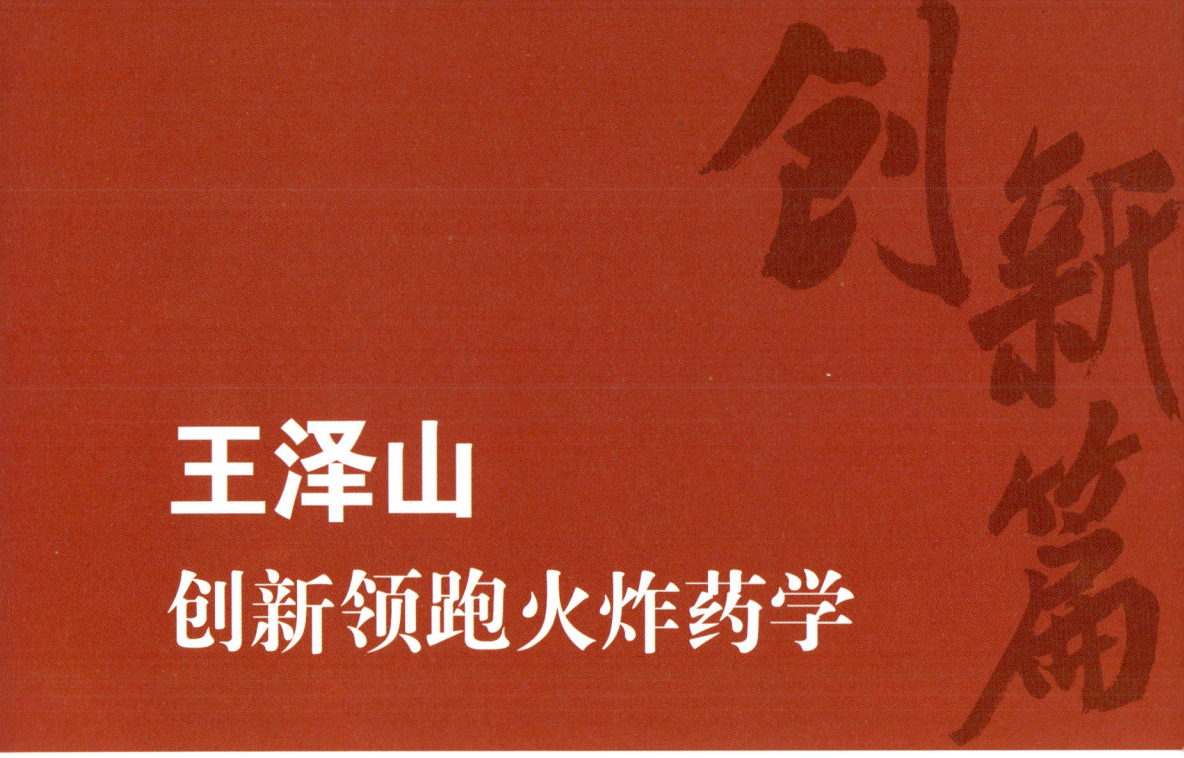

王泽山
创新领跑火炸药学

王泽山（1935年9月—），火炸药专家、含能材料专家，中国工程院院士。长期从事含能材料方面的教学与科学研究，建立了发射装药理论，发明了低温感技术，研究和开发了废弃火炸药再利用的有关理论和综合性处理技术。2018年获国家最高科学技术奖。

王泽山的青少年时期是在战争硝烟的不安之中度过的，这种没有国家、没有国防的生活，让他坚定了强国信念，而强国必先强军，强军才能御侮，正是这一点，让王泽山选择了"大冷门"——陆军系统火炸药专业。火炸药工作的危险性没有吓退王泽山，反而让他养成了严谨的工作作风和周详谨慎的思考习惯，在每次试验前，他都会对方案的可靠性进行细密的思考、检查。

初步创新,开创发射装药理论

从 20 世纪 60 年代开始,王泽山就持续进行着有关发射推进剂的研究和教学工作。火炸药学是一门复杂的学科,它内在的特殊性和危险性要求相关从业者具有强大的计算能力和理解能力,且不能出错,在王泽山的努力下,这种"高难度"被计算机简化了。事情要从王泽山得到一个参加一项研究任务的机会说起,他在这个研究任务中接触到了在当时还处于前端的先进计算机技术及国外有关科技资料,一直以来,王泽山都十分重视创新在科研工作中的重要性,因此他并没有把这项先进的技术和自己的专业割裂开来,而是设法让计算机为火炸药学所用。他将计算机技术和诺模图设计原理引入我国的火药教学、科研和火药装药学体系中,

继而发展了火药及装药"解析设计""表解设计""诺模图设计"的理论和设计方法,在相关著作中,王泽山提出了一种新的装药技术和新的设计计算方法,正是计算机和传统火炸药学创新性地结合,使得火炸药学中原本复杂难解的问题变得清晰简单。

在研究中,王泽山总是能打破科研上的惯性思维,因而在别人意想不到的地方找到突破点,发觉不容易注意到的现象和细节,为解决原本一筹莫展的难题提供别具一格的新方法,这种"别出心裁"正是他在科学研究上取得

成功的秘诀之一。例如，在一次某炮射导弹研制的关键时期，产品出乎意料地出现了问题，在详尽了解整个产品的测试过程后，王泽山想到从内弹道技术的角度查找问题之所在，最终解决了研究中最困惑的问题。正如他平日所说，创新在科研中有着举足轻重的作用。王泽山一直以我国国防事业的进步和突破为目标，军备建设一开始或许是跟踪、模仿、引进，但这样是不够的，跟着别人的脚步不免会在发生冲突时受制于人，因而，创新必须是科研事业之中根深蒂固的概念，我们要靠创新发展出更强、更先进的火炸药武器，做到真正的强军强国。

怀抱着这一信念，王泽山创立了我国的发射装药学，这是武器能源装药应用的理论基础学科，也是多项相关学科的交叉融合，内容广泛，涵盖装药热力学、装药弹道与结构设计、远程发射装药、装药检测评估及发射装药新技术原理等多个方面，揭示了火炸药组成、结构、性能的变化规律，建立了炮、弹、药的构效关系，这一成果对于进一步将火炸药运用在武器中有重要作用。

立足实际，火炸药领域的新成就

王泽山常说，搞研究不能满足于专利、奖项或论文发表，而是要切实将科研项目成果转化为实实在在的工业化生产。这种一切从实际出发，紧密关心社会需求的理念，使他看到了火炸药研究的另一个突破口，并且进一步把自己的创新构想转化为解决实际问题的方法。

火炸药轮储是国家国防战略的必行方案，国库每年都产生数以万吨计的退役火炸药，它们危险性强，并有可能污染环境，弹药种类多、剂型复杂，传统的处理方法是对其进行监管下的露天焚烧、掩埋或投入公海，但这些方式都不能避免其污染环境和燃烧爆炸的风险。对于如何处理退役火炸药这一新问题，20世纪80年代，王泽山提出了利用废弃火炸药制备民用炸药等相关工业产品这一治理途径，这样的途径能够促进民用生产，充分利用火炸药易燃爆的特性，将其投入相应的驱动、抛射和爆破场合及炸药、起爆工具、驱动器、烟花用药剂等的制作过程中，不留隐患。此外，运用一些专业技术也可以使退役火炸药转变为工业原料或再次利用于军事产业。这样"变废为宝"的方法并不是从天而降的，正是因为王泽山在日常工作中就贯彻着创新理念，不拘泥于既成的方法和思路，才能产生灵感，找到解决问题的新方法。

为了实际了解企业的需求，王泽山走访了全国各地的火炸药企业，亲自指导企业成果转化，最终将这一构想变为现实，做出了科研成果，实现了产业技术转化。这项技术填补了国内空白，引领了我国废弃火炸药无公害处理、再利用的发展方向，使得退役火炸药在民用领域找到了自己的去处，又消除了传统处理方法潜在的隐患，是一项安全、绿色、资源化利用的技术创新。

面对武器生产事业中产生的各种各样不可预测的难题，王泽山似乎总能找到出其不意的解决方法。环境温度的变化会对武器装备性能产生很大的影响，而我国地域辽阔，同一时间不同地域的温差难以避免，克服温度对军械性能的影响这个与自然规律相冲突的目标，在王泽山的手中再一次实现了。

如何才能使武器在常温、低温条件下拥有和高温条件下相同的性能？既然无法控制军事环境中巨大的温差变化，那么就要把焦点放在排除或尽量减小温度对武器性能的影响上，沿这种思路研究下去，改良军用武器的制作材料似乎势在必行了。这一次，王泽山在自己所研究的含能材料上找到了新突破口，参照含能材料所特有的性质，"低温感含能材料"正是解决方案。

通过10年多的不懈努力，王泽山和他的团队不断尝试着对低温感含能材料的寻找和探索，终于打破旧框架，发现了火药燃速与燃面之间的等效互补，建立了温度—燃面补偿系统，找到了能够弥补温度影响的低温感含能材料。这一新突破，不但解决了武器长贮稳定性问题，而且提高了发射药的能量利用率。这项对于武器装备制作的创新杰作，其原理、材料、稳定性及普适性，全面优于国外技术。

凭借对废弃火炸药再利用和低温感含能材料的研究，王泽山分别获得了 1993 年的国家科学技术进步奖及 1996 年的国家技术发明奖。这些成就，离不开他的创新精神和发散性思维，王泽山用"以身相许火炸药学"的一生向我们说明：在科学研究之中，创新必须是第一位的。

突破瓶颈，中国装药技术领先世界

在日常的科研中，王泽山落实着自己一贯坚持的"超越意识"，努力提高自己的理论和实践实力，做出有创新水平的成果，而不是一味地跟踪、模仿外国的理论和成果。正是这种自强不息的创新追求，使得我们在火炸药领域获得了引领国际的实力。

在炮兵作战中要求火炮拥有更远的射程、更大的威力、更高的精度和更快的射速，因此，远程火炮发射和等模块装药成了火炸药乃至国际军械领域亟待解决的技术问题。

决定火炮威力和射程的主要因素之一是它所使用的火炸药的性能，长期以来，各国火炮使用的主要是由两种单元模块组合的双模块装药技术。为了满足火炮不同的远近射程，在发射前模块装药需要在不同的单元模块间进行频繁更换，这一操作很烦琐，也会降低发射效率。所以，研究出能使用同一种单元模块，能够通过模块数量的不同组合来实现对火炮打击不同远近目标的切换是当务之急。

王泽山和他的团队另辟蹊径地创立了装药新技术与相应的弹道理论，研发出了具有普遍适用性的远射程与等模块装药技术。所谓模块装药，就是根据不同射程，对火炮内一个个标准的模块进行自动选择及装填的过程，这一优化解放了炮兵的装填手，也提高了火炮发射效率，射速和反应速度的提升让自行火炮的作战效能直线提高。

拥有了远射程与等模块装药技术，只要有效利用现有的武器制作技术，在不研制新火炮、不改变火炮的总体结构（延长炮管）、不增加膛压的前提下，也能通过提高火药能量的使用效率来有效提升火炮射程。这种应用了新技术的火炮，甚至超越了当时最为先进的高膛压火炮的射程，发射威力也达到了更新一代火炮的标准，并且免除了更换模块的烦琐操作，只需一种操作模块就可以覆盖全部射程。其弹道性能全面超过国际上的同类火炮，避免了延伸炮管或增大膛压可能导致的火炮机动性受损问题，降低了高膛压的风险，也降低了火药燃烧产生的有害气体对操作员和环境造成的危害。

这一突破，使中国发射装药技术居世界前沿地位，并在高性能火炮研究这一领域中，使我国掌握了关键核心技术。王泽山获得了2016年的国家技术发明奖一等奖。

在日常科研工作和生活中，王泽山常对周围的人说自己不喜欢走别人走过的老路，而是喜欢独辟蹊径，从一个全新的角度闯出一条前所未有的新路来。无论是提出新的退役火炸药处理手段，还是研发远程、低膛压装药方法，不走寻常路的创新精神正是攻克这些世界级难题的关键所在。

（摘编自《王泽山院士：60多年只做一件事，让火药重焕荣光》，安静雯，中国军事网，2018年1月9日；《王泽山：以身相许火炸药》，张晔，原载于《科技日报》，2018年1月9日；《六十年书写火炸药传奇》，张晔，原载于《智慧中国》，2018年第1期。由罗依然整理）

王 选
当代毕昇的创新与攀登

王选（1937年2月—2006年2月），汉字信息处理与激光照排技术发明人。中国科学院院士、中国工程院院士。主持研制的华光和方正系统实现了我国淘汰铅字的印刷技术革命，成为自主创新和用高新技术改造传统行业的典范，被誉为"当代毕昇"。2002年获国家最高科学技术奖。

在当今这个互联网无处不在，信息爆炸、飞速发展的时代，我们或每天用电脑敲击键盘输入文字工作求学，或用智能手机通过输入法录入文字沟通彼此，或打开墨香悠然的图书汲取知识。可是你有没有想过那些跃然于屏幕或纸上的汉字是如何而来的，有没有想过英文字母和汉字在这一过程中曾有着怎样的天然鸿沟，有没有想过承载着5000年中华文明的汉字曾经历过被计算机抛弃的危局。在录入汉字早已习以为常的背后，有着一段中国科学家锐意进取、迎难而上、振奋人心的划时代创新故事。

王选是著名的计算机科学家,他带领科研团队研制成功汉字信息处理与激光照排系统,并实现成果市场化和产业化,掀起了我国"告别铅与火、迎来光与电"的印刷技术革命,不但使来华销售的国外厂商全部退出中国,还使其出口至日本、欧美等发达国家和地区,并为信息时代汉字和中华文化的传承与发展创造了条件。该技术两次获国家科学技术进步奖一等奖,两次被评为中国十大科技成就。

大胆进行颠覆性技术创新

为了改变我国落后的铅排印刷面貌,让汉字跟上信息时代的脚步,使中华文明得以传承与发展,1974年8月,在周恩来总理的关怀下,我国设立了"汉字信息处理系统工程",简称"748工程"。1975年年初,王选的夫人、北京大学数学系教师陈堃銶得知"748工程",回家转告王选。王选被其中的子项目"汉字精密照排系统"的巨大价值和难度深深吸引,开始自行设计和研究。

为了掌握国外照排领域的研究现状和发展动向,王选拖着病弱的身体,挤公共汽车到中国科学技术情报研究所(现"中国科学技术信息研究所")查阅外文资料。开始时没有科研经费,为了节约5分钱,王选总是提前一站下车步行过去。经过仔细分析,结合我国国情,他做出了一个大胆决策:跨过当时世界流行的二代机和三代机阶段,直接研制尚无商品的第四代激光照排系统,采取了跨越式发展的技术途径。王选后来总结说,"科学研究有时可以采取迂回策略,用创新的设计,绕过按常规方式发展会遇到的巨大困难,实现技术发展的跨越,这往往能够走一条高效益的、事半功倍的捷径。"直接研制四代机这一选择,使王选立足高起点,敢于走前人没走过的路,从而抢占先机,为实现关键核心技术的自主可控奠定了基础。

要使计算机能处理汉字，就要解决汉字的数字化存储、处理和输出等一系列问题，也就是汉字的信息处理问题。英文只有26个字母，大小写也不过52个，而汉字字数繁多，《康熙字典》收入的汉字达47 000多个，常用字就有6700多个，还有10多种字体、近20种字号。庞大的信息量使得汉字进入计算机成为世界性难题，甚至有专家预言，"计算机时代是汉字的末日""要想跟上信息时代的步伐，必须要走汉语拼音化的道路"。

针对汉字字形信息十分庞大（数千兆）、当时国产计算机容量极为有限（不足7兆）、难以存储的难关，王选充分发挥其"计算数学"专业的特长，发明了"轮廓加参数"的"高倍率汉字信息压缩技术"，巧妙解决了汉字信息如何存入计算机的难题；王选又依靠同时代人不多见的软、硬件兼备的科研功底，先后发明了适合硬件实现的、失真最小的高速还原汉字字形算法，并编写微程序予以实现，后来又设计加速字形复原的超大规模专用芯片，在当时硬件条件下，创造了每秒生成710个汉字的世界最快速度，并具有强大的、花样翻新的字形变化功能，从而解决了将汉字压缩信息高速、高保真还原的技术难题，为选择激光输出方案奠定了基础（图1）。

图1　王选设计的汉字激光照排系统原理性样机主要技术手稿

由于王选的技术过于超前，遭到了许多质疑，说他"玩弄骗人的数学游戏"，有的讽刺说："你搞第四代，我还要搞第八代呢！"但王选坚信自己的技术是正确的，他带领团队克服重重难关，在1979年7月27日，用汉字激光照排系统输出了第一张报纸样张《汉字信息处理》；1980年9月15日，又成功地排出了第一本样书《伍豪之剑》。北京大学把样书呈送中共中央政治局，方毅同志于1980年10月20日批示："这是可喜的成就，印刷术从火与铅的时代过渡到计算机与激光的时代，建议予以支持。"10月25日，邓小平同志批示："应加支持。"1981年7月，汉字激光照排原理性样机通过了部级鉴定，实现了从技术方案到样机的实质性过渡。

王选发明的上述颠覆性创新技术，开创性地突破了汉字信息处理的数字化存储和输出等世界难关，实现了关键核心技术的原创引领和自主可控，从而把创新主动权、发展主动权牢牢掌握在自己手中，为日后激光照排系统的技术更迭换代、实现成果转化和在国际竞争中大获全胜奠定了关键基础。

坚持服务国家急需应用创新

原理性样机研制成功后，有人劝王选，"现在已经证明你的科研原理正确，你是有能力的，应该做更多其他研究"。王选回答，"我不能拿了国家的钱，只是做了一个试验"，"应用性科技的成果要经得起市场的考验，才能对社会有实际贡献"，"只有把应用和市场推到最前沿，才能获得十分宝贵的需求刺激，而这是创新的重要推动力"。

要使激光照排系统走出实验室，实现应用和成果转化，是一项庞大复杂的系统工程。王选除带领北京大学"748会战组"（"北大计算机科学技术研究所"的前身）进行系统总体设计、承担最关键的照排控制器和

科学家精神 创新篇

软件系统的设计以外，还在国家的领导和统筹协调下，确定了新华社为第一个用户，先后落实了生产系统主机、照排控制器、激光照排机及汉字终端等设备的协作厂家，组成了跨部门、跨地区、跨行业，集合全国优势力量的科研、生产和应用队伍。

把一个科研项目从技术研发打造成为有竞争能力的商品进而占领市场，是一个十分艰苦、"九死一生"的过程。1984年，王选团队研制成功华光Ⅱ型系统，开始在新华社进行中间试验。当时正值引进高潮，美、英、日等国照排机厂商大举来华，用户和业内人士大多不看好国产系统，纷纷购买国外产品，国产系统遭遇冷嘲热讽，有的说"搞出来也是落后的"，有的讥笑"'748'不如叫'气死吧'"。高校内部流行写论文、评职称、出国进修，而激光照排项目从事的又是繁重的软、硬件工程任务，开发条件很差，导致研发人员骤减。不断有协作单位退缩，提出撤走人员，否定技术方案。系统软、硬件稳定性差，出现错字、漏字、变字；照排机故障多，导致漏光、胶片卷角……可谓内外交困，阻力重重。

王选顶着压力，挤公共汽车往返于北大和新华社之间，带领科研团队解决了一个又一个技术难题，最终使系统达到了实用要求。截至1985年5月，共排印《新华社新闻稿》88期、《前进报》12期，约1200万字，为正式定型生产打下了基础。1985年5月，"华光Ⅱ型计算机——激光汉字编辑排版系统"通过国家经委主持的国家级鉴定和新华社用户验收，成为我国第一个实用照排系统。这标志着系统正式迈出实验室，走上实用化道路。

改造出版印刷行业的一个重要条件，是系统能够出大报、日报，1984年，当Ⅱ型系统还在试用阶段时，王选便开始设计Ⅲ型系统，主机由小型机换为台式机，体积更小、稳定性更强，并具有先进的科技排版和大报排版功能。据统计，当时我国积压了两年还未出版的科技图书多达3800多种，传统铅排技术严重限制着科教事业的发展，Ⅲ型系统的面世，解决了积压已久的科技书籍出版问题。

第一家大报用户是《经济日报》。该报社位于王府井地区，为了克服环境污染、地段限制等因素，提高印刷生产能力，印刷厂厂长夏天俊在报社领导的支持下第一个勇尝"螃蟹"，采用华光Ⅲ型系统，于1987年5月22日，出版了世界上第一张计算机屏幕组版、激光照排整版输出的中文日报。

但是，系统问题仍然层出不穷，如重字、重行、丢字、丢行、标题移动困难；照排机、激光印字机抗干扰性能差，扫描抖动，暗盒不严，走纸不匀，上下胶片定位有问题，甚至螺丝松动、钢丝绳断……上述问题导致错误不断，延误出报，读者指责。报社一边登报致歉，一边发出最后通牒：必须在10天内排除故障，顺利出报，否则退回到铅排作业！

如果退回铅排，意味着十几年的努力将付之东流，王选、夏天俊与科研团队紧密协调，昼夜改进，终于解决了一个又一个技术拦路虎，于1987年8月实现了稳定出报。

1988年，经济日报社卖掉了所有铅字，在全国首家告别"铅与火"，使汉字激光照排系统实现了从实用化到产品化进程的关键冲刺。

深耕自主创新和体系创新

Ⅱ型系统和Ⅲ型系统问世后，接连荣获中国十大科技成就、国家科技进步奖一等奖等荣誉，但王选却有一种"负债心理"，因为当时国外照排厂商正大举进军中国市场，先后有6家大报社、几十家出版社和印刷厂购买了美、英、日生产的照排系统。王选对同事们说："国家前后给我们1000万元拨款，假如研究出的产品最后却在市场上被别人打倒，我们到底有功还是有过？""一定要把科研成果变成商品占领市场，为国家创造财富，这比10个权威赞扬100次都要实际得多！"

1984年，王选向北京大学提出创办科技开发公司、将技术与市场相结合的建议，可以说是"产学研结合"的先声，不久，北大成立了科技开发公司。1989年，王选带领科研团队又研制出功能强大的华光Ⅳ型系统，并与北大新技术公司合作，进行批量生产和销售，在国内大规模推广使用。

此时，国内某大报花费430万美元，引进了美国HTS公司的照排系统，美方却因解决不了汉字信息处理的难题，致使系统迟迟不能使用。王选带领北大科研团队，在电子部的主持下与该报社签订了技术改造协议，半年不到就将系统改造成功投入了使用。紧接着，来华销售的英国、日本等其他国外厂商也因解决不了汉字信息处理的技术难关，最终全部被国产系统取代，退出了中国市场。

此后，王选和同事们又设计出TC91、TC93等新一代照排控制器，功能更加强大，以此为核心的方正电子出版系统迅速占领市场。截至1993年，国内99%的报社和90%以上的黑白书刊印刷厂采用了国产激光照排系统，延续上百年的铅字印刷行业得到彻底改造，走完了西方40年才完成的技术改造道路，成为我国用自主创新技术改造传统行业的典范。

激光照排系统取代了铅排铅印后，曾有这样的舆论：一旦市场饱和，会出现迅速萎缩。十几年的科研和市场磨炼，培养了王选敏锐的洞察力和对新技术发展的预见能力，他提出了"根据市场需求进行技术创新，再用创新的技术引领技术改造、创造新市场"的自主创新思想，带领团队充满激情地"冲锋陷阵",在"告别铅与火"后,又实现了"告别纸与笔""告别报纸传真机""告别电子分色机""告别胶片"4次新闻出版领域的技术跨越,形成了我国全新的电子出版产业。截至20世纪末,累计产值达100亿元,创利润15亿元,出口创汇8000万美元,产生了极大的经济效益和社会效益。目前,我国的印刷企业数量近10万家,是1979年的9倍;年总产值超1.2万亿元,是1979年的近250倍;全行业平均劳动生产率极大提升。在总量上,我国印刷业已成为印刷大国,正在向印刷强国迈进。

1998年6月30日,新华社"中国改革开放二十年风云人物专题"刊发图文报道:"王选因成功地把科技转化为生产力并创造出巨大的财富,是目前为止中国创造市场价值最多的科学家、'科技是第一生产力'最成功的实践者。"

作为我国第一批把科技成果推向市场的先行者,王选被誉为"有市场眼光的科学家"。经过艰难探索和实践,王选带领团队一步步创立了"科技顶天、市场立地"的产学研结合模式,建立起企业为主体、市场为导向、产学研深度融合的技术创新体系。王选对"顶天立地"模式的解释是:"顶天"就是要有高度的前瞻意识,立足国际科技发展潮头,对未来技术或下一代技术做储备,进行预研和探索,以不断追求技术突破;"立地"就是商品化和大量推广、服务,形成产业。"顶天"和"立地"紧密结合,相辅相成,以此实现技术与市场的正反馈。

王选特别强调,实现一切创新理念的基础,是要有一种"10年甚至15年磨一剑"的精神。1975—1993年的18年间,王选和夫人陈堃銶把全部精力都投入到了激光照排研制中,几乎放弃了所有的节假日,每天上午、下午、晚上分3段工作。他总结出科研治学的16字方针,即"认准目标,狂热探索,依靠团队,锲而不舍",看准方向和目标并有了正确的技术路线和方案后,需要忍受各种不适当的、急功近利的评估方法和干扰,始终坚定决心和信心，锲而不舍地奋斗下去。良好的科研风气，不追求虚名和获奖，坚持长期的技术积累，是实现技术创新的根本，也是王选带领团队实现创新驱动发展壮举的重要内在因素。

（撰稿：北京大学王选计算机研究所　丛中笑）

王小谟
做领先世界的中国预警机

> 王小谟（1938年11月—2023年3月），雷达专家，中国工程院院士，中国现代预警机事业的开拓者。专注雷达事业50余年，率先提出自主发展国产预警机装备，主持研制中国第一部三坐标雷达、中国第一部中低空兼顾雷达等多部先进雷达，突破"两高一低"技术，实现"小平台、大预警"，为中国预警机技术的发展体系奠定坚实基础，引领中国预警机实现跨越式发展。2009年获国家科学技术进步奖特等奖，2013年获国家最高科学技术奖。

2009年10月1日，在国庆60周年阅兵式上，由王小谟主导研制的中国预警机——"空警2000"和"空警200"作为领航机型，引领机群分秒不差地飞过天安门广场，看台上的王小谟流下了激动的眼泪。正如王小谟所说，经过了这么多年的努力，中国人自己的预警机终于研制出来了，并在天安门广场接受检阅，受到了国家非常高的认可。中国预警机的首次亮相，引来了全世界关注的目光。美国媒体曾发表评论：中国采用相共振雷达的预警机，比美国的 E3C 整整领先了一代。

专注雷达研究，取得世界首创

20 世纪 50 年代末，我国就在苏联专家的帮助下开始了三坐标雷达的研制工作，但苏联专家提前撤离。王小谟 1961 毕业于北京工业学院（北京理工大学前身），被分配到国防部第十研究院南京第十四所，因学的是雷达专业，两三年后就负责起了新型雷达的研究工作，当时叫作 583 雷达。那时，除了苏联专家留下的一些简单资料，其他什么都没有，但这些资料也仅是一些最基本的知识，雷达研制困难重重。20 世纪 50 年代末 60 年代初，我国当时的无线电水平并不是十分落后，还是有一定基础的。王小谟当时就下定决心，一定要研制出世界一流的雷达。心怀坚定的决心和执着的梦想，王小谟和年轻的同事们每天想的都是如何突破一个个难题，凭着初生牛犊不怕虎的干劲和年轻人独有的创新精神，确实想出来很多有用的方法。1968 年，王小谟第一次在世界上提出了脉内扫频方案，即在一个脉冲发射持续时间内就可以完成整个空域的扫描，简化了雷达高频系统。英国人一年后才发表了一样的方案。王小谟坚定地认为，我们中国人并不落后，别人能想到的方案，我们中国人也能想到，甚至能比他们提前想到。

1969 年，为了支援"三线"建设，王小谟和一部分人来到贵州组建电子工业部第三十八研究所，开始担任我国第一部三坐标雷达 383 项目的总设计师。383 雷达是一个三坐标雷达。过去的雷达都是两坐标的，只能看到距离和方位，不像三坐标雷达还能同时看到高度。

攻克 383 雷达是王小谟科研生涯中最具挑战性的任务。当时，在对雷达样机进行试飞实验的时候，雷达时好时坏，很不稳定。好的时候好

王小谟　做领先世界的中国预警机

得不得了，一出现故障就又不行了。作为总设计师，王小谟指挥大家把每个部分都查了又查，却没发现任何毛病，就是找不到导致不稳定的原因。这一下就持续了3个月，简直到了山穷水尽的地步。就在走投无路之际，王小谟在观察显示器的时候，突然间发现了症结所在。原来当时检测12路接收器的时候，是一路一路单独检测的，独立工作都没有问题，但是当12路在一起工作时，

接收器之间就有轻微干扰，影响了接收器的灵敏度，而这个干扰随着雷达频率的变化时有时无。症结找到了，雷达研制工作一下就柳暗花明，所有的问题都迎刃而解了。

在创新的过程中总是会遇到各种困难，更何况是依靠自己的力量进行开创性研究。在383雷达研制中出现的这个问题，有研制人员没有做好电磁兼容疏漏的原因，也有当时没有更好的检测手段的原因。问题的解决看似偶然，实则是偶然之中的必然。失败是成功之母，也是推动科技创新不断突破的动力。

伴随着383三坐标雷达的诞生，王小谟带领团队完成了多项重大首创突破，如第一次使用电子计算机技术、在雷达中采用集成电路、采用基于统计的试飞方法和人机工程理念。其攻克了C波段射频网络、自相参、双脉冲、动目标显示、沃氏函数图传等技术难关，在精度和很多特性方面都优于当时美国主流雷达TPS-43。实现了我国防空雷达从人工引导单一警戒功能向自动化精确指挥引导的转变。在今天看来，383三坐标雷达

的成功研制仍是一个不小的奇迹。

在三坐标雷达技术成熟后，王小谟将目光转向低空雷达，低空是我国地面雷达防空网的薄弱环节，研制出性能优越的低空雷达是重中之重。当时383雷达技术已经成熟，他在先前研究成果的基础上加入新的想法，研发出了我国的第一部中低空兼顾的地面雷达"JY-9"，它具备较强的抗干扰和低空探测性能，各项指标都达到一流水准，并在国际雷达装备同台竞技中为国产雷达赢得了世界声誉。

突破"两高一低"，掌握预警机雷达核心技术

预警机是国土防空中增强低空、超低空预警探测和空中指挥引导能力的重要手段。拥有预警机是我们国家空军多年以来的梦想。我国预警机项目是从20世纪90年代开始重新上马的。因为当时的国际局部战争表明，如果没有预警机，战斗机就看不远，只能单打独斗，战斗力会大打折扣，甚至无法打仗。预警机在立项时产生了很大的分歧，有人认为要尽快买国外的预警机，迅速补足严重影响空军战斗力的短板；还有一部分人认为要坚持自主研发。王小谟当时想，我们自己能做，为什么要买？

我国从20世纪60年代开始研制预警机"空警一号"，但由于飞机上天后雷达是向下看的，会碰到严重的地杂波反射，因为未能解决这一反杂波问题项目中止。要解决这一问题，其中最关键的技术就是高纯频谱发射机、高性能信号处理器、超低副瓣天线，被称为"两高一低"。从20世纪70年代开始，王小谟就开始跟踪全球预警机上雷达技术的发展，安排团队首先攻克天线和发射的难关。到20世纪80年代末期，随着计算机技术的发展，高性能处理器已经变得相对容易，王小谟团队经过不断攻关，创造性地攻克了"两高一低"的技术难关。

预警机的另一大困难在于需要将很多技术集成起来。例如，电磁兼容

问题，这需要将很多电子设备集成在一架飞机上。这一问题的解决完全是王小谟和他的团队自己摸索出来的。预警机上天不是独立的，它就是一个指挥所，战斗机要跟着上去，每架战斗机上都有雷达，地面也有好多雷达。如果出现一架敌机，5架飞机看见它就是5个坐标，预警机就要综合判断出到底是多架还是一架，能够做出精准判断是重点所在。

预警机项目重新上马时，这些最难的问题实际上已经被王小谟带领的团队解决了。王小谟觉得核心技术是买不来的，必须要自己干，一定要坚持自主研发。

我国最初决定"两条腿走路"。先从国外购买几架预警机解决急需问题，同时也支持自主研发。当时，我国本来想与国外合作研制预警机，王小谟担任中方预警机总设计师。他将我们已掌握的研究理论和知识成果进行整合，并综合分析了国内外各方面前沿科研力量。他创造性地提出了基于二维有源相控阵体制的三面阵背负罩新型预警机工程方案，同时，坚持同步开展国内圆环工程全实物样机跟进研制，为中国自主研制预警机奠定坚实基础。后来受某些国家的压力，我国与国外的合作被迫中止。另外，即使合作能够进行下去，外方也不会把核心技术给我们。就这样，我国最后决定走自主研发的道路。我们一定要争口气，研制中国人自己的预警机！"我们一定要争口气！"这句话被挂在试验场，成为时刻激励全体科研人员的座右铭。通过几年的不懈努力和奋勇攻关，中国人自己的预警机终于研制成功，"自力更生、创新图强"正是这一过程的真实写照。

攻关新型预警技术，实现再次突破

通过自主研发，我国掌握了研制预警机的核心技术，将理论基础灵活运用，才能在预警机上发挥最大的效用。王小谟院士不止于之前已有的丰硕成果，又相继提出并研制出功能各异的新型预警机。

作为"空警2000"预警机的技术总顾问，实现了雷达正三面阵构型和预警机的两个"360"指标，超过了当时世界先进机型美国的E-3C。在研制的过程当中，同步研制出口型ZDK03，它使我国预警机实现了从进口到出口的转变。

出口型预警机的成功研制，从技术上证明了"运八也能背圆盘"，推动了国产预警机的生产。王小谟不满足于当下的成果，随后又将目光聚焦于全数字阵列雷达技术。他领导团队完成数字阵列技术地面样机研制，为更先进的预警机打下基础。目光长远的王小谟看到了这是中国预警机未来发展的方向。基于数字阵列雷达和中国国产运八的新型中型预警机由此开始研制，中国摆脱了对进口预警机的依赖，解决了中国预警机的规模建设问题。

当时，我国雷达界对预警机技术的研究从未停止。对远距离微小目标的判断决定了预警机研制的复杂性。王小谟不断突破已有成果的限制，不断革新已有的技术，使国产预警机性能不断完善，强有力地建立了坚实的国产预警机体系。

他曾说，为了把飞机上的白炽灯泡换成LED灯，历经了无数次沟通协商，一波三折，最后靠修改国家标准才得以实现。给雷达安装空调，不仅能改善战士的工作环境，而且对雷达系统本身也没什么影响，但却因为打破了常规，当时面临很大的争论。王小谟年逾八旬，依然为我国电子工业的发展出谋划策。他说："国家把你放到一个位置上，需要结合实际、创造性地、通过自己的理解来贯彻中央的精神。"

王小谟和他的研究团队经过几十年艰苦卓绝的研究历程，成功突破了预警雷达研制的"金钥匙"——"两高一低"技术，建立了以亚洲最大的微波暗室和亚洲最大的热压罐为代表的多项基础设施。国产预警机已今时不同往日，这些成果创造了世界预警机发展史上的9个第一，突破100余项关键技术，累计获得重大专利近30项。王小谟以其独到创新的精神和前瞻思维，领导团队自力更生、创新图强，使我国雷达技术和预警机技术达到世界领先水平，大大提升了我国的国防科技力量，中国人民在世界面前挺起了脊梁，为中华民族的伟大复兴争了口气。

（撰稿：王佳晨）

参考文献

[1] 余双. 空中指挥官：王小谟[J]. 创新世界周刊，2019（Z2）：70-73.

[2] 李正. 向世界诠释中国"预警机精神"：记国家最高科学技术奖获得者、"中国预警机之父"王小谟院士[J]. 海峡科技与产业，2014（1）：21-24.

[3] 李白薇，蔡萌. 中国预警机之父的雷达人生：访雷达专家、中国工程院院士王小谟[J]. 中国科技奖励，2012（7）：50-55.

[4] 刘钊汐. 王小谟：75岁不失棱角[N]. 中国青年报，2013-01-19（3）.

叶培建
"嫦娥"奔月
走别人没走过的路

> 叶培建（1945年1月—），空间飞行器总体、信息处理专家，中国科学院院士。主要从事卫星总体设计和信息处理研究工作。在嫦娥方案的选择和确定、关键技术攻关、大型试验策划与验证，以及卫星研制等方面做出了系统性、创造性的重大贡献。2019年获"人民科学家"国家荣誉称号。

2020年7月23日12时41分，长征五号遥四运载火箭搭载我国自主研发的"天问一号"火星探测器，在中国文昌航天发射场顺利升空。火箭飞行约2167秒后，成功将探测器送入预定轨道，迈出了我国行星探测第一步。

此次"天问一号"项目的总指挥、总设计师顾问正是中国空间技术研究院空间科学与深空探测首席科学家、南京航空航天大学航天学院院长叶培建院士。

叶培建 "嫦娥"奔月 走别人没走过的路

初入航天勤攻关

20世纪80年代，叶培建博士毕业后，毫不犹豫地选择回国，在控制工程研究所任职。初入航天事业的叶培建，一上任就向国内空白的领域发起攻关，进行了一系列开创性的研究工作，尤其是他带领研发的火车红外热轴探测系统，在当时是一个开创性的科技项目。通过反复实验和创新攻关，叶培建带领几个年轻人利用模式识别及人工智能知识对不同轴承进行类别判断、热模型的建立和信息的传输，最终自主研制开发了中国第一代火车红外热轴探测系统，确定了轴承滚动与滑动的模式区别方法，为铁路运输安全提供了现代化的保障。这一系统当时在国内属于首创，上马以来一直是控制工程研究所的拳头产品，创造了可喜的经济效益，影响十分深远。1989年，"车辆热轴探测系统"获得了部级科学技术进步奖一等奖。

第一代传输型对地观测卫星

多年来，叶培建一直从事控制系统、机器人视觉及计算机应用工作，而他更为人们所熟知的，是卫星研制领域的工作——主持制定了我国第一代传输型对地观测卫星总体方案及各个分系统的设计。1993年，叶培建担任"中国资源二号"卫星有效载荷副总师，开始了他领导卫星研制工程的历史。1996年，叶培建担任"中国资源二号"卫星的总师兼总指挥。

"中国资源二号"卫星属于传输型对地观测卫星，主要用于国土普查、城市规划、作物估产、灾害监测和空间科学实验等领域，在我国国民经济各行业的发展中发挥了广泛的作用。这颗卫星技术起点高，研制难度大。时任中国航天科技集团公司副总经理的马兴瑞曾说过，在我国已有的卫星中，这颗星是"最大最重的星，具有最高的分辨率、最大的传输速率、最高的姿态精度、最大的存储量"。

凭着扎实深厚的理论功底和敢于开拓的创新精神,叶培建在很短时间内就进入了角色,与战友们屡创"第一"。

在卫星型号研制管理过程中,叶培建是第一个实践把电测与总体分开的总师,为测试队伍专业化打下了基础。他又第一个提出在卫星进入发射场前要进行整星可靠性增长试验,把问题彻底解决在地面。

2000年9月,"中国资源二号"卫星在太原卫星发射中心圆满发射成功,并按时在轨移交,第三天即开始传输图像,图像清晰,层次丰富,信息量大,发挥了重大作用,得到了用户和上级的好评。

在我国卫星研制生产史上,"中国资源二号"卫星第一个与用户签订研制生产合同,这意味着我国的卫星制造业由过去的计划经济向市场经济转轨;第一个实现了星地一体化设计,这意味着在卫星研制中不仅要对星体本身的技术负责,还要对地面应用系统的集成技术负责;第一个进驻北京唐家岭航天城。这支研制队伍也是中国空间技术研究院实体化改革及 AIT 一体化的第一批实践者。

"中国资源二号"是我国第一代传输型对地遥感卫星,在轨工作时间远远超过设计寿命,性能稳定,在轨工作正常,成为中国寿命最长的传输型对地遥感卫星。2001年,这颗卫星被授予国防科工委

科技进步奖一等奖。它为促进国民经济的发展，推动我国空间遥感卫星平台及有效载荷技术的发展，提高我国参与国际空间市场竞争的能力，立下了汗马功劳。

自主研制绕月卫星

自1970年我国第一颗人造卫星"东方红一号"升空以来，截至2001年，我国成功发射了70多颗（艘）应用卫星和飞船。然而，深空探测领域却始终没有留下中国人的足迹，奔月还只是梦想。叶培建说："我国航天事业的第一步是发展应用卫星，第二步是载人航天，现在这两步我们已经迈出去了，第三步就是深空探测。"月球是我国航天器从未到访过的星球。我国深空探测的第一步是发射绕月卫星。然而，发射绕月卫星面临着很多新技术、新环境和新问题，且没有可以借鉴的经验。这时，叶培建又大胆提出，要依靠中国人自己的力量，做"中国制造"绕月卫星。

2004年，我国月球探测工程全面启动，考虑到当时的国情和技术水平，中国月球探测工程分为"绕""落""回"三步走。第一期绕月工程就是研制和发射探月卫星"嫦娥一号"，叶培建被任命为"嫦娥一号"卫星的总设计师、总指挥。

"嫦娥一号"是我国第一个深空探测器，主要任务是对月球进行全球性、整体性与综合性的探测，并对月球表面的环境、地貌、地形、地质构造与物理场进行探测。与地球卫星不同的是，"嫦娥一号"卫星必须解决轨道设计问题，推进系统的设计，制导、导航与控制设计，热控设计，月食问题，电源系统设计，测控问题，有效载荷的研制，数据反演，地面验证等诸多新问题、新挑战。

为了确保将"嫦娥一号"万无一失地送到浩渺的"广寒宫"，除了继承已有的经验，完成型号质量工作中的一系列"规定动作"，如几个院长令、复核复算与复查、"1+6+2"（指质量工作中的9件事）、严格归零、认真评审、关键件及关键项目控制等，叶培建和同事们还自定了一套"加分动作"，以确保质量问题。研制队伍大胆采用了多项新技术以保证实现绕月探测的目标，其技术创新可概括为12个方面：总体优化设计，轨道设计，制导、导航与控制，热控设计，远距离测控通信，大角度机械扫描定向天线，整星自主管理，有效载荷，供配电，推进，结构设计，综合测试设计。

除此以外，过去的故障模式影响分析从部件到分系统，再到总体，有相当大的局限性。叶培建勇于创新，反其道而行之，从顶层做好故障模式影响分析，按飞行时序做好产品保证链工作。他带头把整个"嫦娥一号"的飞行过程按时间分解成事件，又把卫星的工作按模块分解，列出每个事件的相应工作模块，对每一模块明确责任人，进行更深入的FMEA（故障模式影响分析），从纵向、横向两个方面厘清关系，查找可靠性漏洞，制定故障对策。他说："'嫦娥一号'是目前最复杂的型号，必须具有创新性和针对性，才能把故障模式影响分析和产品保证链工作落到实处。"

2007年，我国自主研制的全新航天器——"嫦娥一号"卫星首飞成功，迈出了我国深空探测的第一步。作为我国深空探测的开篇之作，其技术水平足以跻身世界同类月球探测器的先进行列：卫星发射质量与干重的比例、载荷与干重比、能源系统和工作寿命等指标都达到了国际同类水平；导航、制导与控制的能力和精度，无深空大天线支持条件下远距离的测控精度，热控水平等都具有国际先进水平。此外，"嫦娥一号"是我国自主创新完成的全新航天器，具有一系列自主知识产权的新技术，也为以后的深空探测打下了良好的基础。

"嫦娥二号"的争论

"嫦娥一号"成功绕月后，关于"嫦娥二号"的处理问题，团队内一度出现分歧。有人认为，没有发射的必要。但叶培建果断站到了"反方"，并且争取到了上级领导的认同。他认为："既然研制了这颗卫星，为什么不利用它走得更远？"

叶培建带领同事在"嫦娥二号"上做了很多的技术改进和创新：相机分辨率大大提高；轨道运行高度从月球轨道 200 千米变成 100 千米；第一次试验了 X 波段应答机；全世界第一次在深空里应用了 LDPC 编码等。这一系列技术改进使得"嫦娥二号"在绕月探测过程中取得了很大的工程效益，获取了全月 7 米分辨率月图、虹湾地区的 1 米左右分辨率的月图，为"嫦娥三号"落月做了前期准备。

更可喜的是，"嫦娥二号"在圆满完成半年的绕月探测任务之后，经过变轨到达了离地球 150 万千米的"太阳—地球"的拉格朗日二点（L2），而后继续飞向更远的深空，经过精密挑选和控制，在距离地球 700 万千米的地方，和小行星图塔蒂斯交会，获取了非常清晰的小行星照片。拉格朗日二点是天文学家梦寐以求的天文观测的最佳位置，我国是世界上第三个实现了在这一点进行空间探测的国家。这一拓展任务至今仍为人津津乐道，现在"嫦娥二号"已经变成了太阳系的人造小行星。

"科学就是要走别人没走过的路。走，到月球背面去！"

2013 年，当"嫦娥三号"探测器完成落月任务后，关于"嫦娥四号"的任务规划问题也曾出现过争论。有人认为，"嫦娥四号"落到月球正面比较稳妥，落到背面的风险太大，还涉及中继通信的问题，这时叶培建又一次提出了不同看法："中国的探月事业总要向前走，只做别人做过的事情，怎么能创新。科学就是要走别人没走过的路。走，到月球背面去！"

当时还没有任何一个国家有飞行器在月球背面软着陆，只要"嫦娥四号"背面软着陆成功,就是世界上的创举。月球背面屏蔽了来自地球的无线电信号干扰,电磁环境非常干净,是天文学家梦寐以求开展低频射电研究的场所。但与此同时,这个项目也面临着一系列前所未有的技术挑战。最主要的就是,探测器在飞临月球背面时,与地球之间的无线电通信会暂时中断,必须等到飞出轨道之后才能恢复通信。如何给飞临月球背面的飞行器发出指令,遥控它准确着陆在预定位置,并且顺利接收传回的图像数据,这是个不小的技术挑战。

最终在叶培建等人的努力下,我国决定要把"嫦娥四号"发射到月球背面去。同时,我们要自主研制一颗中继通信卫星,将其发射到"月球—地球"的拉格朗日二点,利用其解决月球背面与地球的通信问题。

2018年,中国人自主研制的"嫦娥四号"探测器在西昌卫星发射中心成功发射,并成功降落在月球背面南极艾特肯盆地,中国代表全人类首次揭开了月球背面的神秘面纱。在地面控制下,通过"鹊桥"中继星的中继通信链路,进行了太阳翼和定向天线展开等多项工作,建立了定向天线高码速率链路。月球背面南极艾特肯盆地是月球远面的重要标志,该区域地形起伏达6000米,是太阳系中已知最大的撞击坑之一。同时,这个火山坑的地壳很薄,以至于可以看穿地幔。收集这个区域岩石的数据可以帮助科学家们更好地理解组成月球的岩层,对研究月球和太阳系早期历史具有重要价值。

在人类历史上,"嫦娥四号"首次实现了航天器在月球背面软着陆和巡视勘察,首次实现了月球背面同地球的中继通信。搭载了低频射电频谱仪的"嫦娥四号"也填补了射电天文领域在低频观测段的空白,为研究恒星起源和星云演化提供了重要资料。

从我国第一代传输型侦察卫星、第一代长寿命实时传输对地观测卫星,到我国第一颗月球探测卫星,甚至包括取代"红马甲"的深圳股票交易卫星VSAT网,再到最近成功发射的我国首个火星探测器,作为多个具有开创意义的空间探测器的总师、首席科学家，叶培建埋身于我国航天事业数十年，不断攻坚克难、开拓创新。他勇于创新，他敢于质疑，他不安于现状，对我国的卫星研制、遥感观测、月球与深空探测都有着开拓性的贡献。他的航天路，就是一条不断挑战未知、不断开拓新项目的创新之路，是伴随着我国航天事业从无到有、由弱变强的挑战之路。

就像他自己所说："对于技术的进步和人类探月事业的发展，我们需要做一些'冒险的事情'，真正去开拓、去创新，开辟新的天地。"

（摘编自《走在路上》，叶培建，北京理工大学出版社，2018年；

《叶培建：责任比命大》，中央广播电视总台"面对面"，

2017年3月19日。由赵敬茹整理）

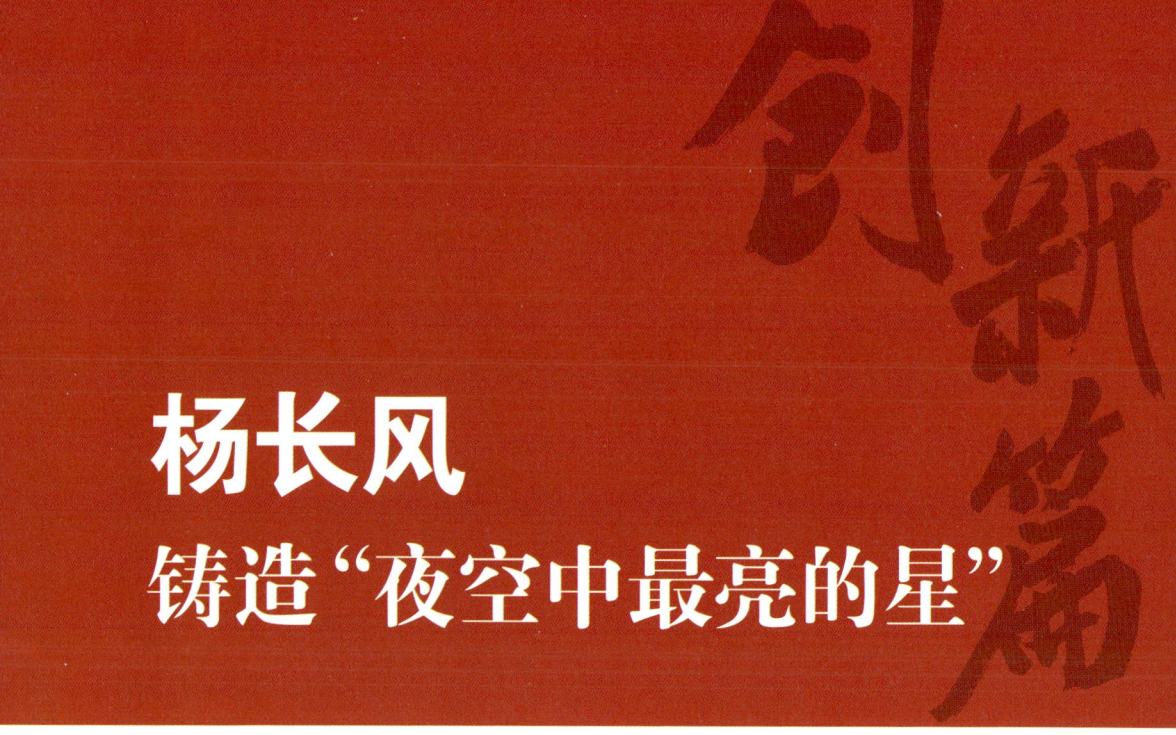

杨长风
铸造"夜空中最亮的星"

> 杨长风(1958年2月—),北斗卫星导航系统工程总设计师,中国工程院院士,第十三届全国政协委员。长期从事我国卫星等航天器研制、航天系统总体设计和重大航天工程管理工作,获国家部委级科技进步奖多项,全程参加了从北斗一号、北斗二号到北斗三号,共三代北斗卫星导航系统的论证设计、工程建设和组织管理工作,航天系统理论功底深厚,航天工程管理经验丰富。

2020年7月31日,北斗三号全球卫星导航系统建成暨开通仪式在北京人民大会堂举行,习近平总书记出席并宣布:"北斗三号全球卫星导航系统正式开通!"这标志着中国自主建设、独立运行的北斗三号全球卫星导航系统全面建成,以"三步走"战略发展的中国北斗,在实现"服务中国""服务亚太"之后,迎来了"服务全球"的新时代。

2020年6月23日,这一场被称为"收官之战"的发射任务,第55颗

杨长风　铸造"夜空中最亮的星"

北斗导航卫星成功发射。目睹着火箭托举着卫星腾空而起，已经数不清多少次在西昌卫星发射中心现场的杨长风和以往无数次发射一样平静、淡然，直到回到北京他才感受到那份期待已久的如释重负，10余年的酸甜苦辣涌上心头。

1973年，少年的杨长风毕业于湖南省南县一中。对于卫星导航系统，当时的中国航天界依然处于憧憬、期待和先期论证阶段。这位湖湘少年以优异的成绩考入国防科技大学，毕业参加工作后，公派赴美国弗吉尼亚理工学院做访问学者。后来，又在国防科技大学获得硕士、博士学位，少年志向与研究方向或许早已注定了杨长风要将自己最好的青春与才华，交付中国的卫星导航事业。

自1994年北斗一号工程立项之日起，中国北斗卫星导航系统历经26年实现全球组网，几代航天人接续奋斗，实现了从无到有、从大到强。自20世纪90年代初，杨长风开始投入北斗一号的研制、建设、管理等工作，他既是北斗系统的研发亲历者，也是北斗系统从无到有、由小到大的见证者。

"能被组织安排从事航天工作，参与到北斗系统的组织管理建设，我感到非常荣幸，也倍感珍惜。如果说我个人有一点小的成就，也是跟北斗紧紧连在一起。"始终从事北斗系统工程管理和总体设计工作的杨长风曾谦逊地告诉采访他的人。

全球卫星导航系统建设在世界航天领域是一个复杂的巨系统工程，仅北斗三号系统，全国就有30多万人、400多家企业单位参与到建设过程中，协调各分系统有效运转，实现总体设计目标，始终考验着北斗团队的系统工程管理质量与水平。

目前，美国、俄罗斯、中国、欧洲四大卫星导航系统均以不同的技术路径和发展道路来组织完成。杨长风创新提出了"多位一体、并行推进、风险管控、自主发展"的巨型复杂航天系统工程管理模式，近30年来和他的同事们一起，高效牵引带动数百家单位、数十万人团结协作，通过"全国一盘棋、上下一条心",最终实现国际卫星导航领域和我国航天领域的多个首创,充分彰显了我国"集中力量办大事"的显著优势,走出了一条符合我国国情、独具特色的卫星导航系统发展道路,也为世界卫星导航事业发展提供了宝贵的"中国方案"。

创新超越,中国北斗走出了自己的发展道路

在航天探索的历史上,为了实现各种或大或小的阶段目标,人类总是会寻找各种不同的路径方案来解决实际问题。每一条路,都充满着创新的智慧与探索的精神。

要在地球外层建设起一个卫星导航系统,为地面提供连续稳定的导航服务,美国 GPS 和俄罗斯 GLONASS 系统均采取的是单一轨道星座构型,所有卫星都绕地球旋转,而且是一步到位,直接建设全球系统。

北斗的总体设计思路没有遵循美俄曾经走过的路,而是设计了一套全新的混合星座构型。在组织论证北斗二号系统时,为了实现优先服务中国和亚太地区的目标,创造性地设计了由地球同步轨道卫星、倾斜同步轨道卫星和中圆轨道卫星构成的星座构型,让大部分卫星集中稳定地在中国与亚太地区上空,优先满足了中国及其周边的导航定位需求。如此创造性的星座构型,在人类导航卫星发展历史上,给其他希望自主建设卫星导航系统的国家提供了一种发展思路和技术路径。

2004 年,北斗二号工程立项。在当时,北斗二号系统规模大、技术难度高、整体性强、国际合作需求迫切,换而言之,面临的难度和挑战也更大。实现卫星核心器部件国产化,彻底打破受制于人的局面,是摆在杨长风及其北斗团队面前的一道难题。

原子钟是导航卫星的心脏。天地间时间越同步、误差越小,导航定位的精度越高。虽然在北斗一号时代,中国就启动了国产铷钟的研发,但为

杨长风　铸造"夜空中最亮的星"

了保证测量精度,在北斗二号工程初期,卫星系统提出了每颗卫星携带4台铷钟按1台国产、3台引进的方案配置。

通过与西方洽谈进口星载原子钟,杨长风在内心深处明白,"我们不能把星载铷钟这个卫星导航的核心关键,依赖于进口产品上。这种关键技术得自己干,才能完全摆脱受制于人的局面,真正抓住发展主动权!"

在2004年5月的最后一天,确定了北斗二号卫星将按照国产铷钟为主、兼容引进的配置方案开展工作,每一颗卫星将携带4台国产铷钟并兼容引进铷钟。

时间从不因任何变化而停下,而北斗也绝不会因为原子钟这道难关,停住全力奔跑的脚步。为打赢科研攻坚战,北斗工程紧急协调国内3家优势团队,多线并行肩负起星载原子钟国产化的任务。

2006年9月9日下午,搭载着国产铷钟的一颗育种卫星发射升空;9月12日12:48,国产铷钟完成加电,14:10收到第一组星上下传的遥测数据;至9月24日,国产铷钟连续工作13天,共收到71圈的遥测数据,国产铷钟在微重力环境下性能良好,搭载试验成功完成。

在杨长风看来,这是真正意义上属于中国的星载原子钟,从这一刻起,中国拥有了自己的原子钟,我们终于摆脱了核心部件受制于人的状况,"让卫星导航系统的心脏跳动出了中国心率"。

铷钟国产化可以说是一个具

239

有重大意义的标志性成果，展现出我们的自主研发能力和实力。自此，杨长风创新制定了"工程型号引领、应用验证促进、分阶段实现、规模化应用带动"的国产化推进策略。从中国特色卫星导航系统的体制设计，再到星间链路、高精度原子钟、新型导航信号等160余项关键核心技术攻克和500余种器部件国产化研制的突破，一系列技术瓶颈被相继攻克。这是北斗团队智慧、勇气、责任、信念的体现，也是整个北斗工程永不枯竭的力量之源。

北斗的创新超越，让我们对"关键核心技术是要不来、买不来、讨不来的"感受更加深切！北斗三号核心器部件国产化率达到100%，卫星寿命大于10年，定位精度优于10米，授时精度优于20纳秒，各项性能指标世界一流，提供全球定位导航授时、星基/地基增强、短报文通信、精密单点定位、国际搜索救援等多样化服务，已是功能强大的全球卫星导航系统。

应用创新，北斗产业化走上了持续发展之路

对于杨长风所率领的北斗团队来说，不仅要打造太空中的北斗星座，更要在地球上构建起北斗产业生态体系，让庞大的星座系统实现可持续发展，让北斗为我国社会生产生活发挥最大作用。

北斗卫星导航芯片是北斗应用的核心和关键。北斗系统建设初期，交通、测绘、电子消费等行业领域仍主要使用美国 GPS 芯片，而国内卫星导航定位芯片研发企业绝大部分是中小企业，人才、资金储备不足，尚处于初始研发阶段，与国际一流水平差距较大。我们亟须掌握核心技术的重点企业，发挥自主知识产权优势，开发高性能的北斗卫星导航芯片。一流的芯片需要一流的人才。随着国家北斗专项的开展，一大批留学海外的高端技术人才和国内高校拔尖人才，怀着对北斗的情感，陆续投入到芯片研发队伍，为国产芯片从 0 到 1 的跨越作出重大贡献。

杨长风　铸造"夜空中最亮的星"

　　杨长风及其团队通过总体设计和系统工程大协作，采用"国家队"和"民间队"的双打配合、相互补充，提出"抓基础、抓示范"的北斗应用推进方针，不到一年时间，我国就推出了第一款实现量产、拥有完全自主知识产权的射频基带一体化多模芯片。这一芯片成本低、尺寸小、功耗低、可靠性高，实现了"与国际主流芯片同质、与单模 GPS 芯片同价"的研发目标。经过多年努力，形成了芯片模块、终端、应用系统、运营服务的北斗全产业链，推动了北斗在国家关键行业领域的规模化应用，特别是构建了基于北斗服务的全球规模最大的车辆网和船联网，实现了对 660 余万辆重点营运车辆和 5 万艘渔船的精细化监管。

　　历史经验表明，北斗应用和产业化发展还需要标准化的规范和引领。标准化对整个北斗卫星导航产业的健康发展具有特殊的不可替代的重要作用，标准化贯穿整个产业链，标准化引领和支撑产业发展，两者相互依存又相互制约。目前，主要由国际民航组织（ICAO）、国际海事组织（IMO）、国际移动通信标准化组织（3GPP）、国际电工委员会（IEC）、国际搜救卫星组织（COSPAS-SARSAT）等国际组织，制定、修订卫星导航在全球主要行业领域的国际标准，可以说是每个全球卫星导航系统必须参加并通过的考试。

　　杨长风意识到，随着北斗系统建设的稳步推进，北斗标准化工作，特别是国际标准化工作的战略性、基础性、全局性地位逐步提升，必须快速进入国际标准，为北斗全球应用扫清标准障碍。据此，杨长风带领北斗团队，在中国民用航空局、交通运输部海事局、工业和信息化部科技司等部门机关的大力支持下，联合组建工作组，快速参与国际标准的研究制定工作。近年来，北斗国际标准工作捷报频传，北斗系统正在快速进入各类国际标准体系。在国际民航领域，北斗全球信号技术指标基本完成验证，计划 2020 年完成国际民航组织标准认证；在国际海事领域，北斗船载终端标准已经发布，正在制定北斗星基增强系统应用的相关标准；在国际移动通信领域，支持北斗三号新信号的首个 5G 移动通信国际标准已发布；在国际搜救卫星领域，已经完成北斗中轨搜救载荷相关标准文件制定和入网测试。

在推动北斗国际标准工作的同时，北斗产业所急需的北斗国内标准也几乎同时推进。杨长风带领北斗团队，先后组织论证并发布了《北斗卫星导航标准体系》1.0 版本，完成了北斗卫星导航系统空间信号接口控制文件、公开服务性能规范及 29 项北斗专项标准的编制与发布。北斗标准体系的发布为北斗卫星导航各级各类标准的立项论证、标准编制等工作提供了科学指导和规范依据，为国内开展芯片、模块、高精度板卡、北斗终端与模拟器研发测试、星地对接与在轨测试等工作提供标准依据，有效促进了我国卫星导航系统建设、终端研发和实际应用的标准化。

10 年来，我国卫星导航与位置服务产业总体产值年均增长 20% 以上，2019 年总体产值达到 3450 亿元，2020 年有望超过 4000 亿元，北斗加速进入新基建，与新一代通信、区块链、物联网、人工智能等新技术深度融合，北斗应用新模式、新业态、新经济不断涌现。

对杨长风和他的团队来说，卫星导航应用仅受人类想象力的限制，需要一代代"北斗人"接续不断地探索与创新，推动我国卫星导航产业的持续健康发展，让北斗系统不仅建得更好，而且用得更好！

融合创新，北斗国际化迎来新的发展局面

杨长风曾经说过，在北斗系统建立之初，就确立了一个理念，那就是"中国的北斗、世界的北斗、一流的北斗"。

北斗是服务于全人类的。国际化是北斗系统的天然属性，是北斗系统建设发展的内在要求，也是北斗服务全球、造福人类的使命任务。

但北斗这一国之重器如何实现国际合作，如何与美国、俄罗斯、欧洲

另外三大全球卫星导航系统实现兼容互操作，这在我国国际合作历史中前所未有。杨长风提出"大国合作、多边主导、国际标准、海外推广"四大国际战略，带领着北斗团队，以开放、合作、共赢的心态，探索出一条全新的北斗国际化发展方向，拓展了一个又一个国际合作。

谈判场就是战场，杨长风及其北斗团队攻守兼备，每一场谈判应对，每一次协商斡旋，都在考验着团队的智慧与勇气。虽然经历了种种摩擦和较量，在成长的 26 年间，北斗系统始终坚持开放合作、资源共享，通过积极参加国际会议、广泛参与国际交流、持续融入国际标准等，以实力得到国际同行认可，在发展自身的同时，努力促进全球卫星导航事业进步。

作为联合国认可的全球卫星导航系统四大核心供应商之一，中国北斗与美国、俄罗斯、欧洲卫星导航系统持续开展兼容与互操作，监测评估、联合应用等合作顺利推进，共同为全球用户提供更加优质的服务。北斗在联合国全球卫星导航系统国际委员会（ICG）等多边平台上积极发声，显著提升国际影响力和美誉度。北斗系统相关产品已出口 120 余个国家和地区，为用户提供了多样化的选择和更好的应用体验。近年来，基于北斗的国土测绘、精准农业、数字施工、智慧港口等，已在东盟、南亚、东欧、西亚、非洲等得到成功应用，让中国航天的科技成果为创造人类更加美好的未来贡献力量。

ICG 在设计代表本机构的标识时，专门将四大全球卫星导航系统的各自卫星作为标识组成部分，现在该标识中的四颗卫星中就有代表着中国的北斗卫星。

随着中国国际地位不断攀升，我们从最初在 ICG 中没有主席席位到现在 5 个主席席位，中方专家推动成立了国际 GNSS 监测与评估服务任务组、应用子工作组，发起了国际 GNSS 性能监测评估倡议，深度参与推动了 ICG 机构改革等各项事物。

2012 年，ICG 第七次大会首次在中国举办，会上，中国积极与各大卫星导航系统供应商协调，成功推动首次发表全球卫星导航系统共同宣言（《北京宣言》）。该宣言认为，世界卫星导航领域已进入多系统融合应用阶段，各卫星导航系统应进一步加强合作，更好地造福人类。

6年后，ICG第十三次大会再次来到中国。会上，中国倡导全球各大卫星导航系统供应商支持卫星导航系统的技术创新，面向陆地、海洋、大气和空间应用对卫星导航系统的需求，共同促进构建完全满足民用定位导航授时（PNT）应用需求的下一代PNT体系架构。经过艰苦谈判和大国博弈，这一倡导得到各方认可，成功发布《西安倡议》。

带着"中国的北斗、世界的北斗、一流的北斗"这一发展理念，杨长风带领北斗团队一直积极开展国际合作。从会议策划、会议方案制定、会议组织实施，到会议成果总结，杨长风带领北斗团队，坚持高标准、严要求，出色地完成了一次次国际合作任务。

追求卓越，永远是北斗精神中不变的底色

在新时代北斗精神"自主创新、开放融合、万众一心、追求卓越"的引领下，几代北斗人用20多年的时间走过了国外卫星导航系统40年的发展路程，首次创造了3种不同轨道构成的混合星座，以及独具特色的短报文通信和星间链路，实现了通导融合和自主运行。今天，中国北斗系统已经走出国门，跻身世界四大全球卫星导航系统行列，成为世界卫星导航领域的重要力量。

作为亲历者，杨长风坦言这一历史过程是"风风雨雨，酸甜苦辣，历历在目"，在北斗团队中，有国家"两弹一星"功勋奖章、"共和国勋章"获得者孙家栋院士，80多岁高龄依然和年轻的研发人员一起摸爬滚打，也有无数中青年科研技术骨干力量。这支队伍既要继承精益求精的科研精神、传承丰硕的科研成果，同时也要大胆创新突破既有的思维范式。杨长风带

领北斗团队大胆实施创新管理，为北斗系统的创新发展铺出一条更平坦的路。

近年来，中国的航天人才队伍越来越年轻化，中国航天科技集团55%是35岁以下的青年人，所有型号总设计师、总指挥中将近一半人不到45岁，平均年龄比国外航天团队年轻十几岁。扁平化的管理体制、全方位的政策支持，让青年科研团队放手去干，让系统工程管理思想这一钱学森开创并传承下来的宝贵财富，在新时代散发出耀眼的光芒。

今天，北斗前进的脚步没有停止，创新发展的精神也不会停歇。正如杨长风所言："不论走多远，我们的初心永远不会改变，从此，北斗将永远走在'为全人类提供导航服务'的路上。"

（撰稿：中国卫星导航系统管理办公室）

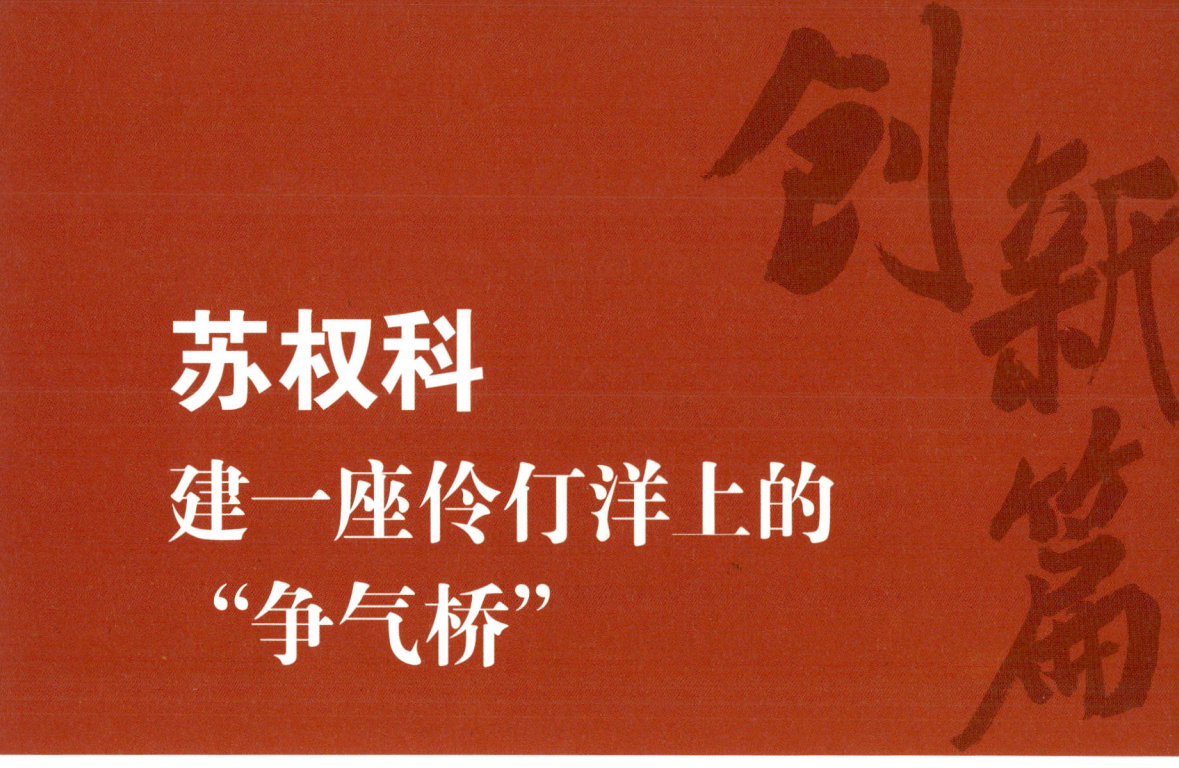

苏权科
建一座伶仃洋上的"争气桥"

苏权科（1962年5月—），桥梁专家，长期从事桥梁隧道工程的勘察设计、科研、施工、技术咨询、建设管理等工作，现任港珠澳大桥管理局总工程师。作为技术总负责人，全程主持了港珠澳大桥技术和科研攻关。主持国家科技支撑计划"港珠澳大桥跨海集群工程关键技术研究与示范"和国家重点研发计划"港珠澳大桥智能化运维技术集成应用"研究项目，荣获2017年度全国科技创新人物、2018年国际桥梁维护与安全协会杰出贡献奖。

"700多年前，文天祥在《过零丁洋》写下'留取丹心照汗青'，充满了悲壮与无奈。1840年鸦片战争，英国人就是从伶仃洋口打进来的。所以在这里建桥，一定要建一座为中国人争气的桥，一座在世界上拿得出手的世界一流的桥！"苏权科说。作为港珠澳大桥主体工程的技术总负责人，他已在大桥坚守16年，从年富力强走到两鬓泛白，终于完成了这个梦想。

情定南粤，与桥结缘

1985年，苏权科结束了高中物理老师的生涯，进入西安公路学院成为桥梁与隧道专业的一名研究生。怀揣修桥铺路的梦想，毕业后苏权科来到了广东省交通科学研究所，开始进行桥梁结构的设计、检测及科学研究。一年半后，广东省成立公路工程质量监督站（现为省交通工程质监站），不满28岁的苏权科被任命为副站长，分管全省桥梁工程质量监督、检测管理工作，"从此以后我就能够深入接触全省的桥梁，了解每一座在建桥梁的建设水平和存在的问题了"。

1991年年底，汕头海湾大桥上马，苏权科出任驻地监理工程师、计划合同部主任。该桥是我国第一座自主设计、建造的现代悬索桥，其混凝土加劲梁的结构在同类桥型中是世界第一。当时国家尚没有相应的建设标准，设计规范、施工规范及成熟的检测检验方法、规程都没有，基本上是凭经验及参考一般路桥建设的做法。苏权科查阅了大量国外同类型桥梁建设的资料，结合工程实际情况，制定了自己的质量标准和监理流程，并将英文版的《霍朴桥的设计与施工》整本翻译成中文，在最短的时间里编制了一部针对悬索桥设计施工总承包模式的监理管理办法，起草了国内第一部悬索桥的《监理细则》。建设之初，混凝土防海水腐蚀还仅是水运工程领域的概念，国内桥梁建设领域尚无防腐蚀的规定和做法。苏权科找到水运工程界老前辈潘德强寻求帮助，改变了设计文件中参考苏联经验采用抗硫酸盐水泥的不当做法，引进了混凝土防海水腐蚀的保护层厚度规定、表面涂装和钢结构阴极保护的设计施工理念，成为我国较早在公路行业采用防海水腐蚀的跨海大桥，与国内同时期修建没有做防海水腐蚀处理的跨海大桥相比，效果显著不同。从此，苏权科与桥梁耐久性结缘。

1996年，在担任广东台山镇海湾大桥总监代表期间，苏权科继续与潘德强团队合作，探索实践提高钢筋混凝土防海水腐蚀性能的原材料、配合比和施工工艺。

1997年7月，苏权科辗转到另一座里程碑式的桥梁——亚洲第一座特大型三跨连续全漂浮钢箱梁悬索桥——厦门海沧大桥。他持续思考和探索跨海桥梁的耐久性和建造品质问题，认真学习和实践城市桥梁的景观设计和精细化施工技术。作为总监副代表，苏权科率先推行了监理工作标准化、规范化运作。随后，他系统总结了3座桥的实践经验，相继完成了《桥梁施工违规纠正手册》《交通工程设施监理指南》《桥梁施工监理方法与要点》，这些作品成为相关专业莘莘学子和监理工程师们案头必备的书目。

从陕南的汉江大桥、广东汕头海湾大桥、台山镇海湾大桥，到厦门海沧大桥，苏权科亲历了多座桥梁工程的建设。"技术力量相对薄弱，尤其是在装备和材料方面与发达国家还有较大的差距，建筑理念上譬如耐久性的概念、景观概念也有差异，技术标准滞后，在设计施工阶段，对桥梁的运营和维护也缺乏周密的预先布局。"苏权科对国内桥梁建设水平同国外先进国家的差距有着清醒的认识。作为一名桥梁人，"建设世界一流桥梁"一直是他的梦想。

十五年逐梦伶仃，港珠澳铸就奇迹

"建一座在国际一流桥梁中能占一席之地的桥"，苏权科把梦想寄托在了跨越伶仃洋的港珠澳大桥上。2003年，国务院批准开展港珠澳大桥项目前期工作，苏权科就是最初参与大桥筹建的13人之一。

港珠澳大桥是当今世界总体跨度最长、钢结构桥梁最长、海底沉管隧道最长的跨海大桥，也是公路建设史上技术最复杂、施工难度最大、工程

苏权科　建一座伶仃洋上的"争气桥"

规模最庞大的桥梁，被外媒誉为"现代世界七大奇迹"之一。要在受台风、航运、海事安全、环保、景观、航空管制等诸多因素约束的伶仃洋上，建一座涵盖交通行业内路、桥、隧、岛等各项工程，设计寿命120年的跨海大桥，同时满足内地、香港、澳门不同的技术标准及法律法规，还要克服三地不同制度、语言、货币、观念的差异，这在世界范围内都极具挑战。

"回头想想，我之前参与的每个项目，似乎都是在为港珠澳大桥的建设做准备。"

要建一座世界级的大桥，得先想清楚它"长什么样"。苏权科很喜欢时任交通运输部副部长、港珠澳大桥技术专家组组长冯正霖讲的那句话："业主的境界和眼光决定了工程的建设水准。"对苏权科和他的同事们来说，要逐梦伶仃，首先就得拿出一个有境界有眼光的建设方案和标准。为了编制出适合的技术标准体系、科研规划纲要、设计咨询管理办法、质量管理方案，苏权科飞赴世界各地拜访世界级领军人物，观摩了上百座名桥；组织审查了几十万张图纸，反复论证修改了几百本设计施工方案。为见证这一举世瞩目的超级工程,苏权科初任港珠澳大桥总工程师时,还将海沧大桥建成后剃掉的胡须,又蓄了起来,以明建桥之志。

为达到高品质目标,苏权科和同事们经过深思熟虑,大胆采用了先进的装配化施工,把原来土木工程粗放的施工改成精细的制造及精准的海上安装。"大型化、工厂化、标准化、装配化建造,把桥梁建设往工业化层面大大迈进了一步,"苏权科说,"先在工厂里把钢管桩、桥墩、桥面箱梁、隧道管节等生产出来,等到伶仃洋风浪流等窗口条件具备时再通过大型装备运输到海上,像'搭积木'一样'组装'超级工程。"研究、测试、演练大部分都是在深夜进行,他和团队历经艰辛,研发建立了国内首条钢箱梁板单元制造自动化生产线,在世界上首次采用多工法、不对称、多塔斜拉桥的施工控制技术,完成3100吨巨型钢索塔整体一次吊装到位。

如何确保恶劣条件下的耐久性,是工程建设品质的关键所在。伶仃洋海域气温高、湿度大、海水含盐度高,受海水、海风、盐雾、潮汐、干湿循环等众多因素影响,工程主体的钢筋混凝土构件极易因氯离子侵蚀、化学介质侵蚀破坏等产生锈蚀,从而导致结构性能退化,危及安全和寿命。在苏权科的带领下,联合中交四航工程研究院与清华大学组成耐久性研究团队,与潘德强的继任者王胜年、陈肇元院士团队的李克菲等人,数年探索,采用相似环境长期暴露试验数据与工程调查数据,提出了基于可靠度理论的混凝土结构耐久性设计新方法,建立了基于近似概率的质量与寿命定量关系模型,解决了120年耐久性设计施工难题,被国际同行称为"港珠澳模型"。

同常规跨海通道相比,港珠澳大桥集桥、岛、隧于一体,结构复杂、构件类型多、运营环境各异,特别是海底沉管隧道对混凝土结构裂缝要求极高。港珠澳大桥的海底隧道长约6.7千米,由33节沉管组成,一个标准管节长180米,重约8万吨。如何确保这些沉入伶仃洋底的33个"航母",在最深达43米的海底,120年设计使用寿命期内不漏水呢?苏权科与科研、施工单位一起，基于温度应力仿真和智能控制技术，研究制定了混凝土防裂技术规程。沉管预制厂试验室主任张宝兰和年轻的团队，坚守荒岛，埋头苦干，光试验就用坏了 5 个搅拌机，创造了沉管预制百万方混凝土无裂缝的奇迹。

港珠澳大桥从 2003 年前期工作开始到建成，共开展科研专题约 300 项，累计投入近 5 亿元。2010 年，由科技部支持立项的国家科技支撑计划"港珠澳大桥跨海集群工程建设关键技术研究与示范"项目正式启动实施，苏权科担任总负责人。他既要兼顾设计、科研、施工等各个方面，带领团队解决技术难题；又要组织协调，听取各方面意见制定方案，让研究者了解一线实际，让建设者跟踪科研进展，推动科研与生产一线的沟通交流；还要给团队工程师加油打气，凝聚人心。经过 14 年的探索与努力，苏权科终于和团队一起，攻破了海洋环境下深埋（大回淤）沉管隧道设计与施工、无掩护海域桥隧转换人工岛设计与施工、海上装配化桥梁建设、混凝土结构 120 年使用寿命保障、跨境交通运营管理及桥—岛—隧集群工程防灾减灾及节能环保等一系列技术难题，构建了跨海集群工程建设关键技术的体系。这些研究成果解决了工程推进中的重点难题，有力支撑了工程建设，也对我国大型跨海通道工程技术进步发挥了重要推动作用。

重整行装再出发，用好管好大桥

2018 年 10 月 23 日，习近平总书记宣布："港珠澳大桥正式开通！"随后总书记乘车巡览大桥，并在蓝海豚岛接见了 20 名建设者代表，苏权科就是其中之一。习近平总书记指出，港珠澳大桥是国家工程、国之重器，它的建设创下多项世界之最，非常了不起，体现了一个国家逢山开路、遇水架桥的奋斗精神，体现了我国综合国力、自主创新能力，体现了勇创世界一流的民族志气。这是一座圆梦桥、同心桥、自信桥、复兴桥,要用好管好大桥,为粤港澳大湾区建设发挥重要作用。苏权科说,听到习近平总书记的评价以后,他想起中国几代桥梁人艰难的追求,才真正理解了港珠澳大桥光荣的使命。能在伶仃洋上建一座"争气桥",自己是最幸运的工程师,也最应感谢这个伟大的时代。

韩正副总理在开通仪式上提出,港珠澳大桥作为世界范围内规模最大、建设条件最复杂、技术要求最高的跨海集群工程,技术含量高,大桥在建设过程中积累形成了数百项发明专利和一系列科技成果,构建了跨海集群工程建设关键技术的体系,如何将这些实践中获得的宝贵经验和财富尽快转化为行业标准和规范,使中国桥梁建设技术走出国门,为构建"一带一路"作出新的贡献?苏权科如今想做的,就是把港珠澳大桥的经验和标准推向全国乃至全球。"20 世纪 80 年代,日本为建造本(州)—四(国)联络桥,提前 10 多年组织研究,制定了'本四标准'。几十年来,全世界修建跨海大桥的工程师都把这个标准作为首选的参照,"他希望,"'港珠澳标准'能够跟'本四标准'相媲美,得到更多国家的认可,代表中国标准走向世界。"为此,苏权科和同事们正在努力工作,将港珠澳大桥项目标准转化为中国公路学会团体标准以及相关行业和地方标准。

2019 年 11 月 16 日,"粤港澳大湾区交通建设智能维养与安全运营工程技术研究中心"在珠海揭牌并正式启动,苏权科担任主任,由大桥管理局联合香港理工大学、澳门大学、中交四航工程研究院有限公司、澳门土木工程实验室、香港大学和珠海交通集团共同成立,将着力解决港珠澳大桥营运维护技术难题。2019 年年底前后,国家重点研发计划"港珠澳大桥智能化运维技术集成应用"和广东省重点领域研发计划"重大跨海交通集群工程智能安全监测与应急管控"项目相继启动,在 5G、北斗、大数据、三维数字化模型等新技术与结构安全监测系统、应急管控系统集成

苏权科　建一座伶仃洋上的"争气桥"

及融合等方面开展研究，希望形成新一代安全监测系统和应急管控系统，更好地保障港珠澳大桥及粤港澳大湾区重大交通集群工程的安全运营，开创湾区科技创新协同发展的新局面。

港珠澳大桥通车时，苏权科没有把胡须全部剃完，他说："以前，港珠澳大桥是世界一流的物理大桥。未来，我们要把港珠澳大桥建设成世界一流的数字化大桥。"新型基础设施建设得到国家的大力支持，其中5G基站建设、大数据中心、人工智能、工业互联网等领域与大桥的数字化建设息息相关。"我们正在做的事情，正好符合新基建的要求。"他还和港区全国政协委员一起，建议在港珠澳大桥上进行无人驾驶的试验。在未来交通发展中，无人驾驶的意义深远，如2019年年底暴发的新型冠状病毒肺炎疫情中，用无人驾驶就能解决疫区物资运输问题。苏权科说，"我的使命还没有完成，所以还在继续为把这个桥管好、用好、维护好，再做很多技术创新方面的努力。"

（撰稿：港珠澳大桥管理局）

王贻芳
于微粒之间探寻宇宙奥秘

王贻芳（1963年2月—），高能物理学家，中国科学院院士。领导完成了北京正负电子对撞机上的北京谱仪Ⅲ（BESⅢ）的设计、研制、运行和物理研究，技术上达到国际先进水平并发现了一系列新粒子和新现象，在轻强子谱和粲物理研究方面处于国际领先地位。开创了我国中微子实验研究，提出了大亚湾中微子实验方案并率领团队完成了实验的设计、研制、运行和物理研究，发现了一种新的中微子振荡模式。该成果入选美国《科学》杂志2012年全球十大科学突破，获得2016年度国家自然科学奖一等奖。提出了江门中微子实验的构想并领导了其研制，是建设环形正负电子对撞机（CEPC）的主要提出者和推动者。

2015年11月，中国科学院院士王贻芳成为第一位荣获"基础物理学突破奖"的中国科学家。他的这次获奖一鸣惊人，不仅将中微子领域的研究带入了大众的视野，同时还彰显了中国科学家团队多年以来一直在国际前沿不断突破的骄傲和自豪。作为当今中国中微子研究领域的带头人，尽管研究过程伴随着不可忽视的争议和压力，王贻芳却始终投入百分之百的热情和精力，奋斗在高能物理事业上，带来一次又一次的科研创新和物理学重大突破，刷新着人们对于物理学基本规律的认识。

缘起中微子

1984 年，于南京大学物理系原子核物理专业毕业后，王贻芳顺利通过丁肇中面向全国招收高能物理研究生的考核，并赴欧洲核子中心开始参与丁肇中领导的高能正负电子对撞机的物理实验，随后 11 年，他在丁肇中的指导下展开对高能粒子的研究，参与 L3 实验。这为他以后从事中微子的研究打下了坚实的基础。

中微子是构成物质世界的最基本单元，是物质世界基本粒子之一，被称为"破解宇宙起源密码的钥匙"。它质量很微小，数量却很庞大，是一种非常难以捕捉的微粒，一种中微子在飞行过程中可以变成另一种中微子，然后再变回来，这便是中微子振荡现象，而 3 种中微子之间可发生 3 种中微子振荡。那时候，包括王贻芳所在实验组在内的众多实验组都在研究中微子振荡。但是，1998 年，一种中微子振荡却被日本科学家第一个发现了，虽有遗憾，但王贻芳很快迎来了新的机遇。

2000 年，王贻芳入选中国科学院"引进国外杰出人才"计划。很快，王贻芳接受了中国科学院高能物理研究所的邀请，即使在美国的工作和生活都已经稳定，他还是带着妻子和一双儿女回到了祖国，担任中国科学院高能物理研究所一名普通的研究员。

挑战北京正负电子对撞机的改造升级

回国之前，王贻芳设想在中国做一个大型的中微子探测器，关于实验的诸多细节，他都做了全面的考虑，然而后续却出现了一系列的困难。虽然当时中国的科研条件和水平已取得了很大进步，但进行中微子的研究没有想象中的那么容易，最为关键的是，没有合适的研究团队。

机缘巧合的是，那时候北京谱仪Ⅲ项目需要负责人，王贻芳决定，暂时放下心中的中微子，投入到北京正负电子对撞机的重大改造项目中。随后，他担任起大型粒子探测器第三代北京谱仪分总体的主任，全面负责装置的设计、研制、调试和运行工作。

作为我国第一台高能加速器，北京正负电子对撞机是高能物理研究的重大科技基础设施之一。既然选择自主创新，就意味着要从零开始设计。为了制造北京谱仪Ⅲ的关键部件之一——超导磁铁，即使当时中国从未尝试过制造这么巨大的超导磁铁，但经过3年多的研究，经验基本为零的高能物理研究所还是与合作公司一起做出了合格的磁铁。这期间出现了各种问题，特别是低温系统不能正常工作，合作公司考虑经济利益选择退出，只剩下王贻芳带领团队"孤军奋战"。整整半年的时间，他们通过仔细分析，准确找出了问题所在，于是每天加班加点地进行改造，终于将温度降到-270℃左右，达到了需要的超导温度。

最终，这个直径3.4米、长4米、负载电流3000多安培、最大储能达到1000万焦耳的超导磁铁被王贻芳的团队创造了出来，不仅各项指标达到设计要求，而且它的价格还不到国外的1/3。除了大型超导磁铁，王贻芳带领的第三代北京谱仪还在漂移室、阻性板探测器、晶体量能器、铍束流管等研制上实现技术突破，达到国际领先水平。更重要的是，在这个过程中他培养起来了一支能干的科研队伍，为之后的大亚湾实验建立了优秀的团队基础。

大亚湾中微子实验项目组的诞生

中微子的前两种振荡模式,即太阳中微子振荡(θ_{12})和大气中微子振荡(θ_{23})都相继于1998年及2001年被发现,但第三种振荡模式(θ_{13})却迟迟未能找到,这使得全世界高能物理学家都将目光聚焦于第三种振荡。曾经有理论预言,中微子的第三种振荡根本不存在。

2003年王贻芳开始留意到,利用反应堆中微子来测θ_{13}已成为国际热点,多个外国团队都打算进行同类实验,他向高能物理研究所学术委员会提出了中微子实验计划,并得到了一些预研经费。他认为:"2002年的时候,国际上基本都认识到中微子振荡是确切发生的一件事情,那么大家很自然会问θ_{13}是否存在及其值是多少?所以国际上兴起了一些讨论,想要用不同的路线来探测θ_{13}。当时我们认为这件事情在中国做有机会,于是做了一个方案,并与国际上其他的可能性做了比较,觉得我们有相当大的优势。"

据此,他细化了自己的实验设计方案,但是整个项目大概需要2亿元的建设经费,这意味着获得支持的难度很大,即便王贻芳提出了许多方法,但经费问题始终得不到解决。尽管如此,自2003年提出实验方案后,王贻芳的团队一直没有停下研究的步伐,他们还在不

断完善和深化实验设计、攻克关键技术、将概念图变成工程图，为机会的来临做了充足准备。

2005年，我国出台《国民经济和社会发展第十一个五年规划纲要》，其中提出要加强对科技发展的支持。在这一政策的支持下，广东省深圳市向他们抛出了橄榄枝，项目的经费缺口终于得到解决。2006年，这个由中国、美国、俄罗斯、捷克及中国香港、中国台湾科学家共同参与的、目前为止中国基础科学领域最大的国际合作项目——大亚湾中微子实验项目组正式成立。在这个多国（地区）合作的项目组中，王贻芳始终坚持以我国为团队中心，建立了以他带领的中国科学家团队为首的国际实验合作模式。

2007年10月，该项目正式动工，在深圳市区以东约50千米的大亚湾核电站群附近开挖地下山洞，紧邻世界上最大的核反应堆群之一的大亚湾核电站与岭澳核电站，它周围的高山可以良好地屏蔽宇宙射线带来的影响。

揭开 θ_{13} 谜底

经过3年的建设和1年的安装，2011年12月24日，大亚湾的探测器准备就绪，但实际上彼时中国的开展速度已经落后于国际上很多。日本T2K中微子实验早在2011年6月15日就发表了 θ_{13} 的测量结果，但置信度只有2.5个标准偏差，因此还不能称之为"发现"，随后美国和法国的实验也相继宣布发现了1.7个标准偏差的迹象。这无疑给项目组带来了巨大压力，毕竟在科技竞争的时代，永远只承认第一的位置。

尽早获取数据，争分夺秒"撞线"成为首要任务。为此，王贻芳领导的大亚湾中微子实验团队一边抢时间，一边做了非常详尽的规划。据王贻芳回忆："我们一算，8月开始取数，到12月他们的数据量就在那儿，过了年以后可以随时发文章，这个风险很大。所以我们要保证在他们之前发文章，我们每一天都在抢时间。"于是王贻芳大胆决定以8个中微子探测器中的6个提前取数，并且在探测器还没有全部开始取数的时候，就先规划将来发文章的方式，即先用近点探测器的结果把所有跟技术相关的研究做完，包括实验方法、技术手段、误差来源等，然后在当年12月发表一篇技术类的文章。这样，等实验数据出来之后，新的文章就不需要再讨论技术的问题，只要参考之前的文章就行了。另外，他们还提出国际合作组成员对文章的修改意见必须在3天之内回答，且在1个星期之内必须出现一个新的版本，这样是为了尽量节省每一个环节的时间。

实验开始后，每天数据多达250 GB，同时传输到中国科学院高能物理研究所及其他国家（地区）各合作单位，而中方的分析是最快的，最终结果也采用了中方的分析。2011年12月24日至2012年2月17日，上至所长王贻芳下至大亚湾中微子实验项目组每一个研究人员，无一不全身心投入这场艰辛、疲劳的高强度工作中，紧锣密鼓地开展着实验数据的获取，并利用这55天观测到的中微子进行了数据质量检查、刻度、修正和物理分析。

2012年3月8日，大亚湾中微子实验国际合作组正式在北京宣布，大亚湾中微子实验发现了一种新的中微子振荡，并成功测量到其振荡概率。该实验达到了前所未有的精度，测得第三种中微子振荡模式的振荡幅度为9.2%，误差为1.7%，统计显著性达5.2倍标准偏差，无振荡的可能性只有千万分之一。全世界的粒子物理学家通过网络直播得知了这一领先全球的研究结果。大亚湾中微子实验国际合作组成员、美国杰弗逊国家实验室副主任罗伯特·麦克欧文评价这次的发现是中国本土迄今为止最重要的物理学成果。

事实上，正如李政道先生祝贺邮件中说的那样："这是物理学上具有重要基础意义的一项重大成就。"2012年，美国《科学》杂志评出当年十大科技突破，大亚湾中微子实验成果位列其中，标志着中国中微子研究水平进入国际前沿水平，王贻芳也于 2015 年荣获"基础物理学突破奖"。θ_{13} 的证实，为以后新的中微子实验打开了有着坚固数据支持的大门，人类对于微观宇宙的基础理论构建更上一层楼。"我们用标准模型来描述这个世界，已经走到了尽头。"王贻芳说道，以后他所思考和探索的，将是标准模型之后新的物理学规律。

继往开来　勇攀高峰

作为一个胆大心细的科学家，王贻芳从来不是一个思维固化的人，他始终有着高度的创新精神。在科研生涯中，当他意识到所在地方不适合自己之后，敢于跳出舒适圈，带着创新精神投入到下一个新的领域；在科研过程中，他始终坚持办法总比困难多的思想，不断进步，总能创新性地想出新的解决方案；而在科研方法上，他也不局限于按部就班的一步一步研究，而是特殊情况特殊处理，在中微子振荡研究中创新地用 8 个中微子探测器中的 6 个提前取数，这为之后抢得了宝贵时间，也为抢得第一埋下了伏笔。

大亚湾反应堆中微子实验之后，他提出了江门中微子实验设想。如今他正领导着团队计划在 2022 年完成装置的建设。该装置包括位于地下 700 米的洞室、大型水池、一个装满 2 万吨液体和光电倍增管的中微子探测器。实验首要的科学目标是测量中微子质量顺序。建成后会成为世界体积最大、能量分辨最好的液闪探测器，世界最大的有机玻璃球及中国最大跨度地下洞室，它是中国前所未有的最复杂高能物理实验装置。

2012 年希格斯粒子被发现后，寻找超出标准模型的新物理是未来粒子物理的发展方向。以王贻芳为首的我国科学家提出了一个周长为 100 千米、质心系能量达到 240 GeV 的高能环形正负电子对撞机（CEPC，又称希格斯工厂）的建造方案。期望 CEPC 于"十四五"时期开始建设，它同时也是同步辐射加速器，应用领域广泛。建设超级对撞机，将极大提升国家科技创新能力和国际竞争力，是中国高能物理学的一次重大历史机遇，可能改变世界高能物理研究的格局，将使我国的基础物理学研究在未来30年中成为世界第一。

作为一名优秀的高能物理学家、科学家团队领导者，王贻芳始终保持着高度的专业性和严谨性，不断在创新中突破，力求带领中国高能物理事业到达一个又一个领先世界的高峰。于微观之间破译物质宇宙的密码，醉心事业，不辞辛劳，敢想敢拼，勇于为国争光，这便是这个时代最为可贵的科学家精神。

（撰稿：蒲雅杰）

参考文献

[1]蒋向利.王贻芳：追踪"幽灵粒子"破译宇宙密码[J].中国科技产业，2014（9）：74-75.

[2]任珊.捕捉"幽灵粒子"[N].北京日报，2019-08-08.

[3]孙秋霞.心之所向　行之所往：记2016年度国家自然科学奖一等奖获得者王贻芳[J].中国科技奖励，2017（1）：30-35.

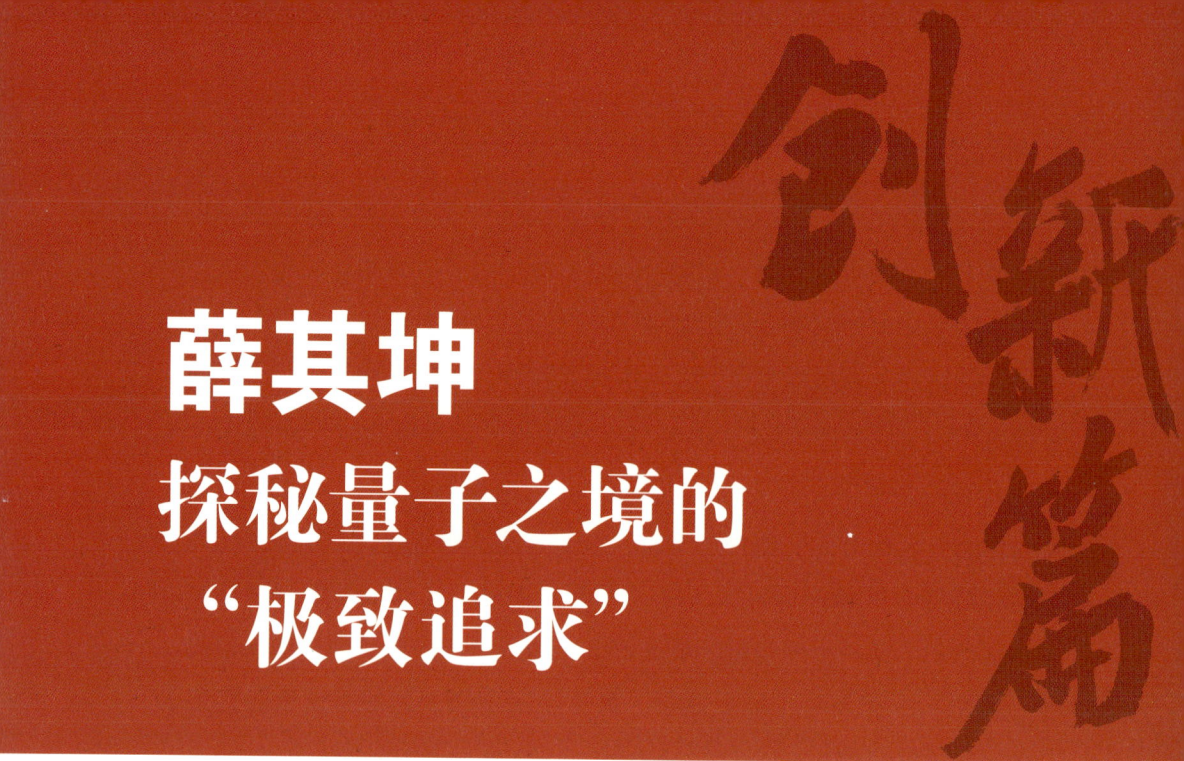

薛其坤
探秘量子之境的"极致追求"

薛其坤(1963年12月—),凝聚态物理学家,中国科学院院士。主要研究方向为扫描隧道显微学、表面物理、自旋电子学、拓扑绝缘量子态和低维超导电性等。其领衔的科研团队首次在实验中发现量子反常霍尔效应,获得2018年度国家自然科学奖一等奖。

作为我国凝聚态物理的领军人物,薛其坤常常用"追求极致"来要求自己和团队。薛其坤明白,不去探索新的路子,就不可能有新的发现。靠着他追求极限的毅力和不断创新的精神,终于有了实验上首次量子反常霍尔效应的发现。

创新方向:无能耗的超导体?

我们都知道欧姆定律和焦耳定律。在普通导体中,电子的运动往往是

薛其坤　探秘量子之境的"极致追求"

杂乱无章的，电子和电子、电子和杂质处于不断碰撞之中，这导致了材料的发热和能量损耗。大数据时代的来临，使得这一损耗变成一项巨大的开支。当我们深入到微观世界中，就会发现原子中的电子运动是无能耗的：电子围绕着原子核转不损失能量。那么有没有可能把微观世界无能耗的电子运动带到宏观世界来？这是薛其坤一直以来思考的问题和努力的方向。

在物理学界，霍尔效应是一个非常重要的研究方向，与霍尔效应相关的研究都斩获了诺贝尔奖。用薛其坤的话来说，量子霍尔效应是凝聚态物理里最热闹的话题，也是从业人最多的领域，是物理学界的"赶时髦"。

我们知道，如果我们在导体两端加上电极，电子就会形成横向漂移的稳定电流。再在垂直的方向加上外磁场，材料里的电子由于洛伦兹力的作用，会跑到导体的一边形成积累电荷，产生稳定电压。这一现象是由美国物理学家霍尔在1879年研究金属的导电机制时发现的，所以也被称作霍尔效应。

100年后，德国物理学家冯·克里津（Klaus von Klitzing）从金属—氧化物半导体场效应电晶体（MOSFET）中发现了量子霍尔效应。他将硅MOSFET管加上两个电极，置于极强的磁场和极低的温度之下，实验数据表明，材料的霍尔电阻（横向电阻）随磁场强度增大而增大，还出现了一系列平台。当霍尔电阻到达平台时，导体电阻（纵向电阻）为零——

也就是说，这个方向上电子的运输是无能耗的（图1）。

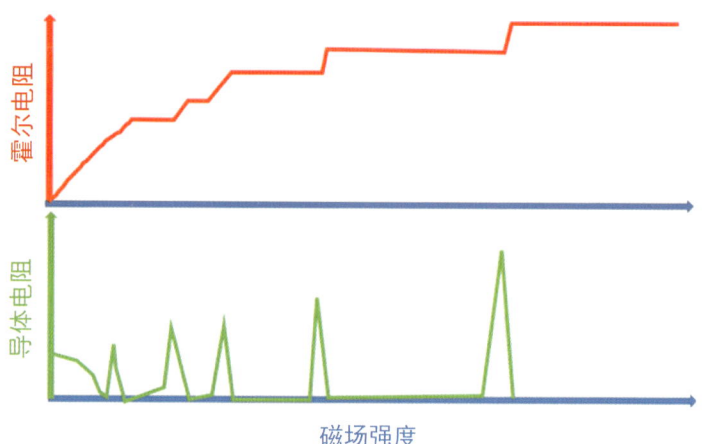

图1　霍尔电阻与导体电阻的关系

这一现象背后的物理机制简单来说，就是在足够低的温度和非常强的外加磁场的作用下，洛伦兹力使得导体内部的电子以极小的半径做圆周运动，就像"原地打转"一样，也就不参与导电；而边缘上的电子转圈转到一半就撞到了边界，只得以做半圆运动的方式不断前进。边界上的电子几乎不与其他电子碰撞，也就形成了几乎不被干扰的半圆形跳跃的单向导电通道，电子如同一枚发射的子弹一般迅速无阻直达目的地。

我们可以把量子霍尔效应想象成电子世界的"交通规则"，它可以让电子整齐排列在各自的跑道上"一往无前"地运动，电子运动轨迹高度有序，从而大大减少碰撞和发热，降低能量损耗。但是量子霍尔效应需要非常强的磁场，产生磁场又非常困难。那么有没有一种方法可以不需要磁场就能产生量子霍尔效应呢？这种无须外加磁场的量子霍尔效应被称为量子反常霍尔效应。自1988年起不断有理论物理学界提出各种方案，但实验上没有任何进展。

从理论到实验：制备实验材料的艰难路途

2010 年，华裔科学家张首晟等从理论上提出，Cr 或 Fe 磁性离子掺杂的拓扑绝缘体 Bi_2Se_3、Bi_2Te_3 和 Sb_2Te_3 等是实现量子反常霍尔效应的最佳体系。

我们都知道，材料根据导电性质的不同可以分为导体和绝缘体两大类。而拓扑绝缘体是一种具有新奇量子特性的物质状态，它的内部绝缘，表面却允许电荷移动。它的表面导电通道不受表面形貌和非磁性杂质因素的影响，是能够稳定存在、能量耗散极低的理想导体。如果在其中掺入磁性原子，这样无须外加磁场，就能够形成稳定的，基本没有耗散的量子反常霍尔效应！

但是，能否在实验中发现这一理论上美好的科学畅想？没有人能够打包票。而该效应一旦被发现，将一定会是物理学史上浓墨重彩的一笔。许多世界顶级的实验室都争相沿着这个思路寻找量子反常霍尔效应，日本的东京大学、德国的维尔茨堡大学、美国的普林斯顿大学……薛其坤的团队也不例外。

作为长期从事量子物理研究的科学家，薛其坤最早是在国际学术会议上了解到量子反常霍尔效应的理论进展。他的科研直觉敏锐地嗅到这将会是一个很重要的研究方向。回去后，薛其坤就召集了几位年轻的老师和他的青年团队，他说："国际上有理论预言可以在磁性拓扑绝缘体中去寻找量子反常霍尔效应，咱们一起围绕这个重大科学目标来进行攻关，发现这个重大的量子效应。"

就这样，薛其坤院士领导的实验研究团队与清华大学、中国科学院物理所、斯坦福大学的研究者合作，对量子反常霍尔效应的实验实现进行攻关。

在实验中，实现量子反常霍尔效应的材料必须满足 3 个条件：首先，拓扑绝缘体材料的厚度必须控制在 4～5 纳米；其次，该样品必须通过磁性离子掺杂来实现铁磁效应；最后，样品的体态必须处于绝缘态。这 3 个条件缺一不可，但同时达成这 3 个条件非常困难，薛其坤的团队常常打个比方，这就相当于说一个人"既要有姚明的高度，又要有博尔特的速度"。面对如此刁钻的材料要求，墨守成规的路子是行不通的，从小就立志研究科学的薛其坤知道，做科学研究，要不断攀登，不断创新，因循守旧只能是死路，要想成功就必须一点一点去开拓新道路。

薛其坤团队用来实验的样品，必须用原子一层一层铺上去，其结构如同石墨烯一样层层平整；5 纳米的厚度，相当于头发丝的十万分之一，每制备一个都非常不易。4 年来，薛其坤团队先后制备了 1000 多个这样的样品。没有一蹴而就的成功，一次成功的背后是 999 次的失败。每一次实验失败后，薛其坤带领着团队改进样品、创新方法；又失败了，再改进、再创新。从薄膜生长，到磁性掺杂、门电压控制，再到低温输运测量……薛其坤带领着团队一步步实现了对拓扑绝缘体的电子结构、长程铁磁序及能带拓扑结构的精密调控。利用分子束外延方法，他们终于生长出了高质量的 Cr 掺杂（Bi，Sb）$_2$Te$_3$ 拓扑绝缘体薄膜。

美国、日本科学家都没有制备出来的材料，薛其坤做出来了。能否在这种拓扑绝缘体材料上观测到量子反常霍尔效应？薛其坤和他的团队仍然面临着一大挑战。

必然的成功：量子反常霍尔效应的发现！

"往往一个同样的实验做若干次，你才能把这个实验最终的结果确定下来，就是实验要做到极致。"薛其坤不仅在生活和科研中一直践行着追求极致的宗旨，他还将追求极致的作风推及到他所有的学生身上。在薛其坤的以身作则下，实验室的每一个学生都贯彻了这股"极致"之风。

薛其坤　探秘量子之境的"极致追求"

2012年10月12日本是平凡无奇的一天，薛其坤回家稍微早了一点。这天实验室轮到薛其坤课题组的博士后常翠祖值班，他和往常一样进行重复了千百次的实验，摆弄那些精密复杂的仪器。不一样的是以往为了保护样品，要在运送时加一层膜。然而，那次因为偶然的原因没有加上膜。这次偶然，引出了一个必然的结果。

观测量子反常霍尔效应的实验流程早就烂熟于先后参与实验的20多个学生心里，常翠祖也不例外。和往常一样，他将样品置于零磁场环境下在极低温输运测量装置上，对其磁电阻进行测量……不同的是，仪表盘上的数字在隐隐预示着什么：样品的反常霍尔电阻达到了量子霍尔效应的特征值——25 813欧姆！

薛其坤还记得那天晚上10点30分左右，收到了常翠祖的短信："薛老师，量子反常霍尔效应出来了，等待详细测量。"至今，这条短信还存在薛其坤的手机里。

2013年3月14日，完美的实验结果发表在《科学》杂志上。美国和欧洲的研究团体按照薛其坤的方法成功重复了该实验，薛其坤的实验结果被证明了。在霍尔第一次发现霍尔效应的130多年之后，量子霍尔效应家族的最后一个也是最神秘的成员——量子反常霍尔效应终于在实验上被发现，一大世界难题得以攻破。

这一物理效应，从理论研究到实验观测的全过程，均由我国科学家独立完成。杨振宁院士评价说："量子反常霍尔效应是从中国实验室里第一次做出了诺贝尔奖级别的物理学成绩，不仅是科学界的喜事，也是整个国家的喜事。"

量子反常霍尔效应的发现，不是偶然，而是薛其坤和他的团队一切理论、试验样品都在追求极致中创新的必然结果。

追求极致：不能停下的创新脚步

一开始，薛其坤并不是抱着一定要实现量子反常霍尔效应的目标做了这4年的研究。掺杂磁性原子的拓扑绝缘体本身就有很多新奇的性质深深吸引着薛其坤。在每一次对磁性拓扑绝缘体的相关实验研究中，薛其坤都以达到极致来要求自己。在日日夜夜对拓扑绝缘体的探索中，薛其坤不仅攀登到了山峰——实验上观察到量子反常霍尔效应，他还研究到了磁性拓扑绝缘体的其他特殊规律。

薛其坤还在继续攀登创新的高地。他说，从科学研究的角度看，发现量子反常霍尔效应是下一段科学研究的开始。量子反常霍尔效应是在接近-273℃中实现的，要想真正实现应用，就需要把温度往上升，实现在常温下的量子反常霍尔效应，这样才能尽快将其投入应用。薛其坤的团队现在已经成功把实现效应温度提高了10倍以上。今天我们仍然能看到，在清华的校园里，薛其坤和他的团队依然在实验室里不断地生长样品、测试结果，向着更高的目标创新前进。

我们可以大胆地畅想，有了量子反常霍尔效应和其他相关的技术进步，我们的手机电脑的运行速度不仅变得更快，存储空间变得更大，还不会发热，巨型银河计算机变得像平板电脑一样便携。量子反常霍尔效应的发现，被认为是很可能引发信息技术革命的一项发现。薛其坤的创造性发现，为我国占领了这场信息革命中的战略制高点。

（撰稿：吴紫露）

参考文献

[1] DeepTech 深科技. 常翠祖：2000个失败样品后，他成全球实现量子反常霍尔效应第一人[EB/OL].（2019-04-01）[2020-06-20]. https：//baijiahao.baidu.com/s?id=1629609569631134530&wfr=spider&for=pc.

[2] 李大庆，林莉君. 我科学家率先观测到量子反常霍尔效应[N]. 科技日报，2013-04-11（5）.

[3] 马海燕. 杨振宁盛赞中国科学家实验发现量子反常霍尔效应[EB/OL].（2013-04-10）[2020-08-06]. http：//news.sciencenet.cn/htmlnews/2013/4/276620.shtm.

[4] 薛其坤."量子反常霍尔效应"研究获突破[EB/OL].（2013-03-15）[2020-08-06]. http：//paper.sciencenet.cn/htmlpaper/201331513142223128244.shtm.

[5] 刘辛味. 薛其坤：考研物理得过39分的院士[EB/OL].（2019-04-25）[2020-08-25]. https：//dy.163.com/article/EDK2HUD305327PX7.html?referFrom=baidu.

[6] 新华社. 带你走入清华大学薛其坤院士实验团队[EB/OL].（2019-01-15）[2020-08-25]. https：/v.qq.com/x/page/s08276u9p60.html.

陈 薇
热爱是创新之源

陈薇（1966年2月—），生物安全专家，第十二届全国人大代表，第十三届全国政协委员、中国工程院院士。现任军事科学院军事医学研究院某研究所所长。在炭疽、埃博拉、新冠等生物防御应急疫苗关键核心技术突破、研发体系建设和重大品种创制及转化应用等方面作出引领性贡献。获中国青年女科学家奖、"求是"奖和"全国十大杰出青年"等称号；入选国家百千万人才工程、国家万人计划领军人才。2020年被授予"人民英雄"国家荣誉称号。

有这样一位科学家，在"非典"肆虐的2003年，她预判自己正在研究的ω干扰素对SARS冠状病毒有抑制作用，带领团队在最短时间内验证了"重组人干扰素ω"的有效性；2008年汶川抗震救灾期间，她在余震不断的情况下深入灾区救援防疫，并在北京举办奥运会期间出色完成安保任务；2014年，埃博拉病毒在西非肆虐，她带着团队自主研发的重组埃博拉病毒病疫苗，走出国门，走进非洲，为疫区的无数生命打开希望之门；2020 年，在武汉人民苦难深重的时刻，她作为人民军队第一个挺进武汉的院士，测核酸、研疫苗、战新冠，与武汉人民并肩作战……

她就是陈薇院士，在生物安全战场的每一个关键时刻，她都舍身请命、冲锋在前，用创新和奋斗为国家安全和人民生命健康保驾护航！

是怎样磅礴的力量支撑她完成一个又一个几乎无法完成的任务，取得一系列让国人为之赞叹、世界为之瞩目、历史为之铭记的科研成就呢？她的回答只有两个字：热爱。她说："除了热爱，我找不到其他理由。"其中，蕴含着热爱这一身戎装和白衣战甲；热爱科学家的使命担当；热爱国家和人们交付的重托信任，热爱每一个生命、每一个温馨的家庭……

一句热爱，诠释了她在科研创新道路上，所有的迎难而上、负重前行。

准确预判，前瞻部署：修炼火眼金睛

在科学技术日新月异的 21 世纪，科技创新是决定国家前途命运的关键。陈薇院士随时瞄准生物安全战场，为祖国构建生物防御坚盾，是她义不容辞的责任。

2003 年，面对突然暴发的 SARS，陈薇所在单位率先分离出新型冠状病毒，在国内第一个确定"非典"的元凶——她以科研工作者的敏锐直觉意识到，自己正在研究的 ω 干扰素对 SARS 冠状病毒有抑制作用。在随后的 40 多天里开始了超负荷奋战，她和团队成员不分昼夜，每天在生物安全负压实验室里持续工作八九个小时。最终以大量实验数据证明，她们研发的"重组人干扰素 ω"喷鼻剂对 SARS 病毒有明显抑制作用。

2014 年，埃博拉疫情大规模暴发，陈薇再一次敏锐察觉，埃博拉通过一个航班的距离，就有可能输送到中国。她和团队克服重重困难，研发出世界首个 2014 基因型埃博拉疫苗，这也是世界第一支适合非洲炎热气候、可常温有效保存的冻干粉剂型埃博拉疫苗。

2020年,听闻武汉出现不明原因肺炎,陈薇敏锐察觉到研发疫苗是此次防控的关键,早在春节前,她就安排部署,令团队做好打硬仗的准备。

为什么她能够如此敏锐?为什么每一次,她都能见之于未萌、识之于未发,科学预判、前瞻部署?为什么每一次她都是那个占领先机,下先手棋、打主动仗的人?

答案就藏在自1991年陈薇被特招入伍,进入原军事医学科学院,在生物安全领域"无人区"不懈探索的每一个日日夜夜里。

那一年,即将于清华大学化工系毕业的陈薇因一个偶然的机会,走进了原军事医学科学院的大门。"我心中产生了一种投身其中、贡献才智的强烈愿望,毅然下定了从军的决心。我坚信,一个人的职业选择如果能与国家重大需求结合,他的个人价值就会成百倍地放大。"年轻的陈薇,有着不同寻常的信念与格局。

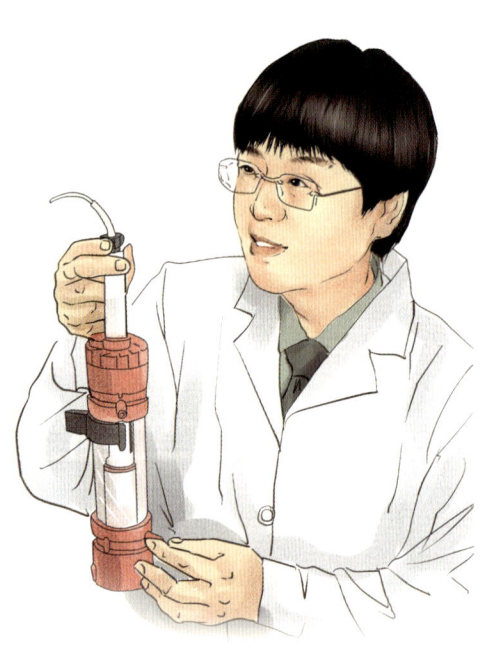

然而,科研需要付出的不仅是汗水,还有泪水:成家后的某个大年三十,陈薇抽空回家看了看公婆,可当她再回到实验室,却看到一地的液体——两个多月的心血顷刻间化为乌有,她站在实验室里失声痛哭。

擦干眼泪后,性格倔强的陈薇选择冷静地从头开始——为了自己深爱的事业,她以痛苦作为前进的动力:"实验就是不断试错,不断重复,把所有错误经验总结起来,最终会找到正确路径。"从此,她把实验室当作自己的第二个家,心无旁骛做实验。熟悉她的人这样形容:"陈薇每天不是在做实验,就是在去实验室的路上。"

就这样,经过数年的不懈积累,她在失败中历练出了科研工作者的"火眼金睛"——预判科研方向,迅速锁定目标,勇于开拓创新。

至此,她素手执创新利剑,在生物安全一线搏杀;她以身铸科技之盾,将无数可怕的病毒,挡在普通人看不到的地方。

居之无倦,行之以忠:十年磨就创新利剑

20世纪90年代,陈薇从前辈手中接棒,领衔炭疽防控并传承创新。她率先解析炭疽保护性抗原的关键中和表位,发明重组分泌蛋白高效表达系统,最终成功研发了我国首个战略储备重组疫苗——基因工程炭疽疫苗,填补了我军生物防御疫苗研究近30年的历史空白。

在十几年的探索过程中,陈薇积累掌握了研发基因工程疫苗的多种路径,但她并未止步于眼前骄人的成果,而是迅速瞄准下一个目标——做埃博拉疫苗。"埃博拉是什么?""研究埃博拉有什么用?做出来给谁用?"

2004年,在陈薇开始关注埃博拉病毒时,几乎没有人知道埃博拉是什么;2006年,当陈薇为课题"重组埃博拉疫苗的研究"申请国家863计划支持时,面对的大多是质疑与不解;2014年,埃博拉疫情暴发并成为世界的焦点,此时,陈薇团队已经为疫苗的成功研发打下了10年的坚实基础。

"方向比努力更重要。"陈薇如是说。她以埃博拉作为研究方向,不是盲目选择,更非为博人眼球,而是通过重重筛查、缜密研究,用数据和事实与病毒对弈。陈薇落子无悔,她知道面对的是一个"生死局"——埃博拉随时可能暴发,而她,必须以最快的速度准备好,堵住它进入中国的道路。

科学家精神 创新篇
SPIRIT OF SCIENTISTS

谁也没有想到，那个"非典"时期迅速进入大众视野又悄无声息地迅速淡出的女科学家，在2014年又一次成为世人瞩目的对象。

"她怎么运气那么好？"有些人不解地发问。然而，又有谁看到实验室里10年的不分寒暑、夜不成寐，又有谁看到一摞摞厚厚的实验报告和那盏深夜与星光相伴的灯……

"我做基因工程炭疽疫苗做了10年，做重组埃博拉疫苗又是10年。"陈薇平静地说。

多数人只看到耀眼的成果，却看不到成果背后坚守的寂寞。在一个接一个的10年里，陈薇和她的团队居之无倦，行之以忠，以朴素而坚毅的姿态，在一次次实践中朝着生物安全的至高信仰跋涉。

10年的时间，陈薇和她的团队收获良多：他们尝试了研发疫苗的多种路线，积累了关键技术。这样就能够在不可预测的将来，面对陌生病毒时，有能力迅速应对。而创新的关键意义不正在于此吗？积累科研经验、掌握先进技术、开拓科研空间，为每一个将来做好准备，因为，下一场战争或许就在明天。

闻令出征，迎难逆行：为守护生命而战

2019年当选为院士的陈薇，又迎来了一次大考：一种不同于SARS的新型冠状病毒在武汉暴发，传播速度之快、传播范围之广令人震惊恐慌。

1月25日，庚子年大年初一，陈薇院士响应出征的号令，"全力以赴，以最快速度拿出疫苗"。她受命率军事医学专家组乘专机奔赴武汉，1月26日进驻中部战区总医院，即刻开展应急检测和科研攻关。

"已知有手段、未知有能力。"陈薇撂下这句掷地有声的宣言。

"首战用我，用我必胜！"陈薇签下军令状。

"做最坏打算，拿出最充分方案，准备最长期奋战！"千钧重担之下，

陈薇临危受命，毅然承担起疫情防控、科研攻关的重任。

仅用了 24 小时，团队已经搭建起负压帐篷式移动实验室，由于有着 10 年创新研发埃博拉疫苗的技术平台，团队拧紧发条，与死神赛跑！在 3 倍以上工作量、日夜连轴转，一天当作一周用的工作方式下，快速取得一系列关键突破。

尽管是如此争分夺秒，整个团队依然奇迹般地保证了没有一个环节出现纰漏。2 月 26 日，疫苗 GLP 安全性评价、动物有效性评价和国家第三方质量复核正式启动，实验证明，疫苗工艺稳定，免疫原性良好。但这仅是万里长征的第一步。

3 月 16 日，陈薇带领科研团队研制的新冠病毒疫苗，成为国内第一个获批正式进入临床试验的疫苗。

陈薇终于抽出时间去中部战区总医院的理发室理发，在她刚刚进驻武汉时，为方便防护服的穿戴曾理过一次发。当时，陈薇院士可是满头黑发，以前也从未长过白发。可让理发师吃惊的是，仅过了两个月，由于巨大的压力和过度的消耗，已让她白发满头。

5 月 22 日，陈薇团队研发的重组新冠疫苗 Ⅰ 期临床结果在国际著名医学杂志《柳叶刀》发表，108 名志愿者全部产生了免疫反应。这是世界首个新冠疫苗的人体临床数据，是人类抗击新冠病毒的里程碑。

7 月 20 日，疫苗 Ⅱ 期临床结果再次登上《柳叶刀》，成为全球首个正式发表的新冠疫苗 Ⅱ 期临床试验数据。其安全性、有效性均表明，陈薇团队研发的新冠疫苗可为健康人群提供"三重保护"。

岁月不染，初心如故：创新的跬步与千里

科研创新，既是国家间的竞争，又是和时代的赛跑，落后就意味着被淘汰。每一次创新，都是始于跬步之积而渐至千里之远。下一步要走向

何方？陈薇团队正在以自己的行动做出回答。

陈薇院士口中的热爱二字，也正是她不染微尘初心的体现！因为热爱这片土地，所以热爱肩负的使命；因为对科研创新保有最质朴与最澄澈的笃定，所以在攀登的道路上不畏风雨；因为执着于此生无悔的奉献，所以心系科研、心系家国、心系未来；因为深信人类是一个命运共同体，所以携手世界、携手时代，为守护每一个生命拼尽全力……

在经历了狙击非典、汶川抗震、奥运安保、援非抗埃、新冠阻击战后，陈薇院士所带领的团队百炼成钢，不断传承接续创新奋斗的重任。我们相信，在下一个关键时刻、危难关头，陈薇院士团队将继续冲锋在前、为民解难、为爱逆行，坚守科技创新的初心，造福祖国、造福人民，为世界公共卫生安全贡献中国智慧、中国力量！

正如陈薇院士在新冠疫苗研发的关键阶段曾说的：除了胜利，别无选择！她和她的团队，以心中大爱为坚盾，以科技创新为利剑，为了人类的健康勇往直前，必将从一个胜利，走向下一个胜利……

（撰稿：军事医学研究院生物工程研究所　李晓明　曲鸣明）